# Die religiösen Wurzeln der Toleranz

# Die religiösen Wurzeln der Toleranz

Herausgegeben von
Christoph Schwöbel und
Dorothee von Tippelskirch

im Auftrag
der
Alfred Herrhausen Gesellschaft
für internationalen Dialog

HERDER

FREIBURG · BASEL · WIEN

**Alfred Herrhausen** Gesellschaft

für internationalen Dialog

EIN FORUM DER DEUTSCHEN BANK

Bibliografische Information Der Deutschen Bibliothek
Die Deutsche Bibliothek verzeichnet diese Publikation in der
Deutschen Nationalbibliografie;
detaillierte bibliografische Informationen sind im Internet über
http://dnb.ddb.de abrufbar.

© Verlag Herder Freiburg im Breisgau 2002
www.herder.de
Einbandgestaltung: Finken & Bumiller, Stuttgart
Satz: Barbara Herrmann, Freiburg
Druck und Bindung: fgb · freiburger graphische betriebe 2002
www.fgb.de
Gedruckt auf umweltfreundlichem, chlorfrei gebleichtem Papier
ISBN 3-451-27901-0

www.alfred-herrhausen-gesellschaft.de

# Inhalt

# Inhalt

# Vorwort

Die Frage der Toleranz ist ein Überlebensproblem der Weltgesellschaft. Wie ist ein Zusammenleben der unterschiedlichen Nationen, Gesellschaften, Ethnien, Kulturen, Religionen und Weltanschauungen möglich, in dem die sie prägenden handlungsleitenden Überzeugungen und Formen der Lebensgestaltung in ihrer Verschiedenartigkeit, ja Gegensätzlichkeit toleriert werden und so Möglichkeiten der friedlichen Koexistenz in einer an Gerechtigkeit orientierten Weltordnung geschaffen werden können? Wo sind die Wurzeln, aus denen sich eine solche Toleranz speist? Was sind die Grenzen der Toleranz? Was kann und muss zur Bildung zur Toleranz geleistet werden? Gibt es Toleranz auch gegenüber der Intoleranz? Die Ereignisse des 11. September 2001 haben mit drastischer Deutlichkeit unterstrichen, was aufmerksame Beobachter schon vorher feststellen konnten: Die rapide verlaufenden Globalisierungsprozesse schaffen Strukturen der Interdependenz zwischen Gesellschaften und Kulturen, die sie einerseits immer näher zusammenwachsen lassen, andererseits aber auch eine Kluft zwischen den Gewinnern und den Verlierern der Globalisierungsprozesse aufreißen, die erhebliches Konfliktpotential enthält. Führt die Globalisierung unweigerlich zu einer Bedrohung kultureller und religiöser Identitäten, die im gewaltsamen Protest bis hin zu terroristischen Gewaltakten entladen wird? Wendet die globalisierte Intoleranz die Strukturen der Globalisierung gegen sie selbst? Wie ist solchen Entwicklungen durch die Arbeit an einer weltweiten Kultur der Toleranz entgegenzuwirken, die auf die Anerkennung der unterschiedlichen kulturellen, religiösen und ethnischen Identitäten in ihrer Vielfalt setzt und daraus die Ressourcen für den Einsatz zu einer gerechten und friedlichen Koexistenz und zur Kooperation zu entfalten sucht? Die Frage der Toleranz stellt sich nicht nur im globalen Maßstab, sondern mit derselben Dringlichkeit auch im konkreten Kontext des alltäglichen Lebens in multikulturellen Gesellschaften. Toleranz ist deswegen stets sowohl eine persönliche Tugend als auch ein entscheidendes Bestimmungselement der Beziehung gesellschaftlicher Gruppen.

Die Alfred Herrhausen Gesellschaft für internationalen Dialog trägt die Verpflichtung zur Auseinandersetzung mit dem Thema der Toleranz schon im Namen. Das Jahresthema 2002 der Gesellschaft „Toleranz: Vielfalt – Identität – Anerkennung" versucht die Aspekte zu formulieren, die für die Behandlung des Themas von entscheidender Bedeutung sind. Wie ist mit der Vielfalt der Kulturen, der Lebensorientierungen und der Glaubensüberzeugungen konstruktiv und kritisch umzugehen? Wie kann der Respekt vor der Identität des Anderen zum Bestimmungselement der eigenen Identität werden, so dass Strukturen der Anerkennung dazu beitragen können, dass die Dynamik der Globalisierungsprozesse die Bedrohung durch Intoleranz und Gewalt nicht zu einer Gefährdung für alle Menschen macht? Ein solcher Themenkomplex kann nur im internationalen Dialog behandelt werden. Die Vielfalt der Perspektiven, die Unterschiedlichkeit der Befürchtungen und Hoffnungen und die Widersprüchlichkeit der Erfahrungen mit den Prozessen der Globalisierung müssen in die Behandlung des Themas Toleranz im Dialog eingehen. Der Dialog über Toleranz darf nicht nur Toleranz zum Thema haben, sondern muss sie schon praktizieren. Die Alfred Herrhausen Gesellschaft hat darum auf einer Vielzahl von Veranstaltungen und durch eine Reihe von Buchveröffentlichungen versucht, ein Forum für den Dialog über Toleranz und für die Praxis von Toleranz im Dialog bereit zu stellen. Dazu gehört auch diese Buchveröffentlichung.

Die Religionen sind ein Brennpunkt der Diskussion über Toleranz. Nach dem 11. September konzentrierte sich die öffentliche Diskussion schnell auf die Frage, ob die Religionen als Brutstätten der Intoleranz zu verstehen sind, die der Praxis der Toleranz und einer friedlichen Verständigung zwischen den Kulturen im Wege stehen. Sind die Religionen die Kriegstreiber im Kampf der Kulturen? Die monotheistischen Religionen Judentum, Christentum und Islam stehen dabei im Zentrum der kritischen Nachfrage. Muss der Wahrheitsanspruch des Glaubens an den einen Gott nicht geradezu automatisch zur Intoleranz gegenüber konkurrierenden Lebensorientierungen führen? Bietet die Geschichte der Auseinandersetzungen von Judentum, Christentum und Islam nicht Belege genug, dass diese Religionen gerade nicht zur Toleranz fähig sind? Sind die Säkularisierung und die Relativierung religiöser Wahrheitsansprüche und Lebensorientierungen nicht Voraussetzungen der Toleranz? In diesen Diskussionen wurden aber auch kritische Stimmen laut. Sind die Religionen nicht radikal verzeichnet, wenn in ihnen nur die Wurzeln der Intoleranz gesucht werden? Bieten sie nicht ebenso wichtige Ressourcen der Bildung zur Toleranz? Kann Toleranz im globalen Kontext überhaupt eine Realisierungschance haben, wenn nicht die Religionen in die Praxis der Toleranz einbezogen werden? Müsste nicht der Versuch gemacht werden, Strategien der Toleranz aus den Traditionen der Religionen zu entwickeln, anstatt die Forderung der Toleranz gegen die Religionen durchzusetzen? Diese Fragen gewinnen schnell an Plausibilität, wenn man sich deutlich macht, dass einer der wichtigsten Impulse für die unter dem Namen „Fundamentalismus" zusammengefassten religiösen Bewegungen gerade die Säkularisierung und die mit ihr verbundene Relativierung der religiösen Lebensorientierungen ist, die als akute Identitätsbedrohung erfahren wird.

Diese Fragen bilden den gemeinsamen Brennpunkt der Beiträge zu dem vorliegenden Diskussionsband. Die Autorinnen und Autoren kommen aus unterschiedlichen jüdischen, christlichen und muslimischen Kontexten. Einige von ihnen arbeiten seit mehreren Jahren in dem vom Adam Seligman geleiteten International Program on Religion and Tolerance der Boston University zusammen. Gemeinsam versuchen sie alle zu erkunden, welche Wurzeln der Toleranz sich in ihren religiösen Traditionen und den Gemeinschaften, die sie pflegen – den Religionsgemeinschaften und Kirchen – finden lassen. Gibt es religiöse Wurzeln der Toleranz und worin bestehen sie? Die Frage nach der Toleranz in den Religionen wird in diesen Beiträgen nicht von einem abstrakten Standpunkt *über* den Religionen behandelt, sondern aus unterschiedlichen konkreten Perspektiven *in* den religiösen Traditionen von Judentum, Christentum und Islam. Gemeinsam ist den unterschiedlichen Beiträgen auch, dass sie ihre jeweiligen religiösen Traditionen als Ressourcen für die Behandlung des Toleranzproblems ernst nehmen. Das bedeutet konkret, dass in den Überlieferungen der Religionen, in ihren heiligen Schriften und theologischen Traditionen nach Modellen der Toleranzbegründung gefragt wird. Die Beiträge dieses Bands stehen deshalb einer solchen Reflexion des Toleranzproblems kritisch gegenüber, die allein das autonome Individuum, losgelöst von allen geschichtlichen Traditionen und Bindungen an Gesellschaft und Gemeinschaften, als Urzelle des Toleranzgedankens begreift. Der konkrete gesellschaftliche und geschichtliche Ort der Reflexion über Toleranz ist von hohem Belang, wenn an den konkreten gesellschaftlichen und geschichtlichen Orten Toleranz geübt werden soll. Aus dieser Perspektive erscheint Toleranz nicht nur als individuelle Tugend, sondern

als von Gemeinschaften zu pflegende und von Gemeinschaften wechselseitig zu praktizierende Strategie der Anerkennung. Gemeinsam ist den
Beiträgen dieses Bandes auch ein Zugang zum Toleranzproblem, der religiöse Wahrheitsansprüche und Wahrheitsgewissheiten nicht gleichsam
ausklammert, sondern sie als Voraussetzung einer realitätsbezogenen
Auseinandersetzung mit dem Toleranzproblem aus religiöser Perspektive
versteht.

Dieses Buch ist ein Diskussionsband. Es spiegelt ein lebendiges Gespräch
zwischen unterschiedlichen religiösen, theologischen, philosophischen
und sozialwissenschaftlichen Positionen. Zwar lassen sich gemeinsame
Perspektiven und Fragestellungen feststellen, gelegentlich auch partielle
Übereinstimmungen, ein Konsens aber ist nicht im Blick. Insofern spie-
geln die Diskussionen dieses Bandes die Situation der Vielfalt der Identitäten und Lebensorientierungen, in denen sich das Toleranzproblem allererst stellt. Der erste Beitrag zur Toleranz ist der Dialog, der in diesem
Band begonnen wird, und der seine Leserinnen und Leser einlädt, ihn
aus ihren Perspektiven und auf der Basis ihrer Traditionen fortzusetzen.

Frankfurt/Main, Heidelberg, Berlin

*Walter Homolka, Christoph Schwöbel, Dorothee von Tippelskirch*

Christoph Schwöbel

# Toleranz aus Glauben

Identität und Toleranz im Horizont religiöser
Wahrheitsgewissheiten

## 1. Religiös-weltanschaulicher Pluralismus: Der Ernstfall der Toleranz

Die Frage der Toleranz – die Frage, ob Überzeugungen und Handlungen,
die mit guten Gründen abgelehnt werden, dennoch ertragen werden können und den Personen, die sie vertreten und ausführen, Anerkennung ent-
gegengebracht werden kann, die ihnen zugesteht, ihre Überzeugungen zu
vertreten und ihnen entsprechend zu handeln – stellt sich in der Situation
des religiös-weltanschaulichen Pluralismus in radikaler Form.[1] Wie diese
Frage beantwortet wird, entscheidet sich daran, ob die Differenz zwischen dem Eigenem und dem Fremden ausgehalten werden kann, ohne
dass die eigene Identität und Überzeugung dadurch kompromittiert wird
und ohne dass die Identität des Anderen dadurch verneint wird und die
fremden Überzeugungen ihres Wahrheitsanspruchs beraubt werden. Als
religiös-weltanschaulicher Pluralismus kann die Situation einer Gesellschaft bezeichnet werden, in der unterschiedliche religiöse und weltanschauliche Basisorientierungen in Koexistenz und auch in Konkurrenz
existieren.[2] Der Pluralismus der Religionen und Weltanschauungen ist in
vielen Ländern der Erde am Beginn des 21. Jahrhunderts eine alltägliche
Erfahrung.[3] Die Vielfalt der Lebensorientierungen und Lebensstile begegnet uns in allen Bereichen gesellschaftlichen Lebens. Die Kultur der Gesellschaft ist vom Zusammenspiel unterschiedlicher Kulturen bestimmt,
die Gesellschaft wird zu einem Komplex unterschiedlicher Gemeinschaften. Kulturelle, weltanschauliche und religiöse Vielfalt begegnet nicht
mehr vorrangig außerhalb der Grenzen der Gesellschaft, sondern innerhalb ihrer Grenzen in den konkreten Situationen des Zusammenlebens.
Der ferne Fremde ist zum Nachbarn geworden. Es gibt darum kein klar
bestimmtes Verhältnis einer Mehrheit zu einer Anzahl von Minderheiten,
vielmehr erscheint die Gesellschaft als Ort der Begegnung größerer oder
kleinerer Minderheiten, in der jede Mehrheit im Konsens der Minderheiten gewonnen werden muss. Übereinstimmung über die grundlegenden

Wertorientierungen kann nicht mehr vorausgesetzt werden, vielmehr muss jede Orientierungsfrage in allen Bereichen des Lebens neu ausgehandelt werden.

In Europa ist diese Situation das Ergebnis einer langen Geschichte von Pluralisierungsprozessen, die mit der Reformation begann. In der Reformation traten an die Stelle der einen allumfassenden christlichen Kirche, zwei Kirchen, zwei Religionen, wie man im 16. Jh. sagte. Der Pluralisierungsimpuls setzte sich in den protestantischen Kirchen fort, die von Anfang an als Pluralität auftraten und sich durch Spaltungen und Unionen ausbreiteten. Die Erfahrung der Religionskriege demonstrierte das destruktive Potential einer für territoriale Machtinteressen instrumentalisierten Religion und machte die Frage der Toleranz zu einer Lebensbedingung sowohl für das Zusammenleben von Gesellschaften unterschiedlicher konfessioneller Prägung als auch für das Zusammenleben in einer konfessionell pluralen Gesellschaft. Die Toleranzkonzepte, die vor dem Hintergrund dieser Erfahrung entwickelt wurden, gehen von einem die Gesellschaft zusammenhaltenden Fundamentalkonsens in religiösen und ethischen Überzeugungen aus. Auf der Basis dieses Fundamentalkonsenses kann der religiöse Dissens toleriert werden, solange er auf den Bereich der privaten Religionsausübung beschränkt wird und die Basis des gesellschaftlichen Lebens nicht in Frage stellt. Die Trennung zwischen allgemeinen Fundamentalartikeln, die den gesellschaftlichen Konsens beschreiben, und den besonderen religiösen Überzeugungen führte in der Konsequenz dazu, dass die Grundlagen des Staatslebens nicht mehr religiös bestimmt wurden, nachdem die aufklärerische Vernunft als die Begründung des Allgemeinkonsenses in Anspruch genommen wurde. Die Trennung von Kirche und Staat, die sich in dieser Unterscheidung schon anzeigt, leitete so die weltanschauliche Neutralität des Staates und die Privatisierung der Religion ein. In Nordamerika ist diese Trennung nicht der Schlusspunkt eines langen geschichtlichen Differenzierungsprozesses, sondern die in der Verfassung festgeschriebene Grundbedingung eines pluralistischen Staatswesens. Die Religionsgeschichte Nordamerikas zeigt allerdings, dass die Relegation des Religiösen in den Bereich des Privaten die öffentliche Wirksamkeit religiöser Überzeugungen gerade nicht einschränkt. Vielmehr wirken religiöse Überzeugungen im Rahmen der religiösen Neutralität des Staates aus dem privaten Bereich in den öffentlichen Bereich hinein. Die Freigabe aus den Bindungen staatlicher Institutionen erscheint so als Bedingung und nicht als Hindernis ihrer öffentlichen Wirksamkeit.

Der Pluralismus, der in Deutschland spätestens seit 1918 das politische System durch den politischen Pluralismus der Parteien bestimmt, hat sich im 20. Jahrhundert auf alle Bereiche des Lebens ausgedehnt. Die Versuche der antipluralistischen Ideologien des Nationalsozialismus und des Staatssozialismus, das gesellschaftliche Leben auf eine einheitliche und für alle Gesellschaftsmitglieder verpflichtende weltanschauliche Grundlage zu stellen, haben nicht nur die zerstörerischen Konsequenzen eines weltanschaulichen Totalitarismus demonstriert, die mit der Vielfalt der religiösen und weltanschaulichen Überzeugungen auch die Toleranz aufhebt. Durch ihr Scheitern haben sie neue und radikalere Pluralisierungsprozesse freigesetzt.

Die Migrationsbewegungen im letzten Drittel des 20. Jh., die Millionen von Menschen aus Gründen wirtschaftlicher Not, politischer Unterdrückung, ethnischer Verfolgung oder geschlechtsspezifischer Diskriminierung in Länder brachten, in denen sie sich Freiheit von Unterdrückung, wirtschaftliche Überlebenschancen und kulturelle Entfaltungsmöglichkeiten versprachen, führten zu einer Intensivierung des religiös-weltanschaulichen Pluralismus. Konfrontiert mit den faktischen Integrationsanforderungen der Einwanderungsgesellschaften ist für viele Immigranten die verstärkte Rückbesinnung auf die eigenen kulturellen und religiösen Traditionen ein entscheidendes Element der Identitätsbewahrung. Diese äußeren Faktoren der Pluralisierung entfalten ihre volle Wirksamkeit im Zusammenspiel mit den inneren Pluralisierungsfaktoren. In ihrem kumulativen Effekt machen sie die Frage der Gewinnung und Bewahrung von Identität und die Frage der persönlichen und gesellschaftlichen Toleranz zu einem Kernthema pluralistischer Gesellschaften.

Die Situation des religiös-weltanschaulichen Pluralismus konfrontiert alle Mitglieder der Gesellschaft mit der Frage der persönlichen Identität und der Identität der sozialen Gruppe, der sie angehören. Die Begegnung mit dem fremden Anderen, sei es die andere Person, sei es die andere Gruppe, wirft die Frage nach der eigenen Identität auf. Die Frage „Wer bin ich?" radikalisiert sich zum zentralen Lebensproblem, wenn sie nicht mehr durch den Verweis auf die selbstverständliche Zugehörigkeit zu einer sozialen Gruppe beantwortet werden kann. Die Frage „Wer sind wir?" radikalisiert sich angesichts der Begegnung mit anderen sozialen Gruppen, die eine andere, fremde soziale Identität repräsentieren. Die Frage der Identität hat auch eine religiöse oder weltanschauliche Tiefendimension. Sie zielt auf das, was Menschen in den unterschiedlichen sozialen Rollen, die sie spielen müssen, in den Funktionen, die sie im gesellschaftlichen Leben wahrnehmen, als Grund und Ziel ihres Daseins in Anspruch nehmen. Ebenso definieren soziale Gruppen ihren Zusammenhalt durch die in ihnen geteilten Grundüberzeugungen. Umgekehrt haben religiöse und weltanschauliche Überzeugungen immer einen tiefgreifenden Einfluss auf die Frage der Identität entfaltet, weil sie die Frage der Identität im Horizont von Basisüberzeugungen über Grund, Sinn und Ziel des menschlichen Daseins beantworten und in den religiösen Traditionen, im Mythos, im Kultus und im Ritus, Institutionen der Identitätsvergewisserung anbieten. Darum bedienen sich politische Ideologien, die auf Identitätssicherung abzielen wie z. B. der Nationalismus, umfassend des Repertoires religiöser Ausdrucksmittel – vom Mythos bis zum Kult.

Die Frage der Toleranz des Anderen steht stets im Zusammenhang mit der Frage der eigenen Identität. Auch sie stellt sich in besonders radikaler Form im Blick auf religiöse und weltanschauliche Überzeugungen. Die Geschichte des Toleranzproblems tritt darum mit besonderer Deutlichkeit in der Religionsgeschichte hervor. Die Geschichte der Toleranz ist die Geschichte der Religionsfreiheit. Die radikalste Herausforderung der eigenen Identität ist die Konfrontation mit fremden Glaubensüberzeugungen, die die Grundlagen der eigenen Identität in Frage stellen. Die Frage der Toleranz begegnet darum in der schärfsten Form in Bezug auf die Toleranz fremder religiöser Überzeugungen und fremder Religionsgemeinschaften. Allerdings zeigt sich hier auch die Dialektik von Identität und Toleranz. Intoleranz ist in der Regel nicht ein Zeichen einer gefestigten sozialen oder persönlichen Identität, sondern das Symptom einer Identitätskrise, die durch die radikale Ablehnung des fremden Anderen bewältigt werden soll. Umgekehrt setzt die Tugend der Toleranz eine Identität voraus, die sich ihrer selbst so gewiss ist, dass sie die Identität des Anderen respektiert und ihre Entfaltung toleriert.

Die Situation des religiös-weltanschaulichen Pluralismus bringt darum eine zweifache Herausforderung mit sich. Auf der einen Seite sind pluralistische Gesellschaften darauf angewiesen, dass in ihnen Toleranz gegenüber dem Anderen geübt wird. Auf der anderen Seite ist dies nur möglich, wenn es in pluralistischen Gesellschaften Möglichkeiten der Identitätsgewinnung und Identitätsvergewisserung gibt, die zur Ausbildung von stabilen, toleranzfähigen Identitäten beitragen. Identitätsbildung und Bildung zur Toleranz bedingen sich gegenseitig. Den Kirchen und Religionsgemeinschaften kommt dabei eine besondere Verantwortung zu. In ihnen muss sich beides vollziehen: die Ausbildung von Identitäten, die die Begegnung mit dem Anderen nicht als Bedrohung der eigenen Identität fürchten müssen, und die Bildung zur Toleranz, die den Anderen als Anderen respektiert.

Die Verantwortung der Kirchen und Religionsgemeinschaften ist darum nie nur eine Verantwortung für sich selbst, sondern auch für die Erhaltung und Pflege der gesellschaftlichen Strukturen, in denen freie Identitätsbildung und verantwortliche Praxis der Toleranz möglich sind. Die Grenzen der Toleranz sind immer dort erreicht, wo die Bedingungen der Praxis von Toleranz von einzelnen oder von Gruppen der Gesellschaft zerstört werden. Die Form von Toleranz, die von allen gesellschaftlichen Gruppen und allen Mitgliedern einer Gesellschaft unbedingt gefordert werden muss, ist darum die Toleranz gegenüber den Gesellschaftsstrukturen, die die Ausübung von Toleranz ermöglichen, d. h. Toleranz gegenüber der Verfassung und ihrer gesellschaftlichen Verwirklichung. Diese Wechselbeziehung lässt sich auch positiv formulieren: Je mehr Toleranz innerhalb eines Gesellschaftssystems geübt wird und je mehr Möglichkeiten sich in ihm zur eigenen Identitätsbildung und Identitätsvergewisserung bieten, desto mehr wächst die positive Identifikation mit dieser Gesellschaft, ihren Rechtsgrundlagen und ihren Institutionen.

In religiös-weltanschaulich pluralistischen Gesellschaften herrscht ein dialogischer Imperativ. Der Dialog der Religionen und Weltanschauungen ist nicht eine Option, auf die auch verzichtet werden könnte, sondern die Bedingung des Überlebens einer pluralistischen Gesellschaft. Nur im Dialog können die handlungsleitenden Gewissheiten und Überzeugungen der einzelnen Gesellschaftsglieder und der gesellschaftlichen Gruppen in der Gesellschaft transparent gemacht werden. Und nur so können die Faktoren, die die Entscheidungsfindungsprozesse einer Gesellschaft bestimmen, für sie transparent werden. Der Dialog ist sowohl eine Vorbedingung von Toleranz als auch ihre wichtigste Vollzugsform. Toleriert werden kann nur das bekannte Fremde, das unbekannte Fremde bleibt bedrohlich und kann nicht toleriert werden. Es ist schon ein entscheidender Schritt in der Praxis der Toleranz, den Anderen zur Sprache kommen zu lassen und ihm die Darstellung seiner Überzeugungen selbst zu ermöglichen. Ebenso ist es ein entscheidender Schritt in der Ausbildung der eigenen Identität, diese nicht nur in der eigenen Gemeinschaft, sondern gegenüber anderen zu präsentieren, indem die Überzeugungen, die das eigene Verhalten prägen, offen gelegt werden. Die öffentliche Vertretung im Dialog ist eine Bedingung für die vertretbare Identität, die Toleranz gewährt und Toleranz fordert. Der Dialog – gerade der Dialog der religiös-weltanschaulichen Basisüberzeugungen – ist der Weg zur Einsicht in die Wechselseitigkeit der Toleranz, die wechselseitige Anerkennung ermöglicht.

## 2. Globalisierung: Identitätskrisen durch aufgezwungene Toleranz?

Die Globalisierung, die weltweite Vernetzung des Globus durch elektronische Kommunikationssysteme und die dadurch ermöglichte globale wirtschaftliche und politische Interaktion, ist am Anfang des 21. Jahrhunderts der neue Kontext, in dem sich die Frage von Identität und Toleranz stellt.[4] In der Diskussion über die Globalisierung lassen sich zwei Phasen unterscheiden, von denen die erste die positiven Potentiale der Globalisierung betont, die zweite sich auf die negativen Konsequenzen der Globalisierung konzentriert. Der Januskopf der Globalisierung, ihre Ambivalenz von Segen und Fluch, ist dadurch in den Vordergrund der Aufmerksamkeit getreten. Das gilt besonders auch für die Fragen von Identität und Toleranz.

Es ist wohl richtig, dass Globalisierung zunächst ein Kommunikationsphänomen ist. Die elektronischen Kommunikationsmedien haben alle Orte dieser Erde potentiell in einer kommunikativen Gleichzeitigkeit zusammenwachsen lassen. Räumliche Distanz spielt im elektronischen Weltdorf keine Rolle mehr. Dadurch haben sich wirtschaftliche Handlungsmöglichkeiten eröffnet, die den Globus zu einem universalen Marktplatz werden lassen. Produktion und Konsumption können im Weltmaßstab arrangiert werden. Die „global players" unter den Wirtschaftsunternehmen haben diese Chance schnell erkannt und ihre Produkte haben eine globale Omnipräsenz erreicht, die vordem nur Göttern und Dämonen vorbehalten waren.

Diese rasant verlaufende Entwicklung hat viele Fragen aufgeworfen: Haben auf Nationalstaaten aufbauende Regierungssysteme noch genügend politische Steuerungsmöglichkeiten in der globalisierten Situation? Oder haben sich die faktischen Gestaltungsmöglichkeiten von den Regierungen zu den global operierenden Wirtschaftsunternehmen verschoben? Welche politische und gesellschaftliche Verantwortung kommt damit auch den Wirtschaftsunternehmen zu, denen auch im wohlverstandenen Eigeninteresse an einer Pflege der gesellschaftlichen Verhältnisse gelegen sein muss? Bietet das auf Verträgen zwischen den Nationalstaaten aufbauende Völkerrecht hinreichende Rechtssicherheit in der globalen Situation? Welche Rolle werden Nichtregierungsorganisationen spielen, die auf internationaler Basis operieren? Können unsere kulturellen Verständigungsmöglichkeiten mit der Ausweitung des Kommunikationsnetzes Schritt halten? Oder wird es globale Kommunikation ohne wirkliche Verständigung geben?

Klar ist jedenfalls, dass die Inklusion im Netzwerk globaler Kommunikation eine scharfe Exklusion für alle bedeutet, die vom Zugang zu den Kommunikationsmedien ausgeschlossen sind. Ausschluss von den Kommunikationsmedien bedeutet Ausschluss von allen Möglichkeiten der Partizipation am globalen Austausch von Waren, Gütern und Dienstleistungen, Ausschluss vor allem von den Möglichkeiten der Mitgestaltung der eigenen Lebenssituation. Kommunikationsausschluss ist zugleich immer Ausschluss von bestehenden Bildungschancen. Könnte es sein, dass ganze Volksgruppen und Gesellschaften auf diese Weise in der Situation der Globalisierung alle aktiven Gestaltungsmöglichkeiten verlieren und zu Opfern des Globalisierungsprozesses werden? Ausschluss von den Kommunikationsmöglichkeiten ist im Zeitalter der Globalisierung die radikalste Form der Armut, die alle anderen Formen der Armut nach sich zieht.

Klar ist ebenso, dass die Allgegenwart von Gebrauchsgütern der westlichen Welt in vielen nicht-westlichen Gesellschaften als ein Zeichen der kulturellen Überfremdung empfunden werden muss, die eine radikale Infragestellung der eigenen Identität bedeutet.[5] Was bleibt von der eigenen kulturellen Identität, wenn die Symbole einer fremden kulturellen Identität allgegenwärtig werden? Wenn die Situation der Globalisierung schon in den europäischen und nordamerikanischen Gesellschaften, die sie als vorläufigen Höhepunkt einer langen Geschichte der Modernisierung erfahren, Identitätskrisen auslösen, wie muss sie dann in Gesellschaften erfahren werden, die an diesem Modernisierungsprozess erst einige Jahrzehnte lang teilhaben. Globalisierung bedeutet eine so dramatische Beschleunigung der Modernisierungsprozesse, dass die Geschwindigkeit der Anpassung an die neuen Verhältnisse ebenso dramatisch zurückbleiben muss.

Betrachten wir die Globalisierung unter der Fragestellung nach dem Verhältnis von Toleranz und Identität, erscheint es aus der Perspektive der nicht-westlichen Kulturen so, als werde von ihnen Toleranz gegenüber dem wirtschaftlichen Vordrängen des Westens gefordert, das zugleich die Symbole westlicher Kultur zur kulturellen Leitwährung der nicht-westlichen Kulturen macht. Die erzwungene Toleranz führt zum

Gefühl einer massiven Identitätsbedrohung, die sich im Protest gegen die Globalisierung äußert. Radikale Intoleranz – von dem Versuch der vollständigen Selbstabschließung bis zur terroristischen Gewalt – kann so zur Folge der erzwungenen Toleranz werden. Verselbstständigt sich diese Dynamik, ist es nicht auszuschließen, dass es Tendenzen gibt, die auf einen Konflikt der Kulturen hinauslaufen.

Allerdings entgeht auch der Protest gegen die Globalisierung nicht dem Muster der Globalisierung. Globalisierungskritik ist genauso global wie die Globalisierung selbst. In der Konsequenz führt das zu einer Globalisierung der Intoleranz. Greift die Globalisierungskritik zum Mittel terroristischer Gewalt – und das scheint zumindest ein Aspekt des Terroranschlags vom 11. September zu sein – stellt sie auch eine globale terroristische Bedrohung dar. Wie kann ihr langfristig begegnet werden? Die Globalisierung kann nicht zurückgenommen werden. Wie aber kann sie so gestaltet werden, dass sie durch die erzwungene Toleranz nicht in immer tiefere Identitätskrisen führt, die sich wieder in radikaler Intoleranz äußern? Die Konzepte zur „global governance" werden sich auch daran messen lassen müssen, welche Antworten sie auf diese Frage bereithalten.

## 3. Die Religionen im Spannungsfeld von Säkularismus und Fundamentalismus

Die Religionen sind von der Globalisierung und ihren Folgen sehr weitgehend betroffen. Betrachtet man die Religionsgeschichte, so erscheint etwa das Christentum als missionarische Religion von Anfang an auf globale Ausbreitung ausgerichtet. Religionen, die sich ursprünglich kaum als missionarische Religionen verstanden haben wie etwa der Hinduismus, bilden durch den Kontakt mit dem Christentum und seiner Mission missionarische Impulse aus und zielen dann ebenso auf globale Ausbreitung.

Unter dem Druck der Globalisierung als der weltweiten Ausbreitung der Modernisierung hat sich in vielen Religionen eine neue und hochbrisante Dialektik von Säkularismus und Fundamentalismus ausgeprägt. Der Begriff „Fundamentalismus" – das sollte nicht vergessen werden – begann seine Karriere als Selbstbezeichnung christlicher Gruppen, die sich im Übergang vom 19. zum 20. Jahrhundert gegen die Infragestellung christlicher Glaubenswahrheiten durch die historische Kritik und die darwinistische Evolutionstheorie zur Wehr setzten.[6] Als Antwort auf diese Bedrohung stellten sie „five fundamentals" auf, die sie für unaufgebbare

Positionen des christlichen Glaubens erklärten. Der erste Punkt, die Behauptung der Irrtumslosigkeit der Bibel, ist die Begründung aller weiteren (der Jungfrauengeburt, des stellvertretenden Sühnopfers, der leiblichen Auferstehung und der Wiederkunft Christi). Auch in der Übertragung auf andere Religionen wie den Islam und das Judentum behält der Fundamentalismus seine entscheidenden Kennzeichen. Fundamentalismus ist immer eine Reaktion auf eine befürchtete Identitätsbedrohung – zumeist in der Gestalt des Säkularismus, der religiöse Wahrheitsansprüche zu unterminieren und eine Zerstörung der religiösen Kultur mit sich zu bringen scheint. Bei dieser Reaktion übernimmt der Fundamentalismus die Agenda der säkularistischen Religionskritik und kehrt sie um. Die angegriffenen Aspekte der eigenen Religion werden zu „identity markers" der wahren Religion umstilisiert. Darum nennt der christliche Fundamentalismus die Irrtumslosigkeit der Bibel als ersten Fundamentalpunkt, zählt aber z. B. die christliche Trinitätslehre überhaupt nicht unter die Fundamentalpunkte des Christentums. So erklärt sich, warum im islamischen Fundamentalismus das Tragen des Schleiers von Frauen als „identity marker" fungiert, obwohl es wohl kaum zu den fünf Säulen des Islam zu rechnen ist. Das als Bedrohung erfahrene Fortschreiten des Säkularismus, das als Relativierung aller religiösen Wahrheitsansprüche und damit als akute Identitätsbedrohung erfahren wird, bringt die fundamentalistische Reaktion hervor. Dadurch aber führt der Fundamentalismus zu einer Verzerrung der Religion, die er verteidigen will. Die Aspekte der Religionspraxis oder der Glaubenslehre, die im Fundamentalismus für fundamental erklärt werden, weil sie in der Abwehr der säkularistischen Herausforderung als „identity markers" fungieren, sind mit den Maßstäben der religiösen Tradition gemessen kaum als fundamental zu bezeichnen.

Die fundamentalistische Reaktion auf die als Identitätsbedrohung erfahrene Globalisierung macht sich darum gerade an den Punkten fest, die einen maximalen Kontrast zur Überfremdung mit westlichen Kulturwerten darstellen. Am Beispiel des Afghanistan der Taliban konnte man studieren, wie das Tragen von Bärten für Männer oder von Ganzkörperschleiern für Frauen zum Fanal der Identitätsbehauptung gegen den westlichen Kultureinfluss wurde. Dem religiösen Fundamentalismus ist kaum zu begegnen, indem man ihm die in dem Universalitätsanspruch der aufklärerischen Vernunft begründeten Menschenrechte entgegenhält. Das muss – zumindest aus der Perspektive der Fundamentalisten – als Konfrontation des religiösen Fundamentalismus mit einem säkularen

Fundamentalismus erscheinen, der selbst als Aspekt der kulturellen Entfremdung durch den Säkularismus des Westens verstanden wird. Eine doktrinäre Bekämpfung des Fundamentalismus durch den Verweis auf die universal gültigen, weil auf dem Boden der säkularen, nicht an spezifische Traditionen gebundenen Vernunft formulierten Menschenrechte, könnte nach dem Rezept „Mehr desselben!" gerade jene Bedrohung durch den Säkularismus verstärken, im Protest gegen den der Fundamentalismus ursprünglich entstand. Die Therapie des Fundamentalismus kann – so scheint es – nur auf dem Boden der religiösen Tradition selbst erfolgen. Allein hier liegen die Ressourcen, die für Fundamentalisten eine solche Autorität besitzen sollten, dass sie zu einer Selbstkorrektur der fundamentalistischen Position führen können.

Theologisch interpretiert ist Fundamentalismus ein Phänomen deplazierter Fundamentalität.[7] Am Beispiel des christlichen Fundamentalismus lässt sich das schnell deutlich machen. Die Bibel ist Zeugnis und Medium der Offenbarung Gottes, nicht die Offenbarung selbst. Sie hat ihre Autorität nicht als irrtumsloses Buch (das brächte die christliche Auffassung der islamischen Sicht des Qur'an sehr nahe), sondern als Zeugnis und Instrument der Selbsterschließung der Wahrheit Gottes. Christliche Glaubensbekenntnisse sind darum Bekenntnisse des Glaubens an den dreieinigen Gott, nicht Bekenntnisse des Glaubens an ein Buch. Weiterhin ist aus christlicher Sicht nicht der Glaube an die Bibel die Voraussetzung für den Glauben an Jesus Christus. Vielmehr ist die Offenbarung Gottes in Israel und in Jesus Christus der Grund für die Bedeutung der Bibel als Zeugnis von dieser Offenbarung. Die fundamentalistische Verzerrung des christlichen Glaubens kann insofern nur aus der Perspektive des christlichen Glaubens korrigiert werden, indem die religiöse Unangemessenheit und die theologische Fragwürdigkeit fundamentalistischer Positionen religiös und theologisch kritisiert wird. Nicht weniger Religion ist der Schlüssel zur Korrektur des Fundamentalismus – mehr Säkularisierung würde nur weitere Schübe des Fundamentalismus auslösen –, sondern vertiefte Religion; nicht weniger Theologie, sondern bessere Theologie kann zur Therapie des Fundamentalismus beitragen.

Analoges lässt sich für den Islam zeigen. Die Gründe für die fundamentalistische Verzerrung des Islam bei den Taliban in Afghanistan und anderen fundamentalistischen muslimischen Gruppen sind nach Meinung von Kennern des Islam jedenfalls zum Teil in der schlechten Ausbildung ihrer Theologen zu suchen. Wo die Religion als Ausdruck des Protestes gegen den Säkularismus und als Bastion der Identitätsbewahrung gegen die kulturelle Entfremdung in der Situation der Globalisierung durch den Fundamentalismus gebraucht wird, hilft keine erneute Säkularisierung, sondern nur die Vertiefung der religiösen Identität durch ihre Rückbindung an die Quellen der religiösen Tradition. Erst durch die vertiefte Konfrontation mit dem Reichtum der religiösen Traditionen lässt sich der Fundamentalismus als verarmtes Zerrbild der Religion, als Spiegelbild des Säkularismus im Medium der Religion, erkennen.

Daraus ergibt sich die Aufgabe, die Quellen der Toleranz in den religiösen Traditionen selbst zu suchen. Das Gebot der Toleranz wäre demnach nicht in einer Relativierung der religiösen Identität zu begründen, sondern in einer vertieften Aneignung der religiösen Identität. Diese Aufgabe macht es erforderlich, in den religiösen Traditionen die Ressourcen aufzuspüren, die sich zur Begründung der Toleranz als hilfreich erweisen. Ist der Fundamentalismus ein Phänomen deplazierter Fundamentalität, dann ist er nur dadurch zu korrigieren, dass seine Kritik aus den Fundamenten der religiösen Traditionen begründet wird.

## 4. Toleranz und die Wahrheitsgewissheit des Glaubens

Eine Betrachtung der Geschichte des Toleranzgedankens in den Religionen kann dazu beitragen, die religiösen Hindernisse der Toleranz, aber auch ihre religiösen Wurzeln aufzudecken.[8] Diese Geschichte ist durchaus ambivalent, denn alle Religionen, die im Kontext etablierter religiöser Traditionen entstanden, mussten zunächst um Toleranz für ihre eigene Identität werben, bevor sie – nach ihrer Durchsetzung als dominante religiöse Tradition – mit der Frage konfrontiert wurden, ob und wie sie Toleranz für andere religiöse Lebensorientierungen gewähren können. Die Problematik der Geschichte des Toleranzbegriffs in der Neuzeit, der in der Kritik an den Ansprüchen religiöser Traditionen formuliert wurde, ist darin zu sehen, dass die Forderung der Toleranz eine Relativierung des religiösen Wahrheitsbewusstseins zu beinhalten scheint, die eine Schwächung religiöser Identität nach sich zieht. Die neuzeitliche Auffassung der Toleranz scheint in vielen ihrer Ausprägungen mit der Säkularisierung einherzugehen, so dass die säkulare Vernunft nicht nur zum Maßstab der Plausibilität religiöser Überzeugungen, sondern auch zum Maßstab der Toleranz wird. Zu tolerieren sind demnach solche Überzeugungen und Handlungen, die nach Maßgabe der säkularen Vernunft zu rechtfertigen sind. Die Anerkennung von Personen und ihr Recht, ihre Überzeugungen in der

Theorie und in ihrer Lebenspraxis zu vertreten, damit aber auch ihre Tolerierbarkeit, hängen somit davon ab, inwieweit ihre Überzeugungen vor dem Forum der säkularen Vernunft gerechtfertigt werden können. Wird das Maß der Toleranz am Kriterium der Entsprechung oder Nicht-Entsprechung gegenüber den Maßstäben der säkularen Vernunft entschieden, muss dies als Gefährdung religiöser Identitäten verstanden werden, die sich nicht aus der säkularen Vernunft begründen, sondern auf der Basis einer religiösen Tradition und der sie begründenden Offenbarung.[9] Gerade diese Schwächung religiöser Identität führt im Gegenzug zur fundamentalistischen Affirmation des Religiösen als Intoleranz gegenüber allen anderen religiösen und weltanschaulichen Orientierungen. Ein Ausweg aus diesem Dilemma, in dem die Forderung der Toleranz zur Intoleranz führt, ließe sich nur finden, wenn Toleranz im religiösen Wahrheitsbewusstsein selbst, im Herzen religiöser Identität begründet werden könnte. Gibt es religiöse Wurzeln der Toleranz, Begründungen der Toleranz, die in der religiösen Identität wurzeln und darum nicht als ihre Infragestellung erscheinen müssen?

Die folgenden Überlegungen versuchen aus der Perspektive der reformatorischen Theologie einige Ansätze zum Verständnis einer religiös verwurzelten Toleranz zu entfalten. Sie haben exemplarischen Charakter und sollen andeuten, wie aus einer spezifischen Tradition des Christentums der Toleranzgedanke entfaltet werden kann, um so einen Beitrag für ein Gespräch darüber zu leisten, wie aus unterschiedlichen religiösen Traditionen, christlichen wie nicht-christlichen, ein Toleranzverständnis aus den jeweiligen religiösen Wurzeln zu entwickeln ist, um zu zeigen, dass Toleranz nicht gegen den Glauben einzuklagen ist, sondern aus dem Glauben gewonnen werden kann.

Im Rahmen der christlichen Theologie lässt sich eine Begründung eines in einer religiösen Tradition verwurzelten Verständnisses der Toleranz aus dem Charakter des christlichen Glaubens selbst entfalten, wie er besonders in der reformatorischen Theologie herausgearbeitet wurde. Der Glaube ist nach diesem Verständnis keine menschliche Leistung, sondern gründet in der kontingent geschenkten Gewissheit über die Wahrheit der Christusbotschaft. Die reformatorische Theologie hat die Bedingungen für die Entstehung des Glaubens klar herausgearbeitet.

Einerseits ist der Glaube an die Verkündigung des Evangeliums gebunden, an die Zusage der befreienden Botschaft vom Handeln Gottes in Israel und in Jesus Christus, durch das das Heil Gottes für die Welt verwirklicht wird. Als Spitzensatz dieses Aspekts des Glaubens ist immer wieder auf die Aussage des Paulus verwiesen worden: „So kommt der Glaube aus der Predigt, das Predigen aber durch das Wort Christi." (Röm 10,17) Der Glaube wird als Resultat eines Kommunikationsgeschehens verstanden, in dem die Botschaft vom heilsschaffenden Handeln Gottes in der Verkündigung und im Hören weitergegeben wird. Die christliche Gemeinschaft ist darum als Glaubensgemeinschaft zunächst immer Kommunikationsgemeinschaft.[10] Die Begegnung mit Gott vollzieht sich im Medium zwischenmenschlicher Kommunikation. Die Fleischwerdung des Wortes Gottes ist darum die Heiligung der menschlichen, geschöpflichen, leiblichen Kommunikationspraxis. Diese Kommunikationspraxis hat ihr spezifisches Profil, ihren Inhalt und ihre Form, darin, dass sie Interpretation der Heiligen Schrift ist. Durch die Interpretation der Schrift bezieht sich die christliche Gemeinschaft auf das Zeugnis vom Handeln Gottes in Israel und in Jesus Christus, wie es in den vielfältigen Zeugnissen der Schrift bezeugt ist. Die christliche Glaubensgemeinschaft ist darum als Kommunikationsgemeinschaft immer zugleich Interpretationsgemeinschaft. Christlicher Glaube kann nur im Kontext dieser Interpretationsgemeinschaft entstehen und gepflegt werden. Die kritische Betonung des Priestertums aller Gläubigen, mit der die reformatorische Theologie die kirchliche Ämterhierarchie der mittelalterlichen römischen Kirche kritisierte, ist darum konstitutiv daran gebunden, dass alle Christinnen und Christen zum Urteil über die christliche Glaubenslehre durch die Interpretation der Schrift befähigt werden und befugt sind. Wie die Konstitution des Glaubens an die Kommunikation des Evangeliums gebunden ist, die auf der Interpretation der Schrift ruht, so kann auch die Toleranz aus Glauben nur in der christlichen Kommunikationsgemeinschaft eingeübt werden und an der Interpretation der Schrift ihre Grundlage finden. So wie der Glaube so hat auch die Toleranz aus Glauben das konkrete Leben einer Gemeinschaft zur Voraussetzung, die in der Interpretation der Schrift und in der fortwährenden Kommunikation über die in der Schrift bezeugte Botschaft die Orientierung ihres Lebens findet.

Andererseits wird der christliche Glaube nach reformatorischem Verständnis dadurch konstituiert, dass Gott selbst durch seinen Geist die verkündigte Botschaft vom Heil Gottes für die Welt in Jesus Christus für den einzelnen Glaubenden bewährt und gewiss macht. Das *verbum externum*, das Zeugnis vom Handeln Gottes in der an äußerliche Zeichenkommunikation gebundenen Verkündigung der christlichen Botschaft, wird durch das *testimonium internum* des Heiligen Geistes gewiss gemacht. Die Konstitution dieser Gewissheit wird in der reformatorischen Theologie als ein souveräner Schöpfungsakt Gottes verstanden, der in der Erleuchtung des Herzens der Menschen besteht. Auch hierfür findet sich aus der Perspektive reformatorischer Theologie das grundlegende Schriftzitat bei Paulus: „Gott, der sprach: Licht soll aus der Finsternis hervorleuchten, der hat einen hellen Schein in unsere Herzen gegeben, dass durch uns entstünde die Erleuchtung zur Erkenntnis der Herrlichkeit Gottes in dem Angesicht Jesu Christi." (2Kor 4, 6) Die den Glauben ermöglichende Gewissheit wird dort geschaffen, wo die durch das äußere Wort kommunizierte Christusbotschaft Menschen als Wahrheit einleuchtet, die sie selbst einschließt, weil sie die Dunkelheit des menschlichen Herzens durch den Schein der göttlichen Herrlichkeit erleuchtet. Die Konstitution der Wahrheitsgewissheit des Glaubens ist ein souveräner Schöpfungsakt Gottes, der die Botschaft der Verkündigung, die im Zeugnis der Schrift begründet ist, für den Glaubenden bewahrheitet.[11]

Diese Gewissheit kann nicht hergestellt werden, weder von den Glaubenden selbst, noch von anderen. Sie muss für den Menschen unverfügbar erschlossen werden. Aus menschlicher Perspektive gilt: Glaube wird geschenkt, nicht gemacht. Diese Auffassung vom Zustandekommen religiöser Gewissheit gilt nach christlicher Auffassung nicht nur für Christen, sondern für alle Menschen, und sie gilt nicht nur für die Konstitution von Glaubensgewissheit, sondern für alle Gewissheit. Hier liegt die Begründung der Gewissensfreiheit, die in der Reformation im Protest gegen die Ansprüche kirchlicher und weltlicher Herrschaft auf Gewissensbindung an bestehende Lehre profiliert wurde. Die Einsicht in die Konstitution der eigenen Glaubensgewissheit, die Einsicht in die Freiheit des Gewissens auf Grund der Unverfügbarkeit der Gewissensbindung, ist aus der Perspektive des christlichen Glaubens die Grundlage der Toleranz anderer religiöser Glaubensüberzeugungen. Nach Auffassung des christlichen Glaubens ist es ein Implikat der Wahrheit der Begründung des Glaubens in der Unverfügbarkeit der Selbsterschließung Gottes, dass sie für alle Menschen und für alle Gewissheiten gilt. Aus dieser Einsicht würde folgen, dass andere Glaubensüberzeugungen darum zu tolerieren sind, weil sie nach dem Zeugnis der Angehörigen anderer Religionen ebenso nicht das Produkt menschlicher Erkenntnisbemühung, sondern einer transzendenten Erschließungserfahrung sind.

Die Begründung der Toleranz in der Einsicht in die Konstitution der eigenen Glaubensgewissheit, also auf dem Boden der eigenen religiösen Identität, so wie sie durch die Bildung am *verbum externum* des biblischen Zeugnisses und der christlichen Verkündigung geprägt und durch die kontingent, als *testimonium internum* geschenkte Einsicht in die Wahrheit dieser Botschaft konstituiert wird, unterscheidet sich radikal von der relativistischen Nivellierung aller religiösen Wahrheitsansprüche. Der Relativismus erweist sich nur scheinbar als Weg zur Toleranz, insofern er allen religiösen Wahrheitsansprüchen bestenfalls eine partielle Einsicht in die Wahrheit zugesteht und somit die Schwäche ihrer Einsicht, die Unvollkommenheit ihrer Wahrheitserkenntnis, als Basis der Toleranz erklärt. Zugleich aber erweist sich der Relativismus selbst als unfähig zur Toleranz, weil er für sein eigenes Dogma „Alle Wahrheitsansprüche sind relativ" absolute Gültigkeit beansprucht und die Negation des relativistischen Credos gerade nicht toleriert. Der Relativismus beansprucht für die eigene Position exklusive Gültigkeit, bestreitet sie aber jeder anderen Position: Das ist die klassische Haltung der Intoleranz. Toleranz als aktive Toleranz des Erduldens eines anderen Wahrheitsanspruches, als Anerkennung des Rechtes des Anderen auf Vertretung seiner Wahrheitsgewissheit, wird nur dort möglich, wo sie in der eigenen Wahrheitsgewissheit begründet ist. Das Tolerieren des anderen Glaubens ist nur möglich als Toleranz aus Glauben. Damit kommt aber auch die Reziprozität der Toleranz in den Blick, in der die Praxis der Toleranz zur Begründung stabiler Beziehungen zwischen unterschiedlichen Wahrheitsüberzeugungen wird. Nur wo gegenüber der Gewissheit des Anderen Toleranz gewährt wird, kann auch für die eigene Gewissheit Toleranz erwartet werden. Während die erzwungene Toleranz zur Intoleranz führt, enthält die gewährte Toleranz für den Anderen die Einladung an den Anderen, auch selbst Toleranz zu gewähren.

Obwohl sich die Toleranz aus Glauben, die im Bewusstsein der Konstitution der eigenen Glaubensgewissheit begründet ist, radikal von der relativistischen Nivellierung aller Glaubensgewissheiten unterscheidet, ist jedoch nicht zu verkennen, dass sie auch ein Element der Selbstrelativierung enthält. Diese Relativierung besteht darin, dass der Glaube sich nicht von seiner Konstitution in Gottes gewissheitsschaffendem Handeln emanzipieren kann, sondern stets nur in dieser Beziehung besteht. Die Wahrheitsgewissheit des Glaubens bleibt darum stets an die dem Menschen unverfügbare Erschließung der Wahrheit, die Gott ist, zurückgebunden. Die Gewissheit des Glaubens ist darum immer Wahrheit in Beziehung, d. h. die dem Menschen im Glauben gewährte Teilhabe an der Wahrheit, die Gott in seiner Selbsterschließung mitteilt. In der christlichen Tradition ist darum immer wieder pointiert hervorgehoben worden, dass Wahrheit streng theologisch verstanden werden muss: Gottes Wesen ist Wahrheit, die Gott in der Wahrhaftigkeit seiner Selbsterschließung zur Durchsetzung bringt. Die Einheit der Wahrheit darf darum nicht in einem System von Glaubensaussagen lokalisiert werden. Vielmehr ist Gott selbst die Einheit der Wahrheit, an der alle Wahrheiten, wo auch immer und wie auch immer sie erschlossen werden, partizipieren.[12] Wahrheit wird darum auch im Glauben kein menschlicher Besitz, sondern bleibt die von Gott unverfügbar gewährte Gabe.

Diese Einsicht hat weitreichende Konsequenzen für das Verständnis von Absolutheit und Relativität. Absolut ist für den christlichen Glauben nur Gott selbst, dessen Wesen Wahrheit ist. Alle Wahrheit, wo auch immer sie erschlossen wird, ist streng relativ zu der Wahrheit, die Gott ist. Darum darf diesem theologischen Verständnis der Wahrheit zufolge, der Charakter der Absolutheit nicht auf die Institutionen der Religion, auf ihr Lehrsystem, ihre Kultpraxis, ihre Ämterordnung oder ihren Verhaltenskodex übertragen werden. Sie bleiben streng relativ zu dem sie begründenden Geschehen der Selbsterschließung Gottes, die die Gewissheit des Glaubens konstituiert, und bleiben daher auch immer kritisierbar und reformierbar. Alle Formen der Religionspraxis sind nach diesem theologischen Verständnis darin relativ, dass sie Zeugnischarakter haben und von sich wegweisen auf Gott als Grund und Gegenstand ihres Zeugnisses. Die absolute Autorität der gewissheitsschaffenden Offenbarung Gottes ist nicht übertragbar auf die unterschiedlichen institutionellen und persönlichen Gestalten des Offenbarungszeugnisses. Gerade auf der Basis ihrer Begründung in der Selbsterschließung Gottes hat die Glaubensgewissheit die Kraft zur Selbstrelativierung, die es ihr ermöglicht, Zeugnis zu bleiben und ihre relativen Ausdrucksformen nicht an die Stelle der absoluten Autorität der Offenbarung Gottes zu stellen.

Diese Begründung der Toleranz in der Konstitution der eigenen Glaubensgewissheit, christlich theologisch gesprochen: in der Erfahrung der unverfügbaren Gabe des Glaubens, in der Gewissensfreiheit der eigenen Überzeugung, die gegenüber der Überzeugung des Anderen nur um den Preis der Infragestellung der eigenen Gewissheit verweigert werden kann, enthält aber auch eine klare Einsicht in die Grenzen der Toleranz. Nicht toleriert werden kann jeder Versuch, in die Gewissensfreiheit einzugreifen, sei es durch ihre Bestreitung oder sei es durch den Versuch, die Gewissheitsbildung selbst aktiv zu inszenieren. Die Gewissensfreiheit wird am wirkungsvollsten bestritten, wo davon ausgegangen wird, dass die handlungsleitenden Gewissheiten von Menschen lehrbar sind, dass also nicht nur der Gehalt der Lehre und ihr Wahrheitsanspruch vermittelt werden kann, sondern auch die Gewissheit in Bezug auf die Wahrheit der Lehre aktiv bewirkt werden kann.[13] Der gemeinsame Nenner aller totalitären Ideologien besteht darin, dass sie sowohl versuchen, Gewissheiten zu schaffen, als auch die Freiheit des Gewissens, die in der Gewissheit der eigenen Einsicht begründet ist, in ihrer Geltung zu beschränken. Die Frage der Gewalt markiert darum die Grenze der Toleranz. Gewalt beginnt nicht erst bei der physischen Gewalt gegen Menschen, die andere Überzeugungen vertreten. Sie beginnt schon dort, wo in die Gewissheitsbildung eingegriffen wird, wo der Versuch gemacht wird, über die Gewissheit des Anderen oder auch über die eigene Gewissheit zu verfügen. Gewaltverzicht im Umgang mit Menschen anderer Überzeugungen beinhaltet darum die Beschränkung auf Formen der Vertretung der eigenen Überzeugung, die respektieren, dass die Bildung von Gewissheit kein menschenmögliches Werk ist, sondern unverfügbar und frei geschehen muss.

## 5. Die Toleranz Gottes und die Toleranz aus Glauben

Bisher haben wir uns zur Begründung einer in der christlichen religiösen Identität verwurzelten Toleranz aus Glauben allein auf die Konstitution der Wahrheitsgewissheit des Glaubens konzentriert. Das kann allerdings nur die eine Seite der Toleranz aus Glauben sein. Die andere, mit ihr unverbrüchlich verbundene Seite ist die Begründung der Toleranz aus dem Inhalt des christlichen Glaubens. Für diese inhaltliche Begründung ist in der Diskussion der evangelischen Theologie in den letzten zwanzig Jahren immer wieder auf eine Passage in Luthers „Disputatio de iustificatione" aus dem Jahr 1536 verwiesen worden, auf die Gerhard Ebeling aufmerksam gemacht hat.[14] Im Kontext der Gegenüberstellung der Rechtfertigung vor den Menschen durch Werke und der Rechtfertigung vor Gott durch den Glauben stellt Luther die Frage, warum Gott denn die Werke der *impii*, der Gottlosen, durchaus durch zeitliche Güter belohnt, obwohl sie doch vor Gott, wenn sie zur Rechtfertigung des Menschen vor Gott missbraucht werden, nichts als Heuchelei sind.[15] Luther antwortet darauf: Dies geschehe nicht im Blick auf die Gottlosen, die so ihre Gerechtigkeit zu erwirken trachten und auch nicht im Blick auf die Qualität der ausgeführten Werke. Vielmehr sei dies nur im Blick auf die unfassbare Toleranz und Weisheit Gottes zu verstehen.[16] Die Toleranz Gottes, die dem in Sünde gefangenen Menschen gilt, der im Widerspruch zur Wahrheit Gottes lebt, wird hier zum Leitbegriff der Reflexion.

Luther gibt für diese Toleranz Gottes zunächst eine gleichsam pragmatische Begründung: Durch die Duldung des kleineren Übels soll das größere Übel, durch das alle Lebensverhältnisse verkehrt werden, verhindert werden.[17] In diesem Sinne muss man im Staat schlechte Menschen ertragen, damit der öffentliche Friede erhalten werden kann, und darum ist es in der Heilkunst notwendig, unheilbare Krankheiten hinzunehmen, um nicht durch den Versuch einer Radikalkur das Leben selbst zu zerstören.[18] Neben diesem gleichsam pragmatischen Argument verwendet Luther allerdings auch ein explizit theologisches. Auch die durch die Rechtfertigung aus Glauben von Gott Geheiligten und die Kirche sind auf Gottes Toleranz angewiesen. Denn in ihnen hat das neue Leben durch die Gerechtmachung durch Gott zwar schon begonnen, sie bleiben aber *simul iustus et peccator*, gerecht und Sünder zugleich, bis Gott die Wirklichkeit des neuen Lebens in der Gerechtigkeit Gottes in ihnen vollendet.[19] Die Toleranz Gottes gilt beiden, den Gottlosen wie den Gerechtfertigten, und sie gilt in beiden der Wirklichkeit der Sünde, des Widerspruchs gegen Gott, die beiden noch anhaftet: als Gefangenen, die aus der Gefangenschaft der Sünde noch nicht befreit sind, sondern selbst ihre Befreiung suchen, oder als Befreiten, denen der Weg aus dem Gefängnis durch Gottes Urteil schon gebahnt ist. Gott erträgt das ihm Unerträgliche, den Widerspruch der Sünde, um der Verwirklichung seiner Gerechtigkeit willen. Alle Menschen, Gerechtfertigte wie Gottlose, sind Sünder und leben aus der Toleranz Gottes.

Was würde es für eine christlich-theologisch begründete Toleranz aus Glauben bedeuten, sich an diesem Verständnis der Toleranz Gottes zu orientieren? Es kann jedenfalls nicht bedeuten, dass die Glaubenden gleichsam die Toleranz Gottes für sich beanspruchen und mit der Maxime „So wie Gott toleriert, so toleriere ich auch" Toleranz üben. Die Unterscheidung und Beziehung zwischen dem Werk Gottes und dem menschlichen Werk, die das Herzstück der reformatorischen Theologie ist, ist auch und gerade in der Thesenreihe der „Disputatio de iustificatione" vorausgesetzt.[20] Vielmehr erfolgt hier eine ähnliche Selbstrelativierung der Toleranz aus Glauben, wie wir sie bei der Selbstrelativierung der Wahrheitsgewissheit des Glaubens zur Wahrheit, die Gott ist, zu skizzieren versucht haben. Sie orientiert sich an der Frage: Wie wird es den Glaubenden ermöglicht, aus der Einsicht des Glaubens in die Toleranz Gottes menschlich Toleranz zu üben? Die erste Einsicht, die hier festzuhalten ist, ist die, dass Gott allein der Richter aller Menschen ist. Es gibt kein menschliches Urteil, das an die Stelle des letztgültigen Urteils Gottes treten könnte. Wenn Gott der letztgültige Richter den Widerspruch der Sünde toleriert, kann es nicht Sache der Glaubenden sein, an der Stelle Gottes ein letztgültiges Urteil über die Sünde zu vollziehen. Alles menschliche Urteilen ist gegenüber Gottes Urteil streng relativ, es darf sich keine Absolutheit anmaßen. Menschliche Toleranz vollzieht sich darum im Horizont der Toleranz Gottes. Die zweite Einsicht führt die Glaubenden noch einen Schritt weiter: So wie Gott, der uns allein aus Gnade durch Glauben um Christi willen rechtfertigt, unsere Sünde toleriert, die als überwundene noch fortbesteht, solange wir in diesem Leben sind, so toleriert Gott auch die Sünde der Gottlosen. Wir können Toleranz üben in dem Bewußtsein, dass wir alle, Glaubende wie Nicht-Glaubende, Sünder und auf Gottes Toleranz angewiesen sind. Die Unterscheidung zwischen Glaubenden und Nicht-Glaubenden wird unterfangen von der Einsicht, dass beide Sünder sind und aus Gottes Toleranz leben. Dazu kommt die dritte Einsicht: Gott vollzieht sein Gericht und Gott übt Toleranz, indem er zwischen dem Werk und der Person des Menschen unterscheidet. Gottes Gericht wie Gottes Toleranz orientieren sich nach reformatorischen Verständnis nicht an dem Grundsatz „Der Mensch ist, was er tut", sondern daran, dass der Mensch ist, wozu er durch die Kraft der Liebe Gottes geschaffen ist. Nach reformatorischem Verständnis ist dies der Kern des Selbstverständnisses der gerechtfertigten Sünder im Glauben. Durch Gottes Rechtfertigungsurteil wird ihr Personsein von ihren Werken unterschieden. Die Anerkennung, die Gott ihnen zuteil werden lässt, gilt ihrem Personsein, das durch die Zuwendung der Liebe Gottes konstituiert wird und nicht dadurch, dass Gott die verdienstliche Qualität ihrer Werke anerkennt. Die Auszeichnung des menschlichen Personseins ist nicht am Maßstab der menschlichen Leistungen zu bemessen, auch nicht am Kriterium menschlichen Vermögens oder Unvermögens, sondern an Gottes Beziehung zum Menschen. Für eine im Horizont der Toleranz Gottes geübte Toleranz aus Glauben gilt darum die Toleranz gegenüber dem Personsein von Menschen auch dort, wo ihre Überzeugungen und Handlungen abzulehnen sind. Die radikalste Konsequenz dieses Gedankens ist im christlichen Glauben das Gebot der Feindesliebe. Selbst die Feinde sind zu lieben, nicht weil sie in ihrer Feindschaft doch liebenswert erscheinen – das wäre eine an Perversität grenzende Überforderung menschlicher Liebesfähigkeit –, sondern darum, weil sie von Gott geliebt sind, weil ihr Personsein die Auszeichnung des Ebenbildes Gottes trägt und sie ebenso wie die Glaubenden zur Teilhabe an der Versöhnung mit Gott berufen sind, die Gott im Kreuz und in der Aufweckung Jesu Christi erwirkt hat. Diese radikalste Konsequenz einer an der Toleranz Gottes orientierten Praxis der Toleranz ist den Glaubenden nur möglich, weil ihr eigener Glaube von der Überzeugung lebt, dass Gott ihnen seine Liebe erwiesen hat, als sie noch Gottes Feinde waren (vgl. Röm 5,10). Es ist die Einsicht, dass sie schon von Gott geliebt wurden, als sie noch die Feinde Gottes waren, die es Glaubenden ermöglicht, in den Feinden gleichsam ihr *alter ego* zu erkennen, sich selbst, als sie noch im Widerspruch zu Gott lebten und ihnen dennoch die Liebe Gottes schon galt.

Allerdings ist an Luthers Darstellung der Toleranz Gottes für die Praxis einer Toleranz aus Glauben noch ein weiteres Element entscheidend. Pragmatische Argumente sind erlaubt in der Umsetzung des Gedankens der Toleranz Gottes in die gesellschaftliche Wirklichkeit! So wie Luther argumentiert, dass die Toleranz Gottes gegenüber den Gottlosen darin ihre Analogie hat, dass im Gemeinwesen das kleinere Übel zur Vermeidung des Größeren toleriert werden muss – „pro bono pacis publicae" –, so ist auch das gemeinschaftliche Gute einer Gesellschaft ein legitimes Argument für die Praxis der Toleranz. Die Orientierung an der Toleranz Gottes übersetzt sich gerade nicht in die Praxis einer rigoristischen Theokratie, in der die theologisch begründete Intoleranz regiert, sondern in eine Praxis gesellschaftlichen Zusammenlebens, in dem die theologischen Prinzipien der Toleranz in eine am öffentlichen Frieden und damit am Gemeinwohl orientierte Politik übersetzt werden dürfen.

Allerdings sind auch mit dieser kurzen Skizze der inhaltlichen Orientierung einer Toleranz aus Glauben die Grenzen der Toleranz beschrieben. Nicht toleriert werden dürfen solche Überzeugungen und Handlungen, die die Personwürde von Menschen zu zerstören trachten und damit darauf abzielen, das Ebenbild Gottes im Menschen auszulöschen. Die Verpflichtung, den Anderen mit seinen widerstreitenden, abzulehnenden Überzeugungen zu tolerieren, weil er in seiner Person das Ebenbild Gottes trägt, verpflichtet genauso, allen Bestrebungen Widerstand zu leisten, die die Personwürde von Menschen antasten und das Ebenbild Gottes in ihnen negieren. Auch hier ist die Ächtung menschenfeindlicher Gewalt ein ethisches Implikat der Toleranz aus Glauben.

## 6. Identitätspflege als Bedingung der Toleranz

Die vorangegangenen Überlegungen sollen andeuten, wie aus der Perspektive der Tradition des reformatorischen Christentums Toleranz aus Glauben begründet werden kann. Dieser Versuch geht bewusst von den besonderen theologischen Grundeinsichten dieser Tradition aus. In der Situation des religiös-weltanschaulichen Pluralismus, in der es keine gemeinsamen, von allen geteilten Basisüberzeugungen über die Gestaltung des menschlichen Lebens in der Gesellschaft zu geben scheint, scheint die Begründung der Toleranz dann am erfolgreichsten möglich zu sein, wenn sie sich auf die Glaubensüberzeugungen beruft, die für bestimmte Gruppen und Gemeinschaften in der Gesellschaft verpflichtenden Charakter haben. Dabei ist dieser Versuch von der Vermutung geleitet, dass analoge Begründungen der Toleranz auch aus den religiösen Traditionen des Judentums und des Islams und aus anderen christlichen Traditionen, ebenso wie aus vielen anderen religiösen Traditionen, entwickelt werden können. Die Debatte über Gründe und Grenzen der Toleranz könnte dann wirkliche Fortschritte machen, wenn sich die unterschiedlichen religiösen Traditionen in ihrem Versuch, Toleranz aus ihren jeweiligen religiösen Wurzeln zu begründen, gegenseitig anregen lassen könnten und ihre Einsichten im Dialog bereichern würden.

Allerdings macht ein solcher Versuch auch die institutionellen Voraussetzungen für eine Kultur der Toleranz deutlich, die sich aus den religiösen Identitäten der jeweiligen Glaubensgemeinschaften begründet. Diese institutionellen Voraussetzungen können nur z.T. vom Staat gewährleistet werden, insofern der Staat nur die Rahmenbedingungen einer Rechtsordnung bereit stellen kann, die es den unterschiedlichen Religionsgemeinschaften ermöglicht, Institutionen zur Pflege der Kultur des Glaubens zu erhalten. Ein Staatswesen, dass sich der weltanschaulichen Neutralität verpflichtet weiß, muss sich auf diese Aufgabe beschränken. Alle Versuche, über die Respektierung der Verfassung hinaus bestimmte handlungsorientierende Basisüberzeugungen für die Bürgerinnen und Bürger des Staatswesens verpflichtend zu machen, kommt nur allzu leicht in die Nähe von totalitären Tendenzen, in die Religions- und Gewissensfreiheit der Bürger durch normative weltanschauliche Orientierungen einzugreifen. Zugleich aber ist anzuerkennen, dass das Gemeinwohl eines Staates von Voraussetzungen abhängt, die der Staat selbst nicht schaffen kann und darf. Dazu gehören eben jene religiösen und weltanschaulichen Basisorientierungen, auf deren Boden das Gemeinwohl inhaltlich bestimmt werden muss und die das in einer Gesellschaft zu verwirklichende Gute definieren. Die Rahmenordnung des gesellschaftlichen Zusammenlebens, die durch die Rechtsordnung gewährleistet wird, muss darum Raum bieten für Begründungen, die die Einhaltung der Rechtsordnung in einem inhaltlich präzisierten Menschenbild verankern. Die Rechtsordnung des Staates kann für die Praxis der Toleranz nur die Rahmenbedingungen abstecken, durch die die Formen der Intoleranz, die gegen die staatliche Rechtsordnung verstoßen, mit Sanktionen belegt werden. Für die Praxis der Toleranz bleibt der Staat auf die Institutionen der Zivilgesellschaft angewiesen, deren Bestand er nur rechtlich ermöglichen und sichern, deren inhaltliche Gestaltung er aber aus recht verstandener Selbstbeschränkung nicht in die Hand nehmen darf.

Unsere Überlegungen zur Toleranz aus Glauben aus der Perspektive der reformatorischen Theologie haben schon gezeigt, dass Toleranz nicht nur eine Individualtugend ist, die ausschließlich in der Gewissensfreiheit des Einzelnen begründet ist. Gerade die individuelle Toleranz setzt eine soziale Gemeinschaft voraus, in der die Bedingungen zur Bildung einer toleranzfähigen personalen Identität in einer Gemeinschaft mit einer gefestigten sozialen Identität – und das sind Gemeinschaften, die sich den Grund ihrer Identität in ihrer Kommunikationspraxis vergegenwärtigen – gewährleistet werden können. Hier haben die Religionsgemeinschaften und Kirchen eine besonders wichtige Funktion in der Zivilgesellschaft. Sie sind Institutionen der Identitätspflege, die in der Situation des religiös-weltanschaulichen Pluralismus die Kultivierung einer sozialen Identität ermöglichen sollen, die den Lebenszusammenhang für die Ausbildung einer toleranzfähigen personalen Identität bietet. Wie viel Toleranz sie ihren einzelnen Mitgliedern zu erwerben ermöglicht, hängt nicht zuletzt davon ab, wie viel Toleranz sie in ihrem Leben als Religionsgemeinschaften und Kirchen praktizieren. Identitätspflege als Bedingung der Toleranz geht dabei stets von der Voraussetzung aus, dass die Praxis der Toleranz dann zu realisieren ist, wenn sie nicht als Infragestellung und Gefährdung der eigenen personalen und sozialen Identität erscheint, sondern aus ihr heraus begründet werden kann.

Was für die reformatorische Begründung der Toleranz aus Glauben gezeigt werden kann, gilt in analoger Form auch für die Reflexion auf die religiösen Wurzeln der Toleranz im Judentum und im Islam. Sie setzt die Praxis einer Gemeinschaft voraus, die ihr Leben als Interpretationsgemeinschaft ihrer lebensorientierenden Traditionen gestaltet, und sucht auf diese Weise in ihren heiligen Schriften nach dem Maßstab der Lebensorientierung auch in Fragen der Toleranz.[21]

## 7. Von der Toleranz zur Kooperation

Im Zeitalter der Globalisierung ist die Identitätspflege der einzelnen religiösen und weltanschaulichen Gemeinschaften noch keine zureichende Bedingung für eine gerechte und friedfertige Praxis der Toleranz zwischen Einzelnen und Gemeinschaften. Die Globalisierung hat deutlich gemacht, dass wir nicht mehr in einer Welt leben, die durch unabhängige und autonome Einheiten, wie etwa die Nationalstaaten des 19. Jahrhunderts, bestimmt sind. Wir leben im Zeitalter einer multidimensionalen Interdependenz, in der jeder Staat, jede Gesellschaft, jede Gemeinschaft, jeder Einzelne in einer Gemeinschaft auf vielfältige Weise mit anderen verbunden ist. Diese Interdependenz zeigt sich nicht nur in allen politischen Fragen, sondern vor allem in unserer Einbeziehung in ein Netzwerk von wechselseitigen wirtschaftlichen Abhängigkeiten. Selbst der global agierende Terrorismus macht sich diese Interdependenz zunutze. Dabei ist es wichtig zu sehen, dass die Interdependenz nicht nur im Makrokosmos der Weltwirtschaft und der Weltpolitik besteht, sondern sich auch im Mikrokosmos unserer Lebensbedingungen vor Ort spiegelt. Es gibt kein Lokales, das nicht von der wechselseitigen Abhängigkeit des Globalen betroffen wäre.

Die entscheidende Frage, vor der das 21. Jahrhundert steht, ist die Gestaltung dieser Interdependenz. Vieles deutet darauf hin, dass die Interdependenz dort, wo ihre Gestaltung allein den freien Kräften des Marktes überlassen wird, Konflikte heraufbeschwört, die nicht mit wirtschaftlichen Mitteln allein zu lösen sind. Soll die Zukunft der Weltgesellschaft durch den Kampf zwischen „Djihad gegen McWorld" entschieden werden, wie es Benjamin Barber provozierend formuliert hat? Ebenso zeigt sich, dass eine allein auf die Nationalstaaten bauende politische Gestaltung der globalen Interdependenz immer wieder an den übernationalen Strukturen dieser Interdependenz scheitert. Der neu aufkeimende Nationalismus in vielen Ländern der Erde ist eine hilflose Reaktion gegen die Strukturen ökonomischer Interdependenz. Den Kirchen und Religionsgemeinschaften kommt in dieser Situation eine entscheidende Rolle zu. Die Weltreligionen existieren bereits in einem Netzwerk globaler Interdependenz, sie überschreiten die Grenzen der Nationen ebenso wie die Grenzen der Wirtschaftszusammenschlüsse und Handelsorganisationen. Die Herausforderung, vor der sie stehen, lässt sich in der Frage formulieren, welchen Beitrag sie zu einer Gestaltung der bestehenden globalen Interdependenz leisten können, der eine gerechte und friedvolle Ordnung der globalen Beziehungen realisieren hilft.

Christoph Schwöbel

Hier zeigt sich, dass Toleranz noch nicht genug ist, um eine friedliche Koexistenz der unterschiedlichen Gruppen, Gemeinschaften, Staaten und Religionen zu gewährleisten. Angesichts der Herausforderungen globaler Interdependenz müssen Wege von der Toleranz zur Kooperation gefunden werden. Lässt das Konzept eine Toleranz aus Glauben auch Gestaltungsmöglichkeiten der Situation der globalen Interdependenz erkennen? Toleranz, die in der jeweiligen religiösen Identität verwurzelt ist, soll es den unterschiedlichen Religionsgemeinschaften ermöglichen, sich gegenseitig zu tolerieren, aber aus Gründen, die in der jeweils eigenen Tradition, in der jeweils eigenen Glaubensüberzeugung gefunden werden. Die Religionen könnten dann einen wesentlichen Beitrag zur Kooperation der unterschiedlichen Gruppen, Gesellschaften und Kulturen leisten, wenn es gelingt, deutlich zu machen, dass eine solche Kooperation nicht auf identischen Begründungen beruhen muss, sondern von den beteiligten Personen, Gruppen und Gemeinschaften jeweils aus der Perspektive ihrer eigenen Überzeugungen begründet werden soll – freilich im Blick auf gemeinschaftlich erkannte Ziele.

Der Schritt von der Toleranz zur Kooperation beginnt nicht auf der Weltebene, sondern im lokalen Kontext, wo Personen und Gemeinschaften mit unterschiedlichen Glaubensüberzeugungen und Basisorientierungen zusammen kommen, um Wege zu finden, ihr Leben in der Gesellschaft zu gestalten – zum Wohl ihrer Gemeinschaft und zum Wohl der Gesellschaft als ganzer. Um dieses Ziel zu fördern, stehen die Kirchen und Religionsgemeinschaften nicht nur vor der Aufgabe, Institutionen der Identitätspflege zu sein, in denen die Praxis der Toleranz aus ihren religiösen Wurzeln begründet werden kann. Sie stehen auch vor der Aufgabe, Institutionen eines gesellschaftlichen Dialogs zu sein, der nicht den Konsens der Glaubensüberzeugungen, sondern die Kooperation aus unterschiedlichen Überzeugungen zum Ziel hat. Toleranz aus Glauben wäre dann ein wichtiger erster Schritt zur Verwirklichung der Gestaltung der Gesellschaft im Sinne dialogischer Differenz und Gemeinschaft.

### Anmerkungen

1 Einen ausgezeichneten Überblick über die Toleranzforschung gibt der Band: Kulturthema Toleranz. Zur Grundlegung einer interdisziplinären Toleranzforschung, hg. von Alois Wierlacher, München 1996. Eine konzise Synopse der Toleranzkonzepte bietet der Beitrag des Herausgebers in diesem Band: A. Wierlacher, Aktive Toleranz, a.a.O., 51–82. Eine übersichtliche Ergänzung dieses Bandes bietet

die Textsammlung: Toleranztheorie in Deutschland (1949–1999). Eine anthologische Dokumentation, hg. von A. Wierlacher und W. D. Otto, Tübingen 2002.

2 Vgl. E. Herms, Pluralismus aus Prinzip, in: Vor Ort. Praktische Theologie in der Erprobung, FS Peter C. Bloth, hg. Von R. Bookhagen u. a., Nürnberg 1991, 95–124.

3 Vgl. Chr. Schwöbel, Religiöser Pluralismus als Signatur unserer Lebenswelt, in: Theologie in skeptischer Zeit, hg. von M. Marquardt, Stuttgart 1997, 40–66.

4 Vgl. zu den wichtigsten Aspekten der Globalisierungsproblematik A. Giddens, Entfesselte Welt. Wie die Globalisierung unser Leben verändert, Frankfurt/M 2001.

5 Vgl. Benjamin R. Barber, Jihad vs. McWorld, New York 1995.

6 Vgl. als kurze Übersicht zum Thema Fundamentalismus K. Kienzler, Der religiöse Fundamentalismus, München 1996. Die bisher umfassendste Dokumentation ist: The Fundamentalism Project, 5 Bde., ed. by M.E. Marty and R.S. Appleby, Chicago/London, 1991–1995.

7 Vgl. dazu ausführlicher Chr. Schwöbel, Die Wahrheit des Glaubens im religiös-weltanschaulichen Pluralismus, in: Christlicher Wahrheitsanspruch zwischen Fundamentalismus und Pluralität, hg. von U. Kühn, M. Markert und M. Petzoldt, Leipzig 1998, 88–120.

8 Vgl. dazu den immer noch instruktiven Sammelband: Zur Geschichte der Toleranz und Religionsfreiheit, hg. von H. Lutz, WdF CCXLVI, Darmstadt 1977. Vgl. weiterhin die umfassende Begriffsgeschichte im Art. „Toleranz" von K. Schreiner und G. Besier, in: O. Brunner u. a. (Hg.) Geschichtliche Grundbegriffe, Bd. 6/1990, S. 445–605.

9 Gerhard Ebeling formuliert diesen Zusammenhang so: „Der in der Toleranz der Vernunft angelegte, wenn auch zunächst nicht gewollte Trend zur Formalisierung untergräbt zumindest potentiell das Sittliche wie das Religiöse durch eine Vergleichgültigung, die der Nährboden neuer Intoleranzen ist. Man kann nicht der Toleranz der Vernunft, wie sie es verdient, zustimmen, ohne diesen hohen Preis einzukalkulieren." G. Ebeling, Die Toleranz Gottes und die Toleranz der Vernunft, zuerst in: ZThK 18 (1981) 442–464, hier zitiert nach dem Wiederabdruck in: Glaube und Toleranz. Das theologische Erbe der Aufklärung, hg. von T. Rendtorff, Gütersloh 1982, 54–73, hier: 69.

10 Vgl. dazu ausführlicher Chr. Schwöbel, Kirche als Kommunikationsgemeinschaft, Lernort Gemeinde 15 (2/1997), 10–16.

11 Es ist aufschlussreich, dass in der nachreformatorischen europäischen Geistesgeschichte der von den Reformatoren betonte Zusammenhang zwischen dem äußeren Wort, der Kommunikation durch erfahrbare Zeichen, die an eine Interpretationsgemeinschaft gebunden ist, und dem inneren Zeugnis des Geistes im Herzen, der persönlichen Evidenzerfahrung, auseinanderbricht. Auf der einen Seite entwickelt sich durch die direkte Identifikation des gewissheitsschaffenden Handelns des Geistes mit dem Buchstaben der Schrift die Theorie der Verbalinspiration. Auf der anderen Seite wird – programmatisch etwa bei George Fox und den Quäkern –

Christoph Schwöbel

die Beziehung zwischen dem Wort der Schrift und der Erleuchtungserfahrung des Geistes aufgelöst, so dass Gewissheit ohne äußere Zeichenkommunikation allein durch das „innere Licht" konstituiert wird. In der Aufklärung, die die Licht-Metapher als programmatische Selbstbezeichnung übernimmt (enlightenment, les lumières, illuminismo), verbindet sich die Erleuchtung des Geistes mit einer radikalen Traditionskritik und mit einer Konzeption der Konstitution von Gewissheit, die diese nicht als passiv *für* den menschlichen Geist konstituiert, sondern als aktiv *vom* menschlichen Geist konstituiert interpretiert. Die Folgen dieser Trennung zwischen dem „äußeren Wort" und dem „inneren Gewißheitszeugnis" durchziehen die Debatten der Moderne. Einer der interessantesten Aspekte der Postmoderne scheint darin zu bestehen, dass nach der De-Kanonisierung der Prinzipien der Aufklärung eine Re-Kanonisierung des äußeren Wortes erfolgt – auch der heiligen Schriften der Religionsgemeinschaften.

12 Der Gedanke, dass Gott der Ort der Einheit der Wahrheit ist, ist schon bei Augustin (De lib. arb II, 15) klar formuliert. Im Verständnis, dass Gottes Wesen Wahrheit ist, so dass der Satz formuliert werden kann: „Deus est veritas" stimmen Thomas von Aquin und Luther überein. Zu Luther vgl. E. Herms, Gewißheit in Martin Luthers „De servo arbitrio", in: Lutherjahrbuch 67 (2000), 23–50, bes. 27, Anm. 6.

13 Es erscheint geradezu als ein – hier nur hypothetisch zu formulierendes – Unterscheidungsmerkmal zwischen Religionen und Weltanschauungen, dass Religionen von der Überzeugung getragen sind, dass die Gewißheit der religiösen Basisorientierung für den Menschen passiv erschlossen werden muss, oder – wie in den mystischen Religionen – in einer kontingent widerfahrenen Erleuchtung begründet ist. Für die christliche Mission ist z. B. entscheidend, dass sie sich auf das Zeugnis von der Wahrheit des Evangeliums beschränken muss, weil die Gewissheit über die bezeugte Wahrheit nur durch den Geist Gottes geschenkt werden kann. Wo die Mission über diese Grenze hinausgeht, beansprucht sie als menschliches Werk, was nur das Werk Gottes sein kann. Das ist – christlich verstanden – Sünde. Demgegenüber stimmen die wissenschaftlichen Weltanschauungen darin überein, dass handlungsleitende Gewissheiten durch Lehre produzierbar sind. Wo diese Auffassung praktiziert wird, werden die totalitären Tendenzen von Weltanschauungen offenbar.

14 Vgl. G. Ebeling, Die Toleranz Gottes und die Toleranz der Vernunft, a.a.O. (Anm. 9). Die Textstelle aus Luthers Disputation wird in diesem Band eingehend in dem Beitrag von Wilfried Härle „Wahrheitsgewissheit als Bedingung von Toleranz" untersucht. Luthers Umgang mit dem Toleranzbegriff ist auch deswegen besonders aufschlussreich, weil er das Wort in die deutsche Sprache einführte. Vgl. die Studie von H. Bornkamm, Die religiöse und politische Problematik der Konfessionen im Reich, in: Zur Geschichte der Toleranz und Religionsfreiheit, hg. von H. Lutz, a.a.O. (Anm. 8), 252–262; zum Wortgebrauch bes. 256.

15 „Iustitia vero hominis, ut eam Deus temporaliter honoret donis optimis huius vitae, tamen coram Deo larva est et hypocrisis impia." (WA 39/1, 82, 21f. Alle weiteren Textbelege beziehen sich auf WA 39/1.)

16 „Igitur non est respiciendum neque ad personam impii qui iustitiam operatur, neque ad pulchritudinem talis operis, sed ad incomprehensibilem tolerantiam et sapientiam Dei …" (82, 29–31)

17 „… minus malum ferentis, ne maiore malo omnia subvertantur" (82, 32).

18 „Simile videtur, ac si quis Princeps malum servum toleret, quem sine maiore periculo regni non possit occidere" (82, 27). Und: „Sicut sapiens Magistratus civi malo et improbo interdum connivet et frui sinit civitate pro bono pacis publicae." (3, 8f.) Das Beispiel aus der Heilkunst: „Sicut vomica, claudicatio aut alius morbus in corpore insanabilis toleratur, necessitate vitae corporalis fovendae." (82, 33f.)

19 „Quin et cum Ecclesia et Sanctis suis in terra non dissimili tolerantia et bonitate agit. Ut quos et tolerat et fovet propter initium creaturae suae in nobis, deinde et iustos esse et filios regni decernit." (83,12–15)

20 „Oportet igitur certissimum distinctionem habere inter virtutem Dei et nostram, inter opus Dei et nostrum si volumus pie vivere." (WA 18, 614)

21 Vgl. zu den Toleranzkonzepten im Islam: R. Schulze, Toleranzkonzepte in islamischer Tradition, in: Kulturthema Toleranz, a.a.O. (Anm. 1), 495–513, dort auch umfassende Literaturangaben. In diesem Band vgl. zum jüdischen und islamischen Kontext bes. die Beiträge von Ernst Ludwig Ehrlich, Menachem Fisch, Rusmir Mahmutćehajić und Shlomo Fischer.

# Adam B. Seligman

# Toleranz und religiöse Tradition

Tolerieren ist, wie Bernard Williams einst feststellte, eine „unmögliche Tugend".[1] Sie ist unmöglich, weil sie verlangt, Ansichten zu akzeptieren, zu ertragen oder zu übernehmen, die man verwirft. Sie verlangt von uns, in kognitiver Dissonanz zu leben und stellt den Widerspruch als ein erstrebenswertes Ziel hin. Wir müssen „ertragen", was wir in Wirklichkeit unerträglich finden. Denn wenn wir das eine oder andere Wort, die eine oder andere Tat nicht abstoßend fänden, gäbe es keinen Grund, sie zu tolerieren. Die ganze Frage der Toleranz stellt sich nur dann, wenn ein Akt oder eine Rede für unannehmbar gehalten wird. So gesehen ist Toleranz tatsächlich eine derart anspruchsvolle Tugend, daß ihre Verwirklichung „unmöglich" ist – vielleicht sogar logisch unhaltbar, da sie uns in Widersprüche verwickelt.

In einer anderen Perspektive jedoch ist Toleranz weit davon entfernt, eine hinreichend befriedigende Tugend zu sein. Sie wird für allzu langweilig, allzu schwächlich und einer zivilen Ordnung oder Gesellschaft gegenseitiger Wertschätzung und Anerkennung in jeglicher Weise für unangemessen erachtet. Toleranz mit ihrer historischen Konnotation, die Gegenwart dessen, was (in den Augen Gottes und der Menschheit) verächtlich ist, zu ertragen, ist nach dieser Lesart zu schwach, um Unterstützung zu verdienen. Pluralismus und die Pflege der Differenz und des Anderen ist weit mehr gefragt als der fade Ruf nach Toleranz.

Was die Forderung von Toleranz noch komplizierter macht, ist die Tatsache, daß Toleranz uns nicht sehr weit bringt – unabhängig davon, ob wir sie für unmöglich oder fad halten. Denn es herrscht beinahe einmütiges Einverständnis darüber, daß es Handlungen gibt (und vielleicht auch Worte, obwohl dies gegenwärtig sehr umstritten ist), die jenseits aller moralischen Grenzen liegen und nicht toleriert werden dürfen. Manche Schrecken des zwanzigsten Jahrhunderts wie Genozid und andere Verbrechen gegen die Menschlichkeit fallen unter diese Rubrik. Und wenn deshalb bestimmte Handlungen deutlich jenseits des Tolerierbaren liegen, dann müssen wir uns mit der Definition dessen befassen, was toleriert werden kann und was nicht. Es ist keineswegs klar, welche Kriterien für die Festlegung dieser Grenze zu gebrauchen wären. Diese Aufgabe scheint das Problem der Toleranz zwar auf eine analytische Ebene zu heben, aber nicht zu lösen.

Ungeachtet solcher Probleme und ähnlicher logischer Spitzfindigkeiten möchte ich Argumente für die Toleranz als einer minimalistischen, wenn auch nicht leicht zu erreichenden (obwohl auch nicht unmöglichen) Haltung vorbringen. Außerdem wage ich zu behaupten, daß, was heute in modernen Gesellschaften für Toleranz gehalten wird, oft genug mit Toleranz nichts zu tun hat, sondern mehr mit einer Mischung aus Indifferenz, Realpolitik und der Leugnung von Unterschieden (d. h. der Leugnung, daß tatsächlich etwas Anderes, Differentes, Fremdes und damit vielleicht Bedrohliches existiert, mit dem ich mich auf tolerante Art auseinandersetzen muss).

Die Leugnung der Differenz kommt in verschiedenen Formen daher – meistens als Ästhetisierung der Differenz (Unterschiede sind eine Angelegenheit des Geschmacks, nicht der Moral, und da sich über Geschmack nicht streiten läßt, kann keine wirkliche Toleranz der Differenz eingefordert werden, sondern nur die Anerkennung des „Rechts" eines jeden Individuums auf eine eigene Meinung). Die Ästhetisierung der Differenz ist häufig von einer Trivialisierung der Unterschiede begleitet. Dabei werden die Unterschiede oder die Kampfplätze der Differenz nicht für bedeutend genug erachtet, als daß sie prinzipielle Toleranz verdienten. Ein eher jämmerlicher Krawattengeschmack zum Beispiel, verlangt keine tolerante Haltung, obwohl diese Krawatten als beleidigend und geschmacklos empfunden werden können. Gerade weil sie eine Sache des Geschmacks (der Ästhetik) sind und nicht von großer Bedeutung (trivial), kommt Toleranz hier nicht wirklich ins Spiel.

Ästhetisierung oder Trivialisierung der Differenz sind natürlich Schritte, um einer Beschäftigung mit Differenz oder dem, was jetzt modisch Alterität genannt wird, aus dem Weg zu gehen. Durch die Trivialisierung dessen, was anders ist, wird eine Ähnlichkeit oder Gleichheit der nicht-trivialen Aspekte des Eigenen und des Gemeinsamen geltend gemacht. Was uns gleich macht (ob Juden, Episkopale, Amerikaner oder radikale Feministinnen) ist für die Definition, wer wir sind, wesentlicher als das, was uns trennt (zum Beispiel eine schreckliche Badezimmereinrichtung). Solcher Umgang mit Differenz ist freilich mehr eine Form der Leugnung von Differenz als eine Beschäftigung mit ihr. Zugleich erfreut er sich ständiger Wiederholung: Es ist der Stoff, aus dem unser soziales Leben besteht.

In einem gewissen Sinn ist diese Leugnung der Differenz (der Verweis auf das Ästhetische oder Triviale) eine Indifferenz gegenüber dem Anderen oder Unterschiedlichen. Solange wir unsere Differenz von der Position oder Handlung eines anderen in Begriffen des Geschmacks oder des Trivialen ausdrücken, müssen wir uns nicht damit beschäftigen und können eine indifferente Haltung beibehalten. Ich kann den religiösen Glauben bestimmter Personen in meinem Umfeld töricht und ihre sexuellen Vorlieben widerwärtig finden, doch sind sie weder illegal noch anstößig für andere. Sie betreffen mich (zum Beispiel als Angehöriger derselben Universitätsfakultät) in meiner Beziehung zu ihnen nicht und sind mir deshalb im Großen und Ganzen gleichgültig.

Führen wir diese Argumentation einen Schritt weiter, so werden wir natürlich sehen, daß Indifferenz, zumindest in liberal-individualistischen Gesellschaften, nicht einfach nur ein psychologischer Zustand oder soziale Etikette ist. Sie ist ein grundlegender Aspekt der gesetzlichen und grundsätzlichen Trennung unserer sozialen Ordnung in einen öffentlichen und einen privaten Bereich. Denn, was für privat gehalten wird, ist öffentlicher Prüfung entzogen und nicht mehr Gegenstand toleranter oder intoleranter Haltungen anderer. Den Bereich des Privaten zu definieren, läuft auf eine Definition prinzipieller Indifferenz hinaus, wo Fragen der Toleranz nicht gestellt oder als irrelevant betrachtet werden. Es überrascht nicht, daß der Grundsatz der Gewissensfreiheit – der in Wirklichkeit Freiheit von der Religion bedeutete – mit der Privatisierung des Gewissensbegriffes einher ging. Es muß auch festgehalten werden, daß die Privatisierung der Religion gemeinsam mit der Neuorientierung der Politik an Rechten, statt – wie zuvor – an Gütern, und einer Säkularisierung der Öffentlichkeit zu den Kennzeichen der modernen liberalen Weltanschauung zählt (wenn dies auch in republikanisch geprägten Formen der Aufklärung weniger der Fall ist).[2] Um es etwas populärer auszudrücken: Wenn nur diese unbelehrbaren und fundamentalistischen Juden, Christen, Muslime oder Sikhs die rechtlichen Grundsätze, die nichts als vernünftig und für alle annehmbar sind, akzeptieren wollten, dann hätten wir das Problem der Toleranz schnell gelöst – und je schneller desto besser. Aber da ist der Haken. Denn diese Grundprinzipien zu akzeptieren, heißt auch, eine bestimmte liberale, post-protestantische Auffassung des Individualismus und der Gesellschaft zu akzeptieren, die nicht überall auf der Welt und von allen menschlichen Zivilisationen geteilt wird.

Hinzu kommt, daß diese unterschiedlichen Haltungen, die bei unkritischer Betrachtung als tolerant angesehen werden, in Wirklichkeit alles andere als tolerant sind, insofern sie sich um Differenz kaum kümmern und daher auch nicht die „unmögliche" Tugend der Toleranz üben. Vielleicht sind sie mehr ein Weg, das Problem der Toleranz in der modernen Gesellschaft zu umgehen und nicht wahrzunehmen. Kritisch besehen wären sie in Gesellschaften, die nicht dieselben liberalen und individualistischen Anschauungen über das Ich und die Gesellschaft haben, nicht besonders wirksam, und es ist alles andere als sicher, ob sie in solchen, die diese Anschauungen teilen, auch in Zukunft funktionieren werden. Denn was in modernen westeuropäischen und nord-atlantischen Gesellschaften unter Toleranz verstanden wird, hat viel mit der liberalen Synthese zu tun, die sich in diesen Gesellschaften, so unterschiedlich sie sind, in den letzten zweihundert Jahren herausgebildet hat.

In deren Entstehung stand, wie schon erwähnt, die Unterscheidung zwischen öffentlich und privat an erster Stelle. Wenn nicht wirklich Indifferenz, dann ist die liberale Unterscheidung zwischen dem öffentlichen und dem privaten Bereich unter anderem eine Unterscheidung von Arten des Tolerierens, das heißt, gewisse Überzeugungen und/oder Praktiken werden für privat gehalten und liegen damit jenseits des Bereichs, in dem die Frage nach Toleranz Relevanz besitzt. Der Liberalismus zeichnet sich mithin also nicht einfach durch eine spezielle Haltung von Indifferenz, sondern durch eine Haltung prinzipieller Indifferenz aus. Denn nach liberaler Weltanschauung hat man kein Recht, in private Belange einzugreifen, nicht einmal, sie zu beurteilen. Nach dieser Lesart werden alle – durchaus konfliktträchtigen – Differenzen auf einen eher ästhetischen Bereich des unterschiedlichen Geschmacks reduziert (im Blick auf den jetzt populären Modebegriff „Lifestyle" heißt es in den USA so trefflich: „Verschiedene Stile für verschiedene Leute"). Unter diesem Blickwinkel wird demnach zweifelhaft, ob die enge Verbindung von Liberalismus und Toleranz überhaupt berechtigt ist. Denn wenn Liberalismus sich gegenüber verschiedenen Auffassungen des Guten neutral verhält, können wir dann noch sagen, daß er tolerant ist? Grundsätzliche Indifferenz ist nicht das Gleiche wie Toleranz.

Ähnlich führt eine Politik der Rechte, die eine Politik der Güter ablöst, oder eine Politik der Autonomie des Individuums, die eine Politik gemeinsamer Konzepte des öffentlichen Wohls ablöst, nicht zu prinzipieller Toleranz, sondern zielen rein zweckdienlich darauf ab, vorübergehende Duldung an den Tag zu legen, bis solche oppositionelle Untergruppen, welche Nicht-Autonomie bislang schätzen, die Postulate des Liberalismus teilen.[3] Die vielgerühmte Toleranz des Liberalismus wird so betrachtet komplizierter und problematischer, als wir glauben, und gerät immer wieder in Gefahr, in Indifferenz oder Intoleranz abzugleiten.

Dennoch gibt es in der liberalen Tradition eine entscheidende Grundlage für die Toleranz; es ist die Grundauffassung der Autonomie des Individuums. Tolerieren als Praxis entsteht aus der Autonomie als Tugend oder als Wert. Das macht deutlich, daß an diesem Punkt die angebliche liberale Indifferenz gegenüber der Idee der Güter unhaltbar wird. So meinte Bernard Williams: „Nur eine substantielle Auffassung von Gütern wie der Autonomie kann den durch die Praxis des Tolerierens ausgedrückten Wert erbringen".[4] Und noch wichtiger: Die Annahme eines Werts bringt uns stets in die sattsam bekannte Situation eines „Konflikts der Werte", den, wie wir gesehen haben, der Liberalismus nicht wirklich vermeiden kann, obwohl dies eine seiner zentralen Voraussetzungen ist.

Die liberale Begründung der Toleranz scheint demnach
a) nicht Toleranz, sondern Indifferenz zu sein, oder
b) uns in Widersprüche zu verwickeln – zwischen der Praxis einer Toleranz, die mehr auf einer Politik der Rechte als der Güter basiert, und dem Prinzip der Autonomie des Individuums als eines grundlegenden Guts, auf dem solche Toleranz gründet.[5] Dieses Prinzip ist jedoch widersprüchlich, denn es enthält die Weigerung, eine Politik der Güter zu betreiben, während es sich gleichzeitig auf zumindest ein klar definiertes Prinzip des Guten, nämlich das der Autonomie des Individuums, stützt. Die eigentliche Praxis des Tolerierens widerspricht aus dieser Perspektive daher der Voraussetzung der Praxis selbst – oder führt uns zumindest zu einer Diskussion von Güterabwägungen, die wir zu vermeiden hofften. Das Ergebnis einer solchen Güterabwägung kann jederzeit von früheren Entscheidungen abweichen, so daß ein anderes Gut als die Autonomie des Individuums Anerkennung als größeres Gut denn die „auftrumpfende" Autonomie findet (denkbar wäre z. B., daß die Ansicht, Abtreibung sei Mord, zum Argument gegen die individuelle Entscheidung wird und die Verhinderung von Mord zu einem höheren Gut erklärt wird als die individuelle Autonomie).

Außerdem wird das Prinzip der Autonomie des Individuums, das so sehr Voraussetzung liberalen Denkens ist, zunehmend in unterschiedlichen Gesellschaften und auf verschiedenen Ebenen der sozialen Praxis in

Frage gestellt. (Die Beispiele reichen vom sogenannten „südostasiatischen" Entwicklungsmodell zum evangelikalen Protestantismus in Korea bis hin zur postmodernen Politik von Literaturprofessoren in Berkeley.) Wenn Toleranz als Tugend weiterbestehen soll, dann muß offensichtlich eine andere Begründung dafür gefunden werden als die der Autonomie des Individuums. Dies – so lautet unsere These hier – kann durch eine Rückbindung des Toleranzthemas an seinen ursprünglichen historischen Kontext, den Kontext des religiösen Glaubens und der religiösen Praxis, erreicht werden.

Tatsächlich trägt uns das Thema des Pluralismus und der Toleranz in der Religion über die Grenzen der Religion per se hinaus. Die Probleme religiöser Identität, heiliger Gemeinschaften oder „Wahrheitsgemeinden" und deren Grenzen führen uns zu einigen Definitionsproblemen heutiger politischer Praxis – zu dem, was als gegenwärtige Krisen von Gemeinschaftsmodellen und der an ihnen teilhabenden Mitgliedschaft bezeichnet werden kann, so wie sie im Westen in den letzten drei Jahrhunderten allgemein übernommen wurden. Die liberale Auffassung von einer Gemeinschaft, die auf der radikalen Autonomie des moralisch handelnden Individuums beruht, wird heute von vielen Seiten in Frage gestellt. Von der *Christian Coalition* bis zur kommunitaristischen Bewegung, von der Familie bis zur Nachbarschaft und der Nation herrscht das Gefühl, daß die amerikanische Gesellschaft keine „moralische Gemeinschaft" mit gemeinsamen Vorstellungen von Gerechtigkeit und des öffentlichen Wohls mehr sei. Vielmehr scheint der althergebrachte Glaube an das soziale Wohl und seine Verbindung mit den Rechten, der Verantwortung und Freiheit des Individuums zu erlöschen und jegliches Vertrauen in das, was eine Gemeinschaft bedeuten könnte, zu schwinden. Die Frage, ob andere solche Modelle der Solidarität, des Vertrauens und des öffentlichen Wohls in einer pluralistischen Gesellschaft möglich sind und ob solche aus religiösen Überlieferungen gewonnen werden können, ist eng mit der Idee der Toleranz verknüpft. Die Position, die wir hier zu artikulieren versuchen, kann weitgehend als eine Position zwischen Nihilismus und postmodernem Relativismus auf der einen und Absolutheitsansprüchen auf der anderen Seite bezeichnet werden. Eine solche Perspektive kann, wie wir behaupten, am besten durch das oft berufene, jedoch ebenso oft mißverstandene Prinzip des Tolerierens erreicht werden.

Darüber hinaus wird behauptet, daß religiöse Traditionen einen eigenen Beitrag zum Verständnis von Toleranz leisten. Nicht nur, daß säkulare und westliche liberale Modelle der Toleranz und des Pluralismus wi-

Adam B. Seligman

dersprüchlich und nur beschränkt anwendbar sind – auch das religiöse Verständnis des Einzelnen und der Gesellschaft leistet bei näherer Betrachtung selbst einen wesentlichen Beitrag. Denn die offenbar zählebige Natur der Religion in der modernen Welt weist auf einen Aspekt der menschlichen Existenz hin, der nicht so leicht modernistischen Erkenntnistheorien und Soziologien angepaßt werden kann.[6] Was allzu oft wie ein wildes Durcheinander beschränkter und partikularer religiöser Identitäten erscheint, zwischen denen es keine Vermittlung, keinen Diskurs oder keine Annäherung geben kann, weist in Wirklichkeit auf Aspekte des menschlichen Lebens in der Welt hin, die von modernistischen Philosophien nicht angemessen angesprochen werden. Wenn außerdem also nach wie vor religiöse Vorschriften das persönliche, soziale und politische Verhalten von Männern und Frauen in vielen Gebieten der Welt diktieren, wird es immer absurder, diese einfach analytisch zu marginalisieren und sie unter dem unscharfen und ungenauen Begriff des Fundamentalismus zu rubrizieren, der in modernen, säkularen westlichen Ohren antimoderne, totalitäre, repressive und autoritäre Konnotationen hat. Dies bedeutet, einen wesentlichen Aspekt menschlichen Lebens in der Welt zu leugnen, und für diese Leugnung wird ein teurer Preis bezahlt.

Deshalb und angesichts des zunehmenden Aufkommens religiöser Ideen, Identitäten und sozialer Organisationen aller Arten in verschiedenen Teilen der Welt, scheint es geboten, das Potential der Religionen zu erkunden, über die eigene Bestimmung und Bedeutung hinaus zu gelangen und als Teil innerhalb pluralistischer sozialer Strukturen zu bestehen. Der allzu einfachen Gleichsetzung von Religion mit Fundamentalismus, der wir oft begegnen, muß eine nuanciertere und genauere Erforschung religiösen Empfindens und der ihm entspringenden Quellen der Toleranz entgegen gesetzt werden.

Tatsache bleibt, daß man zu alternativen Formen der Toleranz finden kann, die nicht auf dem liberalen Verständnis einer Autonomie des Individuums, einer Trennung des Öffentlichen und des Privaten noch – Michael Ignatieff zufolge – auf der Idolatrie der Rechte als der Grundlage menschlicher Gegenseitigkeit beruhen.[7] Eine Position, die für eine Weile zur liberalen Begründung der Autonomie gehörte, dann jedoch in den Hintergrund trat, ist Toleranz auf der Grundlage der Skepsis. Beide Begründungen, sowohl die auf der Autonomie des Individuums (in Ablösung des Gewissensbegriffes, obwohl es sich zweifellos nicht um dasselbe handelt) als auch die auf Skepsis beruhende, entstammen der Reformation und den Religionskriegen sowie der Herausforderung, welche die Reformation für den Glauben, die Praxis und die Kriterien der Rechtfertigung des katholischen Europa darstellte.

Der Weg, der schließlich zur liberalen Begründung der Autonomie des Individuums führte, ist von Generationen von Historikern, Soziologen und Philosophen – von Troeltsch, Weber und Jellinek bis zu Dumont, Benjamin, Nelson, Blumenberg, Schluchter, Pocock und anderen – untersucht worden.[8] Kurz, es ist der Weg der Säkularisierung von den Vorstellungen einer inneren Erleuchtung oder des Heiligen Geistes, die Verinnerlichung der Vorstellung der Gnade und deren Säkularisierung im 18. Jahrhundert zu zeitgenössischen Vorstellungen der Moral und der Bürgertugend sowie häufig auch des romantischen Nationalismus. Jeder, dessen Werk oder Interesse jemals mit diesem Bereich der Geisteswissenschaft in Berührung kam, weiß, wie reich sie an Einblicken in historische und religiöse – besonders protestantische – Quellen der modernen Zivilisation ist.[9]

Der andere Weg – derjenige der Skepsis – wurde (besonders außerhalb der Wissenschaftsgeschichte und Wissenssoziologie) vielleicht weniger sorgfältig erforscht und weniger bemerkt. Das frühe Werk von Richard Popkin, das nun fast vierzig Jahre zurückliegt, bleibt noch immer ein einzigartiges Zeugnis dieser Forschungsrichtung.[10]

Popkin zeigt – um dies kurz auszuführen – wie die Reformation, indem sie die Unfehlbarkeit der Kirche in Frage stellte, generell auch andere Gewißheiten anzweifelte. (Was Wahrscheinlichkeit im 17. Jahrhundert darstellte, hatte nichts zu tun mit dem, was wir heute für Wahrscheinlichkeit halten, sondern es galt nur die Glaubwürdigkeit überlieferter Autorität). Auch das 16. und 17. Jahrhundert war von Begründungen über die zureichende Evidenz gekennzeichnet. Letztlich führte das Versagen, Glauben auf der Basis des Wissens rechtfertigen zu können, zu purem Fideismus (d. h. zu Glauben aus Glauben) auf der einen Seite und auf der anderen zu einem gemilderten Skeptizismus. Dem entsprach die von Sebastian Castellio eingenommene Position hinsichtlich seiner Verdammung der Verbrennung von Michael Servetus im Genf Calvins – ein durchaus vernünftiger Glaube: Da wir uns der Wahrheit nicht sicher sein können, können wir uns auch über die Natur der Häresie nicht sicher sein, mithin nicht zu solchen extremen Mitteln wie der Verbrennung von Häretikern greifen.[11]

Diese und andere Debatten fanden in einer vom Wiederaufleben des klassischen Pyrrhonismus (d. h. jede Behauptung anzuzweifeln, inklusive die des Zweifels selbst) gekennzeichneten Atmosphäre statt, der seinerseits durch die Suche nach Rechtfertigung einer unfehlbaren Wahrheit mittels selbstevidenter Begründungen aufgekommen war. Denn während die Protestanten die Autorität des Papstes in Frage stellten, machten die Katholiken mit dem Gewissen kurzen Prozeß (François Véron war einer der Anführer der Polemik der Gegenreformation, die zeigte, daß erstens die protestantische Behauptung, die Bibel sei selbstevident, offensichtlich falsch war und einer Interpretation bedurfte, und zweitens eine Interpretation, die auf dem individuellen Gewissen beruhte, dem Sektierertum und antinomistischen Strömungen uneingeschränkt Tür und Tor öffnete).

Die eine Seite erklärte, die katholische Forderung nach unfehlbarem Wissen habe zur Entdeckung geführt, daß ein solches nicht existiere, mithin zu umfassendem Zweifel und zum Pyrrhonismus, die andere hingegen behauptete, daß die ungehemmte Verbreitung von Meinungen den Protestantismus zu völliger Ungewißheit im Glauben und damit zu grundsätzlichem, unbegrenzten Zweifel führte.

Dieser Debatte entsprangen einige recht interessante Positionen – darunter der Fideismus, Glauben ohne zureichende Begründung in den Strukturen des Wissens -, die einen lohnenswerten Zugang zum Thema der Toleranz über Bereiche, die vom Glauben, und solcher, die von rationalem Wissen beherrscht werden, eröffnen. Vielleicht ist dies der Zugang zu einer begrifflichen Neufassung der Unterscheidung von öffentlich und privat ohne die liberale Vorstellung des Ich und der Gesellschaft, die diese Unterscheidung im Westen bestimmte, zu verinnerlichen. Eine weitere Position war ein Glaube, der – wie von Montaigne vertreten – pyrrhonistischen Prinzipien entstammte und als Natur und Sitte – als christliche Sittlichkeit – gelebt wurde, eine vielleicht nicht uninteressante Position zur Ausbildung von Toleranz. Zweifelsohne war dies die von Montaigne verfochtene Position, der das Thema der Toleranz mit durchaus moderner Sensibilität behandelte. Denken und Persönlichkeit von Michel de Montaigne können als Beispiel für einen solchen in die praktische Lebenserfahrung eingebetteten Glauben verstanden werden. Da wir, wie Montaigne uns in seiner „Apologie für Raimond Sebond" lehrt, „keinen Umgang mit dem Seienden" haben, müssen wir stets wachsam sein sowohl gegen die Eitelkeit unserer Vernunft als auch gegen die Selbstgewißheit des Glaubens, die nur ein Glückspiel ist.[12] So erinnert er die Leser: „Ein anderes Land, ein anderes Bekenntnis, ähnliche Verheißungen und Drohungen könnten ebensogut einen gänzlich anderen Glauben bei uns hinterlassen. Wir sind Christen, wie wir Périgordiens sind."[13]

Historisch wurde im Westen die Herausbildung der Toleranz auf der Grundlage der Skepsis von zwei Entwicklungen überholt: Von der liberalen Begründung der Toleranz auf Autonomie und vom Prozeß der Säkularisierung, der die Notwendigkeit für religiöse Toleranz überflüssig machte. Dazu kam die kartesianische Revolution, die das gesamte Thema der Gewißheit wie auch die Position des Erkenntnissubjekts neu ausrichtete.[14]

Abgesehen von der Kontingenz der Geschichte ist die prinzipielle Toleranz tatsächlich eine Position, die schwer aufrecht zu erhalten ist, da es so aussieht, als ob die Menschen eine ausgeprägte Präferenz für Gewißheit haben, selbst wenn deren Reichweite äußerst begrenzt ist. Eine Position des Glaubens und gleichzeitig eine der Skepsis gegenüber seiner Wahrheitsbehauptung aufrecht zu erhalten – einen Skeptizismus, der so groß ist, daß man auch anderen solchen Behauptungen gegenüber tolerant ist – das ist eine wahrhaft stoische Haltung. Aber es ist jedenfalls eine Haltung, die in erster Linie auf Glauben beruht, andernfalls die ganze Frage der Toleranz strittig wird.

Hier müßte nun auch für andere religiöse Traditionen der historische Typus eines Skeptizismus aufscheinen, den Popkin für das westliche christliche Denken lieferte. Dazu gibt es einige Versuche. Als Beispiel soll hier das Werk von Menachem Fisch über die Rolle der nicht auf Wirklichkeit beruhenden Evidenz im talmudischen Diskurs und über die Spannung, wie er es nennt, zwischen Vernunft und überlieferter Autorität in der Redaktion des babylonischen Talmud dienen.[15] Dieser vielleicht paradigmatische Fall behandelt die Exkommunikation von Rabbi Elieser ben Hyrkanos, wie er im babylonischen Talmud (T. Baba Mezia 59a.b) beschrieben ist:

„Dort haben wir gelernt: Hat man ihn in einzelne Ringe geschnitten und Sand zwischen die Ringe getan, so ist er nach Rabbi Elieser nicht vereinigungsfähig und nach den Weisen vereinigungsfähig; das ist der Schlangenofen. (…) An jenem Tag machte Rabbi Elieser alle Einwände der Welt, man nahm sie aber von ihm nicht an. Hierauf sprach er: Wenn die Halacha wie ich ist, so mag dies dieser Johannisbrotbaum beweisen! Da rückte der Johannisbrotbaum hundert Ellen von seinem Orte fort; manche sagen vierhundert Ellen. Sie aber erwiderten: Man bringt keinen Beweis von einem Johannisbrotbaum. Hierauf sprach er: Wenn die Halacha wie ich ist, so mag dies dieser Wasserlauf beweisen! Da zog sich der Wasserlauf zurück. Sie aber erwiderten: Man bringt keinen Beweis von einem Wasserlauf. Hierauf sprach er: Wenn die Halacha wie ich ist, so mögen dies die Wände des Lehrhauses beweisen! Da neigten sich die Wände der Lehrhauses und drohten einzustürzen. Da schrie sie Rabbi Jehoschua an und sagte zu ihnen: Wenn die Gelehrten einander in der Halacha bekämpfen, was geht dies euch an! Sie stürzten hierauf nicht ein – wegen der Ehre Rabbi Jehoschuas, und richteten sich auch nicht gerade auf, wegen der Ehre Rabbi Eliesers; sie stehen jetzt noch geneigt. Hierauf sprach er: Wenn die Halacha wie ich ist, so mögen sie dies aus dem Himmel beweisen! Da erscholl eine Stimme und sprach: Was habt ihr gegen Rabbi Elieser? Die Halacha ist stets wie er. Da stellte sich Rabbi Jehoschua auf seine Füße und sprach: Sie ist nicht im Himmel. – Was heißt: Sie ist nicht im Himmel? Rabbi Jirmeja erwiderte: Die Tora ist bereits vom Berg Sinai her verliehen worden. Wir achten nicht auf die Stimme, denn bereits am Berg Sinai hast du in die Tora geschrieben: Sich zur Mehrheit neigen. [Ex 23, 2] Rabbi Natan traf Elia und fragte ihn, was der Heilige, gepriesen sei er, in dieser Stunde tat. Dieser erwiderte: Er schmunzelte und sprach: Meine Söhne haben mich besiegt, meine Söhne haben mich besiegt.[16]

Um die Tragweite dieser Geschichte zu verstehen, muß man beachten: a) Daß Rabbi Elieser *der* Experte für die Gesetze der Reinheit und Unreinheit war (über die dieser Disput handelte); b) daß er bekannt für sein beinahe übermenschliches Wissen war und niemals eine Gesetzesäußerung vorgebracht hätte, die von ihm selbst stammte, sondern seine Gelehrsamkeit war überliefertes Wissen, das bis zur Offenbarung des Mose auf dem Sinai zurückreichte; c) das Zitat aus dem Pentateuch am Ende der Geschichte (Ex 23, 2) ist aus dem Zusammenhang gerissen und wird hier dazu benutzt, die eigentliche Bedeutung des Textes auf den Punkt zu bringen. Dies alles – zusammen mit der Geschichte selbst – verwandte seine paradigmatische Stellung im jüdischen Corpus zur Verteidigung des Gebrauchs der Vernunft (in Debatten und Mehrheitsentscheiden) gegen den einfachen Verweis auf überlieferte Autorität bei der praktischen Anwendung moralischer Urteile.

Eine Quelle der Vernunft ist stets auch eine Quelle der Skepsis. Ich würde behaupten, daß sie auch eine Quelle wahrer Toleranz ist, wie sie in allen religiösen Traditionen anzutreffen ist. Der islamische *kalam* und die jüdische *halacha* stellen uns eine Methode der Urteilsbegründung und der Gesetzesinterpretation zur Verfügung, die auf dem beruht, was John

Clayton „localized" oder „group reasoning" nannte.[17] Das bedeutet, daß Prozesse des moralischen Urteilens, die eine geheiligte Autorität anerkennen, auch die Begrenztheit menschlicher Vernunft anerkennen und mithin die Kluft zwischen allgemeinen Prinzipien und deren Verwirklichung in der Weltordnung. Daher ist die *phronesis* der Kasuistik und dementsprechend des jüdischen halachischen Denkens Toleranz auf der Grundlage einer überlieferten Autorität und weniger einer allein durch Macht definierten Welt, in der Toleranz niemals mehr als ein zufälliges Gleichgewicht der Kräfte sein kann.

Diese skeptische Haltung oder das, was epistemologische Bescheidenheit oder Demut genannt werden könnte, ist ein wichtiges Instrument der Religion zur Freilegung der Quellen der Toleranz. Die moderne Welt, beherrscht vom aufklärerischen Diktum *audace, audace et encore audace* derer, die – Kierkegaard zufolge – über den Glauben und die Spannungen des vom Glauben definierten Besonderen, Allgemeinen und Absoluten hinausgehen wollen, kann aus einer solchen Perspektive nur Nutzen ziehen.[18] Sie könnte sich sogar als kritisches Korrektiv in unserer Beziehung (sowohl der individuellen als auch der kollektiven) zum anderen erweisen.

Religion mit ihren widersprüchlichen Einlassungen zum Allgemeinen und Besonderen wie auch zu den nominalistischen und realistischen (oder essentialistischen) Definitionen mit ihren eigenen Kategorien besteht aus Spannungszuständen.[19] Tatsächlich könnte man sagen, daß sie nur existiert, insofern sie in solchen Spannungen existiert. Moderne wie Säkularismus sind Versuche, diese Spannungen in einer Richtung zu überwinden. Religiöser Fundamentalismus, der religiöse Kategorien fast ausschließlich realistisch interpretiert, ist ein weiterer Versuch, diese Spannungen in einer anderen Richtung zu überwinden – als Antwort auf die Moderne, wie ich meine. Keiner der erwähnten Versuche führt zu Toleranz. Ersterer sucht das Problem des anderen zu ignorieren, der zweite die Existenz des anderen zu leugnen. Erst durch eine erneute Beschäftigung mit den Spannungszuständen der Religion und in der Transzendenz des anderen können die Quellen der Toleranz gefunden werden.

Dies also ist die Herausforderung für uns alle. Wenn der Fortschritt der Säkularisierung sich als weit fragwürdiger erwiesen hat, als es noch vor einer Generation schien, und wenn der weitere Fortschritt der Moderne – und vielleicht auch der Postmoderne – nicht automatisch von einer weiteren Verbreitung des säkularen Bewußtseins begleitet ist, sondern (wie es an manchen Orten scheint) von einer Rückkehr zu einer religiösen

Adam B. Seligman

Orientierung – einer Rückkehr, die von dem menschlichen Bedürfnis nach Ausdruck der eigenen Persönlichkeit und Selbstverwirklichung (im Sinne der Verwirklichung der eigenen Anlagen) durch das Bedürfnis, zumindest bestimmte Aspekte des Selbst für von einer heteronomen Autorität konstituiert und nicht einfach für autonom anzusehen fast gefordert wird – wie kann dann die Position prinzipieller Toleranz weiterhin aufrechterhalten werden? Die Menschen kehren zu den Positionen des prinzipiellen Glaubens zurück, was die historische Möglichkeit einer Rückkehr zum schrecklichsten autoritären Terror der Vergangenheit eröffnet oder, was vorzuziehen ist, zur Herausbildung einer Sprache der Toleranz führt, die auf Skepsis gegenüber den eigenen Glaubensprinzipien beruht. Dafür müssen wir die Hilfe gerade des Glaubens in eine offenbarte Wahrheit bemühen, das heißt, ob wir wollen oder nicht, den Glauben der drei offenbarten monotheistischen Religionen.


### Anmerkungen

1 Bernard Williams, „Toleration. An Impossible Virtue", in: David Heyd (Hg.), Toleration: An Elusive Virtue, Princeton 1996, S. 18–28.

2 Siehe Jose Casanova, Public Religions in the Modern World, Chicago, Ill. 1994.

3 Siehe Susan Mendus, Toleration and the Limits of Liberalism, London 1989, S. 108. Siehe auch John Horton, „Toleration as a Virtue", in: Heyd, Toleration, a.a.O., 1996, S. 28–44.

4 Bernard Williams, „Toleration: an Impossible Virtue", in Heyd, Toleration , a.a.O., 1996, S. 25.

5 Siehe Horton, „Toleration as a Virtue", in: Heyd, Toleration, a.a.O., 1996.

6 Dazu siehe Adam Seligman, Modernity's Wager: Authority, the Self and Tradition, Princeton 2001.

7 Michael Ignatieff, Die Politik der Menschenrechte, Frankfurt/M. 2002.

8 Ernst Troeltsch, The Social Teachings of the Christian Churches, Chicago 1960; Max Weber, „Die protestantische Ethik und der ‚Geist' des Kapitalismus", in: Gesammelte Aufsätze zur Religionssoziologie, Tübingen 1920; Georg Jellinek, Die Erklärung der Menschen- und Bürgerrechte, ein Beitrag zur modernen Verfassungsgeschichte, Schutterwald, Baden 1996; Louis Dumont, Individualismus. Zur Ideologie der Moderne, Frankfurt/M. 1991; Benjamin Nelson, The Idea of Usury, Chicago 1969; Hans Blumenberg, Die Genesis der kopernikanischen Welt, Frankfurt/M. 1975; Wolfgang Schluchter, Die Entstehung des modernen Rationalismus, Frankfurt/M. 1998; John G.A. Pocock, The Machiavellian Moment, Princeton 1975.

9 Ernest Tuveson, The Imagination as a Means of Grace: Locke and the Aesthetics

of Romanticism, Berkeley 1960; ders., Redeemer Nation: The Idea of America's Millenial Role, Chicago 1968.

10  Richard Popkin, The History of Skepticism from Erasmus to Spinoza, Berkeley 1979.

11  Servetus ist für uns aus verschiedenen Gründen interessant. Er war einer der anti-trinitarischen Denker seiner Zeit, und von ihm wird berichtet, er habe eine „Art Juden-Christentum" entwickelt, insofern „er den pharisäischen Judaismus als die Wurzel des Christentums verstand". Matt Goldish, „Patterns in Coverso Messianism", in: Matt Goldish und Richard Popkins (Hg.), Millennarianism and Messianism in Early Modern Culture, Bd. 1, Jewish Messianism in the Early Modern World, Dodrecht 2001, S. 41–56. Siehe auch Howard Hotson, „Arianism and Millennarianism: The Link Between Two Heresies from Servetus to Socinus", in: John Laursen und Richard Popkin (Hg.), Millennarianism and Messianism in Early Modern Culture, Bd. 4, Continental Millennarianism, Protestants, Catholics, Heretics, Dodrecht 2001, S. 9–37.

12  Michel de Montaigne, Apologie für Raymond Sebond, in: Essais, Frankfurt/M. 1976.

13  Ebd.

14  Stephen Toulmin, Kosmopolis. Die unerkannten Aufgaben der Moderne, Frankfurt/M. 1991.

15  Menachem Fisch, Rational Rabbis, Science and Talmudic Culture, Bloomington 1997.

16  Baba Mezia 59a.b; die deutsche Übersetzung folgt weitgehend der Ausgabe Der babylonische Talmud, neu übertragen durch Lazarus Goldschmidt, Berlin 1933 (A. d. Ü.).

17  John Clayton, „Common Ground and Defensible Different", in: Leroy Rouner (Hg.), Religion, Politics and Peace, Notre Dame 1999, S. 104–127.

18  Sören Kierkegaard, Furcht und Zittern, Frankfurt/M. 1984.

19  Im Mittelalter diskutierten Philosophen und Theologen das Problem von Realismus und Nominalismus, d. h. die Existenz allgemeiner Kategorien (wobei – unterschiedlich akzentuiert – die Realisten diese bestätigten und die Nominalisten sie leugneten. Versuche einer Synthese dieser Positionen wurden von Philosophen wie William von Ockham unternommen). Die Debatte zwischen Protestanten und Katholiken über die reale Gegenwart in der Eucharistie ist ein Beispiel für die Differenz zwischen nominalistischen und realistischen Positionen. Eine interessante jüdische Debatte bezieht sich auf die Rote Färse, die verbrannt und deren Asche, mit Wasser vermischt, als ein Akt der Reinigung auf diejenigen verteilt werden mußte, die mit dem Tod in Berührung gekommen waren. Die Färse mußte vollständig rot sein, und es gibt faszinierende Debatten in der rabbinischen Literatur darüber, was „vollständig" meint: ein nicht-rotes Haar, fünf, fünfzig, eine nicht-rote Augenbraue und so weiter. Die Forderung, daß schon fünf nicht-rote Haare die Färse disqualifizieren, beruht auf einer realistischen Interpretation der Schrift. Die Behauptung

von Rabbi Akiva, daß rot „zumeist rot" bedeute und der Rest zu vernachlässigen wäre, beruht auf einem nominalistischen Verständnis (Sifre Zuta, hg. v. Horovitz, Jerusalem 1994, S. 301). Viele solcher Beispiele und Kontroversen sind in religiösen Traditionen anzutreffen.

(Aus dem Englischen von Gennaro Ghirardelli)

# Nilüfer Göle

# Zeitgenössische islamistische Bewegungen und neue Quellen der religiösen Toleranz

Islamismus zwischen modernem toleranten Selbst und religiöser Authentizität

## Religiös und modern

Das zentrale Anliegen dieses Unternehmens, über die Definitionen des westlichen Modells säkularer Öffentlichkeit und der liberalen protestantischen Vorstellungen des Selbst hinauszugelangen und das Potential monotheistischer Religionen – unter Einschluß des Islam – auszuloten sowie neue Modelle des öffentlichen Wohls zu entwickeln, Definitionen des Selbst, neue Quellen der Toleranz und pluralistischer sozialer Strukturen hervorzubringen, ist eine äußerst anspruchsvolle theoretische Aufgabe. Das Vorhaben, nicht-westliche, nicht-christliche und nicht-säkulare Kritik der Moderne in die Behandlung eines zentralen ethischen Problems wie das der Toleranz zu integrieren, eröffnet eine neue, nicht-europäische Perspektive und stellt vor allem die Aufgabe, den Kulturrelativismus, der unvermeidlich mit einer Emphase des Pluralismus einhergeht, zu überwinden. Da jegliche kulturelle Ungleichheit weder gut noch gerechtfertigt sein kann, sind wir gezwungen, in unsere Suche nach verschiedenen Quellen der Selbstdefinitionen und des öffentlichen Wohls eine normative Aussage einzuführen.[1] Mit dem Problem der Toleranz als zentraler Fragestellung verfügen wir über einen Maßstab zur kritischen und ethischen Bemessung kultureller Differenz.

Die Suche nach mehreren Quellen der Toleranz ist eng verknüpft mit dem Bemühen, über die aufklärerische Version der Moderne und das westliche Gesellschaftsmodell hinauszugelangen. Doch der Wunsch nach Dezentralisierung des Westens zwingt uns zu besonderer Vorsicht, damit wir nicht in das andere Extrem verfallen, nämlich in die Annahme einer kulturellen Authentizität oder eines religiösen Essentialismus. Die Fragen der Religion und der Toleranz werden gegenwärtig zu Grundfragen, insofern Religion danach trachtet, öffentlich, das heißt politisch zu werden. Deshalb wird in diesem Artikel als erstes das Problem der Toleranz im

Verhältnis zum heutigen Fundamentalismus behandelt und weniger das der Religion als solcher. Zweitens sollte man sich vergegenwärtigen, daß die nationale Umgebung, in der islamistische Bewegungen entstehen, von Prinzipien, Institutionen und sozialen Vorstellungen der westlichen Moderne geprägt, transformiert und ausgebildet wurden. Dies geschah entweder durch Bewegungen einer freiwilligen Modernisierung (wie in der Türkei) oder in einer vom Kolonialismus aufgezwungen Weise. Dieses historische Unternehmen einschließlich der Verwestlichung, der Schaffung des Nationalstaats und einer säkularen Öffentlichkeit – heute im Rahmen der Globalisierung – ermöglichte der Moderne das Eindringen in diese Umgebung. Religiöse Personen können diesem Repertoire der Moderne nicht völlig entgehen. Sie selbst sind ein Produkt säkularisierter Erziehung und bewegen sich in urbanen Lebenszusammenhängen – und sie sind globalen Kulturgütern ausgesetzt. Über islamistische Bewegungen und Fragen der Toleranz innerhalb der Religion zu arbeiten, erspart uns daher nicht, auch gegenseitige Beeinflussungen und Befruchtungen sowie auch Anleihen von der Moderne zu betrachten. Heutige fundamentalistische Bewegungen sind ein Ergebnis der Moderne und weniger eine Folge unverrückbarer Traditionen und einer unveränderlichen Religion. Folglich dürfen auch die Interaktionen zwischen religiösen Bewegungen und der Moderne nicht unterschätzt werden. Islamistische Bewegungen treffen innerhalb des religiösen Kanons eine Wahl und reinterpretieren ihn im Zuge ihrer Konfrontation mit Kernfragen der modernen Gesellschaft. Die Spannungen zwischen ihrer Begegnung mit dem modernen Leben, einer säkularisierten Öffentlichkeit, der Marktwirtschaft, einer offenen Gesellschaft und der eigenen Verpflichtung gegenüber religiösen Vorschriften bringen neue Interpretationen, neue Definitionen der Abgrenzung zwischen Mann und Frau, der Grenzen zwischen dem Verbotenen und dem Erlaubten sowie dem öffentlichen und dem privaten Leben hervor. Das Problem der Toleranz wird durch das Prisma der sozialen Praxis (und weniger durch das der Textanalyse) und einer interaktiven in Relation zu Säkularisten und Islamisten stehenden Perspektive betrachtet werden.

Wir müssen neue Wege und eine neue Sprache finden, um in der Vielfalt kultureller Zusammenhänge und religiöser Glaubenssysteme alternative Quellen der Toleranz, des öffentlichen Wohls und des Pluralismus zu entdecken. Die Dezentralisierung des Westens kann neue Aussichten eröffnen, ist aber nicht ausreichend, um dem Paradigma der Moderne eine neue Stoßrichtung zu geben. Wir müssen unsere Konzepte der Moderne aus einer nicht-westlichen Perspektive, aber dennoch anhand moderner Erfahrung überprüfen und für eine weniger hierarchische und mehr dialogische Beziehung zwischen verschiedenen Kulturen sorgen. Der universelle Anspruch der Moderne ist von der hierarchischen Stratifizierung der Länder in Raum und Zeit nicht zu trennen; die lineare Zeitauffassung ist mit dem Diskurs der Moderne verzahnt, der von Gegensatzpaaren wie Traditionalisten und Modernisten, Säkularen und Religiösen, Zivilisierten und Barbaren sowie Demokraten und Dogmatikern erzeugt wird. Diejenigen, die vom Zentrum der westlichen Moderne weit entfernt und an der „Peripherie" des Systems angesiedelt sind, sind auch diejenigen, die „zurückbleiben" oder „rückständig sind": Zu-Spät-Gekommene. Eine hierarchische Differenzierung zwischen „Zu-Spät-Gekommenen", „Nachzüglern" und Vorläufern des Wandels unterstützt den Diskurs der Moderne und ihre evolutionistische Zeitauffassung. Den Nicht-Westlern wird eine unzeitgemäße Zeitauffassung unterstellt, die nichts zu tun habe mit „uns", die wir als modern, westlich, säkular und tolerant bezeichnet werden im Gegensatz zu denen, die als traditionalistisch, religiös, rückständig und dogmatisch gelten. Islamismus verstärkt das „Anderssein" der Nicht-Westler. Ironischerweise wird der Islam aus genau diesem Grund zu einem Gegenstand der Wissenschaft. Islamismus repräsentiert das Anderssein und weckt zugleich die Neugierde, die der Westen an der Begegnung mit dem „Anderen" bekundet. Der fundamentalistische Charakter islamistischer Bewegungen verstärkte den Eindruck vom Islamismus als einer der Vergangenheit zugewandten Bewegung und nicht als einer in der Gegenwart mit ihren Problemen verwurzelten sozial-religiösen Bewegung. Aber ihr religiöser Charakter verweist sie nicht in eine vergangene Epoche, die weit außerhalb moderner Fragen, Werte und Zusammenhänge liegt, sondern stellt im Gegenteil eine Quelle der Kritik der säkularen Moderne dar.

Die Frage der Toleranz ist untrennbar mit der Definition unserer Identität verbunden. Moderne islamistische Bewegungen sind insofern identitätsbildend, als sie eine muslimische Identität neu definieren, neu gestalten und neu aufbauen. In dieser Hinsicht haben sie eine gewisse Ähnlichkeit mit modernen Sozialbewegungen im Westen wie zum Beispiel dem Feminismus, der als eine kollektive Bestrebung angesehen werden kann, die sozial und biologisch vorgegebene und den zweitrangigen Status der Frauen bestimmende Definition weiblicher Identität kritisch zu reflektieren sowie eine neue weibliche Subjektivität zu erfinden. Der Islamismus zeugt von einem ähnlich problematischen Charakter muslimischer Identität in der modernen Welt. Man könnte mit Cioran sagen, daß das, was uns beunruhigt, uns selbst zu definieren hilft; ohne Konflikte keine Identität. Islamismus ist eine Antwort auf die aufgeklärte Moderne und auf westliche Modelle des sozialen Wandels, die muslimische Identität entwürdigen, ausschließen und stigmatisieren. Verwestlichung und Säkularisierung schufen eine defensive Religion. Islamismus ist eine unangepaßte Reaktion auf diese modernen Bedingungen. Er führt einen Wandel in der Selbstdefinition der Muslime herbei, indem er ihre Identität wiederaufbaut. Die Verschiebung vom „Muslim" zum „Islamisten" (wie von Frau zu Feministin) ist eine Steigerung der Differenz.[2] Insofern ist Identitätspolitik eine Darstellung religiöser Differenz – einer Differenz, die kontinuierlich und kollektiv neu imaginiert und erfunden wird. Differenz der Identität wird zur Grundlage des Widerstands und der Kritik gegen die Anpassung an die Moderne. Diesbezüglich üben islamistische Bewegungen – zusammen mit anderen zeitgenössischen westlichen Sozialbewegungen – Kritik an der aufgeklärten Moderne. Und darin gleichen sie nicht nur der feministischen Bewegung, sondern auch der Bürgerrechtsbewegung sowie den Umwelt- und ethnischen Bewegungen, weil sich an ihnen die Kraft des Unterdrückten (Geschlecht, Natur, ethnische und religiöse Zugehörigkeit) zeigt und in ihnen Erinnerungen der Identitätspolitik zusammengefaßt sind. So wie der Feminismus den universalistischen und emanzipatorischen Anspruch der Kategorie „Mensch" in Frage stellt und statt dessen die Differenz der Frauen geltend macht, problematisiert der Islamismus den universalistischen Anspruch der „westlichen Zivilisation", der die islamische Differenz als Quelle moderner Zivilisation ausschließt. Mit anderen Worten, so wie der radikale Feminismus Anpassungsstrategien an die Kategorie „Mensch" – gleichbedeutend mit „Mann" – verweigert und weibliche Identität durch Differenz herstellt, so verweigert der Islamismus Anpassungsstrategien an die „moderne Zivilisation", die mit „westlicher Kultur" gleichgesetzt wird, und betont so die eigene Differenz. In beiden Fällen trägt die Weigerung zur Anpassung und die ablehnende Haltung gegen egalitäre und globale Kräfte der Moderne zur Verschärfung der Unterschiede und Verstärkung der Identitäten bei. Islamische Kleidung, die islamische Lebensweise und der islamische Glaube sollen Zeichen der Quelle von „Rückständigkeit", „Unzivilisiertheit", „der Kehrseite von Modernität" oder „Mächten des Obskurantismus" sein. Sie gelten als verantwortlich für die Unterlegenheit und den Ausschluß der Muslime. Und gerade diese Merkmale werden von islamistischen Aktivisten aufgegriffen und noch betont. Durch die politische Radikalisierung des Islam wird die muslimische Identität sichtbar und versucht sich mit einer eigenen modernen politischen Sprache Legitimität zu verschaffen. Islamismus ist die Verschärfung muslimischer Identität und deren Rekonstruktion in der modernen Welt und durch sie. Islamischer Glaube und islamische Lebensweise werden zum Bezugspunkt der Reideologisierung scheinbar trivialer sozialer Fragen wie das Tragen des Kopftuchs oder die Verschleierung muslimischer Studentinnen an der Universität, die Geschlechtertrennung in öffentlichen Verkehrsmitteln, die Zensur erotischer Kunst, die Teilnahme der Frauen an sportlichen Veranstaltungen, das Verbot von Alkoholgenuß und dergleichen mehr. Solche Beispiele sind Wegzeichen islamischer Lebensweise; Islamismus erscheint als Kritik der säkularen Lebensweise, der säkularen Selbstdefinitionen des Selbst und des säkularen öffentlichen Wohls.

Alles in allem kann Islamismus als Kritik am zivilisatorischen Alleinvertretungsanspruch bei der Definition der Moderne angesehen werden. Moderner Islamismus verhält sich der säkularen Moderne gegenüber nicht apologetisch.[3] Dieser neue kritische Standpunkt gegenüber der westlichen Moderne markiert den wichtigsten Unterschied zwischen der neuen Islamistengeneration und den modernistischen Islamisten des 19. Jahrhunderts (wie Muhammad Abduh, Dschamal ad-Din al-Afghani, Raschid Rida), die islamische Werte mit der Moderne versöhnen wollten. Die Suche nach Authentizität charakterisiert den neuen Islamismus; die Suche nach Abgrenzung vom verwestlichten Selbst und nach einer „authentischen" islamischen Seinsweise erzeugt eine kritische Wachsamkeit sowohl gegenüber der traditionellen Glaubenspraxis als auch gegenüber den Formen der westlichen Moderne, die im Modernismus und in der Globalisierung des Lebensstils zum Ausdruck kommen. Islamistische Intellektuelle fordern eine Rückkehr zu den Ursprüngen, eine Neubewertung des Goldenen Zeitalters (asr-y saadet), d. h. der Zeit des Propheten und der echten islamischen Prinzipien, um sowohl der „Westtoxikation"[4] als auch den traditionellen Fehlinterpretationen und der Unterwürfigkeit zu begegnen. Der Radikalismus islamistischer Bewegungen beruht auf dieser Suche nach einer ursprünglichen, fundamentalen Auslegung des Islam. Eine neue Bestimmung des islamischen Selbst fußt auf einer vom Säkularismus unterdrückten Religiosität und wird durch die Suche und das Wiederauffinden von Traditionen, die durch die Modernisierung zerstört wurden, angestrebt.

Nativismus als Widerstand gegen Akkulturation, der die eigene ethnische Identität privilegiert und sich nach einer Rückkehr zu einer „reinen, unverdorbenen, indigenen Kulturtradition" sehnt, war auch die Macht, die viele iranische Intellektuelle dazu brachte, auf der revolutionären Woge mitzuschwimmen.[5] Es stellt sich nun die Frage, ob eine solche Rückkehr zu den Quellen der Religion (Fundamentalismus) oder der „authentischen" Kultur muslimische Aktivisten zu einem Widerstand, einer Kritik und darüber hinaus zur Erneuerung befähigt, ohne daß sie in einen Modernismus oder in einen Totalitarismus verfallen. Einer der hervorstechendsten Züge der islamischen Bewegung, der sie von anderen zeitgenössischen Sozialbewegungen unterscheidet, besteht darin, daß sie noch immer an ihrer ganzheitlichen Strategie des Wandels festhält. Mit anderen Worten: Strategien eines systematischen Wandels erhöhen den Wert der islamischen Utopie. Während zeitgenössische westliche Sozialbewegungen, enttäuscht vom totalitären Charakter des utopischen Denkens, sich in ihren Projekten mehr und mehr beschränken und zum Pluralismus und zum Bürgerlichen hin tendieren, haben die islamischen Bewegungen ihren utopischen Charakter bewahrt. Das Verlangen nach „Differenz", „Authentizität" und „Moral" – so notwendig es als Ausgangsposition für Identität ist – kann leicht in essentialistische Abgrenzungen und Ausschlußverfahren (wer soll entscheiden, was wirklich islamisch ist; wer ist ein wahrer Muslim?) münden und damit die „imaginierte Gemeinde" in einen „tyrannischen Kommunitarismus" verwandeln. Die totalitären Tendenzen werden durch die Suche nach „totaler" islamischer Identität, die von den „korrupten und beherrschenden" Auswirkungen der westlichen Moderne befreit werden sollen, verstärkt. Wie in jedem utopischen Denken wird keine Differenzierung zugelassen; für Konflikte oder Pluralismus ist kein Platz. Die Suche nach dem „authentischen", „reinen" Selbst führt zur Suche nach der „totalen" Gemeinschaft, in der die Grundlage jedweden Tolerierens von Unterschieden aufgehoben ist. Im heutigen Iran suchen viele Intellektuelle nach fast zwei Jahrzehnten postrevolutionären Wandels nach begrifflichen Möglichkeiten, sich vom nativistischen Diskurs und der Forderung nach Authentizität zu distanzieren. Diese „post-islamistischen Intellektuellen", die am Revolutionsprozeß teilgenommen haben, führen eine öffentlichen Debatte über die Suche nach neuen Wegen, die Autonomie der Bereiche – namentlich die der Religion und Politik – zu tolerieren und betreiben damit die Selbstbeschränkung ihrer utopischen Konstruktion einer islamischen Gesellschaft.[6]

Ansprüche auf Authentizität und Wahrheit können Toleranz verhindern. Selbstbeschränkung ist eine Bedingung für die Anerkennung von Wünschen, Entwürfen und Wahrheitsbehauptungen anderer. Karl Poppers Betonung der Fehlbarkeit unserer Urteile in religiösen Angelegenheiten und der Notwendigkeit, unsere Ansichten durch friedliche, öffentliche Auseinandersetzung zu korrigieren, kollidiert als Grundlage liberaler Toleranz mit dem Anspruch auf Wahrheit und dem Streben nach Authentizität der Fundamentalisten.[7]

Die Art und Weise, wie wir mit unseren Ursprüngen umgehen, hat direkte Auswirkungen auf unsere Identität. Sibony vergleicht, wie der Bezug zu den Ursprüngen in den heiligen Texten der drei monotheistischen Religionen hergestellt wird, und stellt fest, daß jüdische Identität auf dem Eingeständnis eines Ungenügens basiere und die christliche Religion diese Schwäche durch das Opfer auszugleichen suche, während es im Islam für Verlieren keinen Platz gebe und deshalb allein die Möglichkeit, übertroffen zu werden, nicht eingestanden werden könne. Islam als Religion verschafft eine totale Identität; *umma* ist Sprache, Religion, Territorium, Vortrag und ein Zugehörigkeitsgefühl, das andere religiöse Entwicklungen im Lauf der Zeit in sich aufnimmt.[8] Diese umfassende Art mit den Ursprüngen umzugehen, mag dem Autor zufolge zum Verständnis beitragen, warum der Islam heute so große Schwierigkeiten hat, individualistische und fragmentierte Ausdrucksformen der Identität, wie sie für die Moderne typisch sind, anzuerkennen.[9] Der allumfassende Charakter des Islam steht für die Gemeindeutopie (*umma*), die zu verlassen äußerst schwierig ist. Umgekehrt wird die Bekehrung zum Islam sehr geschätzt und erleichtert. Die zirkuläre Zeitauffassung und das Eingebundensein in die Gemeinde stärken die islamische Identität, die erfüllend und vollendet sein soll.

Der heutige Islam reaktiviert religiöse Intoleranz und Gemeindemoral, indem er sie mittels eines politisch-religiösen Idioms und Handelns neu legitimiert und gestaltet. In diesem Zusammenhang wirft die Kontroverse um Salman Rushdie viele Fragen bezüglich der Grenzen liberaler Toleranz und der Redefreiheit in multikultureller Umgebung auf, weist aber auch auf die mit islamischer Identitätsbestätigung geladenen moralischen Werte der Gemeinde hin. Es stellt sich die Frage, ob die Redefreiheit wegen Beleidigung der religiösen Gefühle Gläubiger überhaupt eingeschränkt werden sollte, ob nationale Gesetze in der multikulturellen Umgebung von Migration auf andere Religionen erweitert werden sollten und dergleichen mehr. Der Fall Rushdie machte auch den beschränkten Raum der Toleranz für kosmopolitische Identität und Freiheit angesichts von Identitätsbehauptungen sichtbar, seien sie nun islamisch oder nationalistisch.

In ähnlicher Weise zeigt sich auch die gegenseitige Abhängigkeit von Fragen der Toleranz und denen der Identität und die gegenseitige Abhängigkeit von Fragen der Gemeinschaft und weiblicher Moral an einem ägyptischen Fall von Blasphemie, der zwar weniger bekannt wurde, jedoch nicht weniger bezeichnend war. Dr. Nasr Abu Zeid, ein Professor an der Universität Kairo, der über Koraninterpretation arbeitete, wurde als Gegner des religiösen Rechts – der Scharia – bezichtigt und in der Folge wegen Apostasie angeklagt. Im Mai 1993 klagten islamistische Richter mit der Begründung, daß eine muslimische Frau nicht mit einem Nichtmuslim verheiratet bleiben dürfe, auf Professor Zeids Scheidung auf der Grundlage des religiösen Gesetzes der *hisba* (das, zum letzten Mal in den 1950er Jahren angewandt, jedem Muslim das Recht gibt, Anklage gegen jemanden zu erheben, wenn er oder sie der Meinung ist, daß übergeordnete Interessen der islamischen Gemeinde bedroht würden). Dieser Fall zeigt, daß die Islamisierung der öffentlichen Diskussion und überhaupt des öffentlichen Lebens auch von der Rolle der Frauen, ihrer Sittsamkeit, Keuschheit und Religiosität abhängt, von alledem, was als Pfeiler der Integrität der (verlorenen) muslimischen Gemeinde erachtet wird. In einem gewissen Sinn kann der heutige Islamismus als Bemühung verstanden werden, die verlorene Gemeinschaft wiederherzustellen.

Die Frage der Toleranz wird zur Frage der Auseinandersetzung mit der Moderne, einer Moderne jedoch, wie sie sich innerhalb der Gemeinde der Muslime herausbildet und nicht außerhalb von ihr. Deshalb bringt die Frage der Toleranz die Aufgabe der Anerkennung des „kleinen Unterschied" mit sich, d. h. der Anerkennung der modernen Muslime. Das Streben nach Authentizität kann in extremistischer Interpretation zum Versuch der Reinigung der islamischen Identität von modernen Elementen führen, zur Intoleranz von Leuten, die sowohl Muslime als auch modern sind.

Im Fall islamistischer Aktivisten wird das Thema der religiösen Toleranz am problematischsten im Verhältnis zu ihrem eigenen/anderen „Selbst", das mit der Moderne konfrontiert wird und mit ihr als einer Lebenspraxis experimentiert. Und dies wiederum verlangt entweder nach einer vertieften Selbstbefragung der Muslime auf der Suche nach dem Ursprung religiöser Toleranz und der Legitimation ihrer hybriden Identität oder nach einer verstärkten Abgrenzung der Gemeinschaft mit Anspruch auf Authentizität.

## Säkularismus und Öffentlichkeit

Gesamtdarstellungen der Moderne stellen die Unzulänglichkeit von Elementen der Moderne in anderer als in westlicher Umgebung fest. Wenn jedoch die Konzepte der westlichen Moderne in eine andere Umgebung gelangen, nehmen sie häufig eine andere Bedeutung, aber auch ein konturenreicheres Leben an. Säkularismus ist so ein Beispiel. Aufgrund seiner Ursprünge in der historischen Entwicklung des Westens erwartet man, daß der Säkularismus in anderer Umgebung – besonders in muslimischer Umgebung – ein fremdes Prinzip bleibt. Doch am Beispiel der Türkei kann man nicht nur seinen Beitrag zur Gestaltung des Staates, sein Eindringen in die bürgerliche Ideologie und die der militärischen Eliten beobachten, sondern auch, wie er ein Teil des *imaginaire social*, der bürgerlichen Gesellschaft und der Frauenvereinigungen wird. In gewisser Weise kann man von einem exzessiven Säkularismus sprechen, insofern er zum Fetisch der Moderne wird, sich zeitweilig über das Prinzip der liberalen Demokratie hinwegsetzt und eine autoritäre Politik rechtfertigt. Dementsprechend ist Säkularismus nicht immer eine Garantie für eine Politik der Toleranz.

Das Säkularismusprojekt, das in der Zeit der Einparteienherrschaft der türkischen Republik Gestalt annahm, bedeutete die Austilgung aller religiösen Zeichen und Handlungen aus dem öffentlichen Leben zugunsten der Einführung der „modernen Lebensweise". Es bedeutete die Verbannung der Heiligengräber (*türbe*) und der Derwischorden (*tarikat*, 1925), das Verbot der traditionellen osmanischen Kopfbedeckung – des roten Fez – und seine Ersetzung durch den europäischen Hut (1925), die Übernahme des westlichen Kalenders (1926), die Einführung der lateinischen Schrift an Stelle der arabischen (1928) sowie den Druck auf Radio- und Fernsehsender, bestimmte Musik zu spielen; all dies zeugt vom Wunsch, die Verbindung zur islamischen Welt zu kappen und sich der westlichen, d. h. der „zivilisierten Welt" anzuschließen. Ernest Gellner nennt den kemalistischen Säkularismus einen „didaktischen Säkularismus". Er ist moralistisch und pädagogisch, er lehrt Säkularismus als westlichen Lebensstil und setzt ihn durch. Die Säkularisierung der Erziehung, der Politik und auch des täglichen sowie des sozialen Lebens ist für das Projekt der Modernisierung entscheidend. Die Übernahme des metrischen Systems, des gregorianischen Kalenders, der Neujahrsfeiern, die Einführung des Sonntags als offiziellen Feiertags und der zivilen Trauung bei der Heirat sind Beispiele der erzwungenen Einführung des westlichen

Säkularismus auf der Ebene der Organisation der Zeit, des täglichen Lebens und des sozialen Handelns. Mit anderen Worten: Die Öffentlichkeit ist der Raum für die Herausbildung neuer republikanischer Eliten, während sie andere ausschließt, namentlich jene, die nicht konform gehen mit diesem „neuen Leben", d. h. die nicht-verwestlichte muslimische Bevölkerung. Die Öffentlichkeit erweist sich am Anfang nicht als Demokratie, die allen Bürgern „gleichen" Zugang zu einer kritisch-rationalen Debatte über öffentliche Angelegenheiten verschafft, sondern als ein Modell modernistischer Verhaltens- und Lebensweisen.

Außerdem zeugt in muslimischer Umgebung das sichtbare Auftreten der Frauen und das soziale Zusammensein von Männern und Frauen von der Existenz einer Öffentlichkeit. Das eigentliche Rückgrat des türkischen Modernismus ist die Konstituierung der Frauen als Staatsbürgerinnen und Trägerinnen der Frauenrechte (noch höher veranschlagt als die Konstituierung der Staatsbürgerschaft und der Bürgerrechte). Die Beseitigung des Schleiers, die Einführung obligatorischer gemeinsamer Erziehung von Jungen und Mädchen, Bürgerrechte für Frauen mit aktivem und passivem Wahlrecht sowie die Abschaffung des islamischen Familienrechts garantieren das Auftreten der Frauen in der Öffentlichkeit und ihren Bürgerstatus. Mit anderen Worten: Die körperliche, soziale und politische Sichtbarkeit der Frauen definiert die moderne Öffentlichkeit im kemalistischen Unternehmen.

Die Teilnahme der Frauen am öffentlichen Leben als Bürgerinnen und Beamtinnen, ihr Auftreten im städtischen Raum und ihre Sozialisation zusammen mit Männern bestimmten die moderne säkulare Lebensform und bedeuteten eine radikale Abkehr von der sozialen Organisation und den Geschlechterrollen der islamischen Religion. Anders ausgedrückt: Säkularismus weist in muslimischer Umgebung auf eine moderne Lebensweise hin, welche die „Emanzipation" der Frauen von der Religion mit ihrem Schleierzwang und der Geschlechtersegregation fordert. Frauen als Ortsmarkierungen der sozialen Organisation – innerer und äußerer Bestimmtheiten des privaten und öffentlichen Raums – verweisen auf das Entstehen des modernen Individuums und die moderne Lebensweise.

## Islamistischer Schleier und Sittsamkeit

Die Forderung von Studentinnen, in islamischer Kleidung und Aufmachung an den Lehrveranstaltungen teilzunehmen, stellt den sichtbarsten Angriff auf dieses Unternehmen dar und wird von den säkularen Eliten als eine Invasion „ihrer" Öffentlichkeit (Universitätsveranstaltungen, Parlament, Fernsehen, Konzertsäle, Straßen usw.) wahrgenommen. Die Wegmarken von Modernismus und Islamismus sind dieselben. Es geht um Selbstdefinierung, nach Geschlecht getrennte Räume und Tätigkeiten sowie zivilisatorische Zuschreibungen. Tätigkeit und Auftreten der Frauen in der Öffentlichkeit kennzeichnen den heutigen Islamismus und bedeuten gleichzeitig eine Infragestellung traditionalistischer Vorschriften, die den Ausschluß und die Segregation der Frauen verlangen. Junge islamistische Aktivistinnen nehmen an der öffentlichen Universitätsausbildung und am politischen Leben teil und besetzen die urbanen heterosozialen Räume der Moderne. Es besteht daher eine gewisse Kontinuität in der Teilnahme der modernen Frauen am öffentlichen Leben und gleichzeitig eine Umkehrung, insofern es sich um eine Teilnahme islamistischer Frauen handelt.

Definitionen des Selbst, Debatten über Lebensstile und künstlerischen Ausdruck in Form von körper- bzw. geschlechtsspezifischen Verhaltens nehmen in der öffentlichen Debatte, in der sich Säkularisten und Islamisten gegenüberstehen, vermehrt einen zentralen Platz ein. Islamistische Politik will die Öffentlichkeit mit dem Verschleierungsgebot für Frauen, der Beschränkung der Begegnungen beider Geschlechter in der Öffentlichkeit, dem Alkoholverbot und der Zensur der Kunst unter ihre moralische Kontrolle bringen. Beinahe spiegelbildlich zur Haltung des Modernismus positioniert sich der islamische Glaube als Bezugspunkt einer Reideologisierung scheinbar belangloser, alltäglicher sozialer Lebensformen, die miteinander in Beziehung stehen. Alle seine Äußerungen sind eine Kritik der säkularen Lebensweise und drücken das Verlangen nach Kontrolle der Öffentlichkeit entsprechend den Geboten einer islamischen Lebensweise aus. Kontrolle über die Sexualität der Frauen und die Regelung sozialer Begegnungen zwischen Männern und Frauen sind das zentrale Thema der Moralisierung der Öffentlichkeit. Dementsprechend ist im muslimischen Kontext die Diskussion über Lebensstile alles andere als ein belangloses Thema über eine individuelle Entscheidung oder wechselnde Moden, sondern bestimmt die Eingrenzung oder Erweiterung von Öffentlichkeit und mithin die Grenzen der Toleranz.

Die Ähnlichkeiten und Gegensätze zwischen islamistischer und westlich-feministischer Bewegung geben uns weitere Anhaltspunkte zum Verständnis von Widersprüchlichkeiten, wie sie durch den heutigen Islamismus in Bezug auf Fragen der Toleranz, die Wahl der Lebensführung und Definitionen der Öffentlichkeit betreffend, entstehen. Sowohl der Feminismus als auch der Islamismus überführen den persönlichen, privaten Bereich – ob Religion oder Sexualität – in die Politik. Das Motto der feministischen Bewegung – „das Persönliche ist politisch" – trug zur Erweiterung der Politik um Fragen der Selbstdefinition und der Herrschaftsbeziehungen zwischen Männern und Frauen bei. In gewisser Weise folgte die feministische Bewegung dem Lauf der Entwicklung der modernen Gesellschaft, die Michel Foucault zufolge nach „Wahrheit" sucht und die (zurückgehend auf frühchristliche religiöse Praktiken) die intimsten Erfahrungen, Wünsche, ihre Leiden und Beschwerden sowie ihre Schuld öffentlich „bekennen" muß. Dies erklärt wie alles, was äußerst schwierig zu äußern ist – alles Verbotene, alles, was im Persönlichen, in der Privatsphäre verwurzelt ist –, öffentlich, politisch und erkennbar wird. Feminismus (abzulesen an der Neuartigkeit seiner Themen: Recht auf Abtreibung, Problematisierung von sexueller Belästigung und Vergewaltigung in der Ehe) trägt zu dieser Bewegung der Preisgabe und Transparenz in der Öffentlichkeit bei, gleichzeitig aber auch zur Erweiterung der Demokratie, die persönliche Herrschaftsbeziehungen in politische Machtverhältnisse transformiert.

Mit der islamistischen Bewegung wurden Glaube, Selbstdefinierung, Beziehungen zwischen Mann und Frau – alles Aspekte persönlicher, privater Beziehungen – ebenfalls ins öffentliche Licht, ins Politische gerückt. Gleichzeitig jedoch erweist sich dieser Bereich als Ort des Widerstands der religiösen Identität gegen die assimilierende Macht des westlichen Säkularismus und der Moderne. Anders ausgedrückt: Islamismus macht den inneren, persönlichen, geschlechtsspezifischen Bereich zum Thema, verlangt aber außerdem nach politischer Intervention, um weibliche Sittsamkeit und sein eigenes Modell der Beziehungen zwischen Männern und Frauen durchzusetzen. Islamismus strebt nach Verstärkung der Gemeinschaftsmoral durch eine Neudefinition der öffentlichen Ordnung auf der Grundlage islamischer Verbote.

Gemeinschaftsmoral kann als ein Merkmal von Gesellschaften bezeichnet werden, in denen moderner Individualismus, individuelles Gewissen, Glaubensbekenntnis und öffentliche Darstellung des Selbst bei der Strukturierung der Beziehungen zwischen Individuum und Gesellschaft keine beherrschende Rolle spielen. Im Westen bildet sich das moderne Individuum, wie man sich erinnert, unter der Voraussetzung aus, daß die absolute Wahrheit zu einer Angelegenheit des individuellen Gewissens wird (dazu gehören „geheime Gedanken", „Selbstbezichtigung", „Selbstbewußtsein") und nicht mehr Sache der Gemeinschaft ist. Der muslimische Kontext hingegen führt dazu, sich Gott anheimzugeben und sich von der Gemeinde (*cemaat*) durch das Leben leiten zu lassen. Gemeinschaftsbestimmte Anleitung in moralischen Dingen wird damit durch Religion und tägliche Lebensführung legitimiert, die sich wiederum in autoritärer Form von unten artikulieren kann.

Die Politisierung der „islamischen Lebensweise" kann ein Hindernis bei der individuellen Wahl des „Lebensstiles" sein. Und, um es noch einmal zu betonen, die Überwachung der Öffentlichkeit hängt von der Regulierung der Beziehungen zwischen Männern und Frauen ab. Islamische Frauen erscheinen an den Kreuzungspunkten dieses Verwirrspiels, denn je mehr sie in der Öffentlichkeit auftreten und die Gelegenheiten zur Erfüllung ihrer Bildungswünsche und beruflichen Ambitionen wahrnehmen, um so mehr befinden sie sich im Konflikt mit der Tradition oder mit Auslegungen, die ihnen die Pflichten einer Mutter oder Ehefrau als ihre vornehmsten moralischen Verpflichtungen vorschreiben. Dies zwingt sie dazu, Quellen der religiösen Legitimation und Toleranz zur Anerkennung ihrer neuen sozialen Praxis und der individuellen Lebensstrategien zu finden.

Jeder Schritt in Richtung eines verstärkten öffentlichen Auftretens der Frauen durch die islamistische Bewegung löst eine neue öffentliche Debatte aus, die Säkularisten und Islamisten in einen Gegensatz treten läßt, jedoch auch Debatten unter den Islamisten selbst. Unterschiedliche Interpretationen islamischer Vorschriften werden zur Arena der Auseinandersetzungen. Da die heutigen islamistischen Bewegungen radikale Kritik an der klassischen Überlieferung und an den *ulama* üben, d. h. an denen, die aufgrund ihrer Kenntnisse der religiösen Texte die religiöse Autorität und Legitimität besitzen, eröffnen sie einen Interpretationsprozeß. Auf paradoxe Weise betreibt der radikale Islamismus eine Demokratisierung des religiösen Wissens, bei der verschiedene Aktivisten des Islamismus Anspruch auf die Interpretation des Islam erheben können. Detailfragen des persönlichen, sozialen und politischen Lebens wie die Fragen der Verschleierung der Frauen (*hidschab*), der Todesstrafe für Ehebruch (*radschm*, Steinigung), der Steuergesetzgebung (*faiz*), des Strafgesetzes oder der Heirat sind nicht mehr Fragen, die unter das Monopol der religiösen *ulama* fallen, sondern Gegenstand der Kontroversen zwischen politischen Aktivisten, die untereinander konkurrieren, Islamistinnen mit eingeschlossen.

## Transnational und kommunitaristisch

Kritik der Moderne ist Kritik der absoluten Dichotomie zwischen einer Welt, deren öffentliche Ordnung auf Konsens beruht, und einer Privatsphäre, die partikuläre Interessen einschließt, sie aber unterdrückt und verschweigt. Die Homogenität der Öffentlichkeit wandelt sich unter dem Einfluß der Einwanderung religiöser und ethnischer Identitäten, die für Pluralismus eintreten und um Anerkennung kämpfen. Der Islamismus teilt diese Kritik der Moderne und lehnt säkularistische und liberale Konzeptionen der Öffentlichkeit sowie privatistische Definitionen der Religion ab. Der Islamismus definiert die Grenzen zwischen privatem Leben und Öffentlichkeit neu. Islamismus kann mit dem Feminismus als die bedeutendste soziale Bewegung bezeichnet werden, welche die Grenzen zwischen Privatleben und Öffentlichkeit verwischt und neu zieht.

Dies führt uns zu mehreren Fragen: Gibt es z. B. Anzeichen für einen Austausch zwischen westlichen und islamischen Konzepten des Selbst und der Moderne, Glauben und Säkularismus, Individualismus und Gemeinschaft, Konsumismus und Konservativismus? Gibt es Interpretationsmodelle, die über Konzepte wie „Kampf der Kulturen" oder „Das Ende der Geschichte" hinausgehen, d. h. solche, die sich auf Prozesse des Zusammenlebens, der Hybridbildungen und des gegenseitigen Austausches richten und zu einem Nachdenken über alternative Entwürfe der Moderne führen?

Die gegenwärtige islamistische Opposition richtet ihre ideologische Kritik gegen säkulare und homogene Strukturen der Öffentlichkeit und versucht einen eigenen Raum zu schaffen. Wie gestalten die unterschiedlichen Ausprägungen des Islamismus die Grenzen zwischen öffentlich und privat neu? Inwieweit stellt das Eindringen des Islamismus den Konsens der Öffentlichkeit moderner Nationalstaaten in Frage und in welchem Umfang setzt er neue Definitionen des Pluralismus durch? Wie hat man sich eine moderne Öffentlichkeit in einer Welt der schwächer werdenden nationalen und territorialen Begrenzungen vorzustellen, in der der transnationale Charakter dank neuer Kommunikationstechnologien stetig an Gewicht gewinnt? Islamistische Aktivisten sind sowohl physisch als auch virtuell im öffentlichen Leben präsent; sie mischen sich in die Lokalpolitik ein, stellen direkte Beziehungen her, schaffen neue Räume, versuchen die Gemeindeordnung unter ihre Kontrolle zu bringen (auf der Ebene der Moral mittels Kontrolle der Sexualität und des Auftretens der Frauen in der Öffentlichkeit). Auf der anderen Seite bauen sie Netzwerke auf und richten Diskussionsgruppen (*chats*) im Internet ein. Dennoch bedeutet die Globalisierung und der Gebrauch eines politischen Idioms oder politischer Hilfsmittel nicht automatisch eine Politik der offenen Gesellschaft, des kulturellen Pluralismus und der Toleranz. Im Gegenteil: Islamistische politische Strategien können nicht nur eine Gefahr für die säkulare Konzeption und den homogenen Charakter der Öffentlichkeit sein, sondern durch Erzwingen einer puritanischen moralischen Ordnung auch für die liberalen demokratischen Fundamente der Öffentlichkeit.

## Religiöse Trauung

Die Debatte über die religiöse Trauung zeichnet die Transformationsdynamik der Moderne, den Austausch zwischen verschiedenen handelnden sozialen Personen und die Bedeutung der öffentlichen Diskussion zur Korrektur der eigenen Anschauung sehr genau nach. Religiöse Trauungen (in der Türkei ungesetzlich) und ihr Mißbrauch im modernen städtischen Leben wurden Gegenstand einer offenen Kontroverse, als im Januar 1997 in einem „religiösen" Orden ein Sexskandal entdeckt und ans Licht gebracht wurde. Von da an erregte das Tabu der religiösen Trauung die Aufmerksamkeit der Öffentlichkeit. Ein Führer der *Aczmendi*-Sekte, der bekannt für seine Kritik am Säkularismus und am Kemalismus war, war wegen Ehebruchs mit einer jungen Universitätsstudentin verhaftet worden und behauptete vor den Fernsehkameras, daß sie religiös getraut seien. Damit gab er erstens zu verstehen, daß nichts Unerlaubtes zwischen ihm und dem Mädchen geschehen sei, weil Männer nach islamischem Recht polygame Ehen führen dürfen. Zweitens brach er ein Tabu und versuchte öffentlich, das islamische Gesetz und religiöse Trauungen, die in der säkularen Türkei nicht erlaubt sind, zu legitimieren. Das Mädchen leugnete jedoch, daß es sich um eine religiöse Trauung gehandelt habe, und beschuldigte den Sektenführer, sie mißbraucht zu haben. Fast täglich erschien sie in verschiedenen Fernsehsendern in islamischer Aufmachung, mit Kopftuch und in einem langen Kleid, das ihre Figur verhüllte, und tadelte in der Diskussion die männlichen Islamisten.

Der Fall illustriert den neuen Zuschnitt eines muslimischen Mädchens und die sich verwischenden Konturen von traditionell und modern. Allein der Schritt, für sich selbst zu sprechen, der Entschluß, vor Publikum aufzutreten und ihre Erfahrung zu artikulieren, kann schon als Zeichen eines modernen individuellen Verhaltens gelten. Von einem jungen Mädchen, das „seine Ehre verliert", wird nach traditioneller Definition von ihm selbst und seinem Geschlecht erwartet, „Scham" zu empfinden, Schweigen zu bewahren und die Öffentlichkeit zu meiden. Diese junge Frau verknüpfte religiöse und moderne Zeichen miteinander und berief sich beharrlich auf die zwei Quellen ihres kulturellen Kapitals. Als Universitätsstudentin argumentierte sie auf moderne Art logisch kritisch, und als Religionsschülerin war sie vertraut mit der islamischen Moralrhetorik. Sie bewegte sich unaufhörlich zwischen Selbstbehauptung, Wirkung und mißbrauchtem Opfer. Das Publikum war erstaunt über ihre schamlosen Bekenntnisse, ihre Selbstentblößung, ihr attraktives Aussehen und vor allem über ihr theatralisches Auftreten, das von tränenreicher Darstellung bis zu Zornesausbrüchen reichte. Dieser Skandal warf – abgesehen vom Hinweis auf die subversiven Kräfte der Frauen, ihrer Sexualität und ihrer Selbstentblößung in der Öffentlichkeit – ein Licht auf verschiedene Probleme: auf die Verschiebung der Grenzen zwischen dem Erlaubten und Unerlaubten, zwischen Tradition und Moderne, zwischen privat und öffentlich sowie zwischen aktiv handelndem Subjekt und Opfer.

Das Wichtigste an diesem Skandal war jedoch, daß Polygamie und religiöse Trauung als bis dahin unterdrückte Themen an die Öffentlichkeit gelangten. Die religiöse Trauung wurde zum strittigen Thema nicht nur zwischen Säkularisten und Islamisten, sondern auch unter Islamisten. Traditionelle religiöse Führer waren verblüfft über die Formen, unter denen die religiöse Trauung in moderner autonomer Umgebung wieder auftauchte und permissive, promiskuitive Verhältnisse kaschierte, im Gegensatz zu ihrer sozialen Funktion, die sie in traditioneller Umgebung hatte, wo sie sozial anerkannte Geschlechterrollen konservierte. Die vor noch nicht allzu langer Zeit in die Städte gelangte Jugend mit Schul- und Universitätsausbildung ist hin- und hergerissen zwischen einem neuen Individualismus, libidinösen Impulsen sowie religiösen moralischen Vorschriften und findet in der religiösen Trauung die Legitimierung ihres Verlangens nach promiskuitiven Verhältnissen.

Nicht nur traditionelle religiöse Führer, auch politische Islamisten sahen sich gezwungen, klar Position zu beziehen und sprachen sich gegen religiöse Trauungen als Argument zur Rechtfertigung freier sexueller Beziehungen aus. Auch säkularistische Feministinnen beteiligten sich an der Diskussion und hielten den Fall für eine Bestätigung ihrer säkularistischen Kritik an der islamistischen Bewegung, insbesondere am „Mißbrauch" der Frauen. Islamistinnen beteiligten sich engagiert an der Debatte sowohl in Versammlungen und öffentlichen Diskussionen als auch in Zeitungsartikeln. Einige der islamistischen Autorinnen nahmen Männern gegenüber eine äußerst kritische Haltung ein und beschuldigten muslimische Männer, Polygamie und religiöse Trauung in ihrem Kampf gegen säkulare Regime zu instrumentalisieren. Die Autorin eines Zeitungsartikels spottete, daß, wenn Männer eine zweite Frau heirateten, diese immer jünger, schöner und besser ausgebildet (Zeichen einer sozialen Aufwärtsbewegung in islamistischen Kreisen) sei als die erste. Sie erinnerte ihre Leser auch daran, daß Polygamie im Islam nur im Falle von Waisen, Witwen oder älteren bedürftigen Frauen in Not zugelassen sei. Islamistische Frauenvereinigungen warnten die jungen Mädchen davor, heimliche religiöse Trauungen einzugehen, und forderten sie auf, die einzige gesetzlich erlaubte Trauung – die zivile Trauung – vorher zu vollziehen. Die religiöse Trauung, Bestandteil traditioneller Praktiken und ein wichtiges Thema der Islamisten bei ihrem Widerstand gegen die säkularistische soziale Ordnung, wurde daher zum Gegenstand kritischer Diskussionen von Säkularisten, religiösen Führern, islamistischen Politikern, aber auch von Frauen selbst. Diese Debatte zerstörte die stille Allianz zwischen Islamisten, religiösen Bürgern, verschleierten Studentinnen und führte zu einer Neugruppierung. Überraschenderweise wurde die zivile Trauung, die von der säkularistischen republikanischen Führung 1926 eingeführt wurde, nun offensichtlich zur bevorzugten individuellen Wahl vor allem der islamistischen Frauen. Der Islamismus trug mit einer überraschenden Wendung zur Stärkung der indigenen Aneignung moderner egalitärer Werte bei.

## Islamisches Kopftuch und das Parlament

Die Kopftuchdebatte in der Türkei, die vor allem höhere Bildungseinrichtungen, namentlich Universitäten, betraf, nahm nach den letzten allgemeinen Wahlen eine neue Richtung. Der Streit brach aus, als eine 31 Jahre alte Frau, Merve Kavakci, die erste gewählte Abgeordnete der Islamischen Tugendpartei, den Saal der Nationalversammlung am Tag der Eröffnung am 2. Mai 1999 mit einem Kopftuch betrat, was ein ungeschriebenes Gesetz des Parlaments brach.[10] Ihre Anwesenheit erzürnte die säkularistische öffentliche Meinung wie auch die Mitglieder des Parlaments. Abgeordnete anderer Parteien, besonders die der linken republikanischen Partei, protestierten mit solcher Vehemenz gegen ihre Anwesenheit, daß sie gezwungen war, das Parlament zu verlassen, ohne den Eid abzulegen.[11]

Sie wurde als *agent provocateur* behandelt, und die türkische Presse beschuldigte sie, enge Beziehungen zur palästinensischen Gruppe der Hamas zu unterhalten sowie mit ausländischen Mächten wie Iran und Libyen zusammenzuarbeiten. Merve Kavakci, in Texas ausgebildete Computerspezialistin, war mit einem Amerikaner jordanischer Herkunft verheiratet, ist heute jedoch geschieden und hatte, kurz nach ihrer Nominierung als Kandidatin für das Parlament, die US-Staatsangehörigkeit erhalten. Da sie nicht angegeben hatte, einen anderen Paß zu haben, erkannten ihr die türkischen Behörden die türkische Staatsangehörigkeit ab.[12]

Der Fall eröffnet Möglichkeiten für eine Analyse der komplexen Beziehungen zwischen Islamisten und Säkularisten, zwingt uns allerdings auch, das Problem von Toleranz und Demokratie in neuer Perspektive zu überdenken. Das Kopftuch als sichtbares islamisches Symbol stellt die säkularistische Konzeption der Öffentlichkeit und Demokratie in Frage. Die Herausbildung der Öffentlichkeit, besonders einer Öffentlichkeit europäischer Provenienz, beruht auf einem umfassenden Bürgerrecht und ist das Ergebnis eines Prozesses der Homogenisierung und Säkularisierung. Die Anerkennung und Einbeziehung von Unterschieden wie Geschlecht, Ethnizität und Religion führen zu einer neuen Definition der Öffentlichkeit.[13] Heutige Identitätsbewegungen stellen insbesondere die Homogenität der Öffentlichkeit in Frage, indem sie Multikulturalismus als neues Prinzip einer Definition umfassender Demokratie ins Spiel bringen. Die Öffentlichkeit ist der Ort, wo die zentralen Errungenschaften der Demokratie konzeptionell und institutionell verankert sind. Die Art und Weise, wie Unterschiede toleriert und soziale Bande geknüpft werden, wird zur Sache der Öffentlichkeit (*res publica*) und der Demokratie. Inwiefern Islamismus als eine Identitätsbewegung gelten kann, die Anerkennung der Unterschiede und eine integrative Politik fordert, ist nicht nur in politischer, sondern auch in begrifflicher Hinsicht eine schwierige Frage. Islamische Differenz anerkennen hieße, unsere Quellen der Toleranz und der Teilhaberschaft zu erweitern. Das Problem des Tolerierens ist stets eng mit konkreten sozialen Beziehungen verbunden. Mit anderen Worten: Die Praxis der Toleranz hat immer eine physische Seite und betrifft soziale öffentliche Orte und menschliche Körper. Die Frage der Toleranz stellt sich, wenn der oder das als different erkannte Andere sowohl räumlich als auch sozial und körperlich näher rückt. Das Problem von Toleranz und Konflikt stellt sich nur dann, wenn das Gefühl aufkommt, daß ein Fremder in mein Gebiet eindringt oder mich von meinem Platz und meiner Vorzugsstellung verdrängt. Die Figur des Fremden repräsentiert dieses ambivalente Verhältnis von Nähe und Distanz, Identität und Differenz, wodurch eine Gruppe ihr soziales Leben reproduziert und ihren hierarchischen sozialen Raum strukturiert.[14] Das ist der Grund, warum der „kleine Unterschied" so wichtig ist, wenn man die Mechanismen der Ablehnung der Nächststehenden verstehen will.

Der Verlauf der Geschichte um die islamische Parlamentsabgeordnete folgt einer ähnlichen sozialen Dynamik, wie ich sie für muslimische Studentinnen untersucht habe, die ihr Recht einforderten, Universitätsveranstaltungen mit dem Kopftuch bekleidet zu besuchen.[15] Der Zugang zu höherer Bildung, tägliche Erfahrung im städtischen Leben, die Beherrschung der politischen Sprache und politische Aktivitäten setzen islamistische Aktivistinnen der Moderne aus. Der Fall von Merve Kavakci, obwohl keine Ausnahme, ist dennoch ein Beispiel, das den Prozeß der Beteiligung zum Äußersten treibt und Einspruch gegen die Grenzen der Toleranz erhebt. Kavakci ist in Texas ausgebildete Computerspezialistin, hatte in den Vereinigten Staaten gelebt, hat zwei Kinder, ist von einem amerikanischen Mann jordanischer Herkunft geschieden, kehrte in die Türkei zurück und wurde Mitglied einer proislamischen Partei. Ihre amerikanischen Erfahrungen stellen eine Differenz zwischen ihr und anderen muslimischen Frauen in der islamischen Bewegung her, obwohl sie ähnlichen Lebensmodellen wie diese folgt. Daß sie in den USA gelebt hatte, fließend englisch spricht, mit neuen Technologien – den wichtigen Symbolen der Moderne (in einer nichtwestlichen Umgebung der Moderne) – vertraut ist, unterscheidet sie von anderen Muslimen und rückt sie sozial näher an die Seite der westlich orientierten säkularen Eliten der Türkei. Soziale und räumliche Nähe mit einem „kleinen kulturellen Unterschied", nämlich ihrer Bindung an die islamische Lebenswelt, die sie mit dem Kopftuch symbolisch ausdrückt, verstärkt die Dissonanz und erweitert die Grenzen der Toleranz. Das Parlament, welches das Ideal der säkularistischen Gesellschaft und die Prinzipien der Republik repräsentiert, kann das sichtbare islamische Symbol, das als Provokation und nicht als normale Vertretung einer muslimischen Wählerschaft betrachtet wird, nicht tolerieren. Ihre Anwesenheit durchbricht die etablierten Grenzen und Regeln der säkularen Öffentlichkeit. Sie ist sowohl Einheimische als auch „Fremde" (auch im buchstäblichen Sinn, denn sie wurde amerikanische Bürgerin); sie ist von hier, aber auch von „woanders". Ihre Herkunft aus dem Volk und ihr Kopftuch erinnern die Einheimischen noch an die „vormoderne" Türkei, während ihre Ausbildung, ihr individualistisches Auftreten und ihre politische Sprache zur modernen Welt gehören. Die Zweideutigkeit der Zeichen, die sich durch ihre Anwesenheit mitteilen, verwirren sowohl traditionalistische Muslime als auch moderne säkularistische Gruppen. Eine Frau, die sich nach islamischen Kleidervorschriften kleidet, dennoch weder in sozialer Hinsicht (sie ist geschieden und hat eine berufliche und politische Karriere hinter sich) noch in psychologischer Hinsicht (sie benimmt sich nicht wie eine Ausgestoßene, wie ein Opfer) traditionalistisch ist, bringt muslimische wie säkularistische Frauen durcheinander. Ihre Unsensibilität gegenüber etablierten Herrschaftsbeziehungen zwischen muslimischen und säkularistischen Frauen, wie auch ihre Furchtlosigkeit werden als arrogant betrachtet. Gleichzeitig verändern ihr Auftreten und ihr Diskurs den Interaktionscode. Die Tatsache, daß sie von „woanders" herkommt und Hinweise auf einen anderen mentalen Raum gibt, hilft ihr, die sozialen Verhaltensregeln und Wechselwirkungen zu überwinden. Goffman meint, der Bruch mit den bestehenden Strukturen geschehe von unten durch den Versuch der Diskreditierung und des Verwirrens des Gegners.[16] Merve Kavakci vollzieht daher einen Bruch mit den bestehenden Strukturen, stellt die ungeschriebenen Gesetze des Parlaments und die Machtverhältnisse der Säkularisten in Frage. Einerseits ist sie nicht weniger modern als die türkischen Frauen, die ihre säkulare nationale Öffentlichkeit verteidigen, anderseits ist ihre Wahl der islamischen Kleidung Verkörperung der Differenz und Zeichen der Abspaltung. Säkularistische Frauen betraten die Moderne durch Emanzipation von der Religion, was sie durch die Abnahme des Schleiers symbolisierten. Sie experimentierten mit der Moderne, die sich an ihrem Körper, an der Kleidung, an ihrem Lebensstil zeigte und nicht nur in der abstrakten und distanzierten Kategorie der Staatsbürgerschaft. Sie sind Produkte eines historischen, emotionalen und körperlichen Bruchs mit muslimischer Identität, eines Bruchs mit der Vergangenheit, der ihnen den Zugang zur Moderne ermöglichte. Wiederherstellung der Vergangenheit, Wiederversöhnung mit dem Islam bedeutete für diese Frauen den Verlust ihrer Freiheiten und einen „Rückschritt". Tatsächlich kann der Islamismus in die Republik nicht ohne Rückkehr in die eigene Vergangenheit integriert werden. Anders gesagt: Eine Politik der Anerkennung, des Tolerierens einer islamischen Differenz verlangt nach einer Überprüfung der Vergangenheit, nach einer Verständigung mit ihr und nach neuen sozialen Bindungen zwischen Islam und Moderne.

Differenz kann nur durch das Auffinden von Ähnlichkeiten und Vergleichbarkeiten mit dem anderen erkannt werden. Man muß den „konkreten Anderen", einzelne Individuen mit ihren Lebensgeschichten[17] wahrnehmen können, um in der Lage zu sein, die Differenz als Teil der sozialen Bindung zu tolerieren. Hyperpolitisierte Definitionen der Identität und Verschwörungstheorien schließen ein Erkennen von Ähnlichkeit und Vertrautheit nicht nur aus, sondern dämonisieren den Gegner noch. Merve Kavakci tritt weniger als Frau, Individuum, Muslimin, Abgeordnete oder Bürgerin in Erscheinung denn als militante Islamistin und Fremde.

Solange der andere als Feind erscheint, besteht keine Möglichkeit einer sozialen Beziehung, der Kommunikation und einer öffentlichen Debatte. Toleranz wird jedoch dann Thema, wenn diejenigen, die ausgeschlossen und stigmatisiert sind, die ihnen verbotenen Räume für sich in Besitz zu nehmen trachten. Islamisten eignen sich die Räume der Moderne an, ohne ihre Besonderheit – in erster Linie die Religion – aufzugeben und zielen damit auf eine Neuordnung der Herrschaftsverhältnisse ab. Das Problem der Toleranz taucht dann auf, wenn Islamisten anfangen, die gleichen Räume der Moderne zu besetzen wie Parlament, Universitätsveranstaltungen oder Fernsehen und wenn sie in politischen, intellektuellen und ökonomischen Wettstreit mit den Säkularisten treten. Die Frage der sozialen Beziehungen mit den Stigmatisierten und Ausgeschlossenen ist das eigentliche Problem der Demokratie.[18]

Ein weitverbreitetes Argument in der Türkei gegen das Kopftuch lautet, daß niemand etwas gegen das Kopftuch der Großmutter habe, im Gegenteil, es sei von allen geliebt, der neue Gebrauch des Kopftuchs jedoch sei ein politisches Symbol und nicht ehrlich. Es ist freilich richtig, daß das islamische Kopftuch ein kulturpolitisches Symbol wurde, aber es stört und bedroht moderne soziale Vorstellungen gerade deshalb, weil es von der jungen Generation gebildeter Frauen übernommen wurde, die damit ihren Anspruch auf Öffentlichkeit sichtbar machen. Islamische Frauen werden zum Problem, weil sie sowohl „muslimisch" als auch „modern" sind und nicht das eine für das andere aufgeben wollen. Man kann daher auch behaupten, daß sie „weder muslimisch noch modern" sind. Sie stehen sowohl den religiösen Traditionen als auch der Assimilierung an die Moderne kritisch gegenüber.

Die islamistische Bewegung kann als Kritik der säkularistischen Variante von Öffentlichkeit verstanden werden. Das Werk von Richard Sennett zeigt, daß die Entwicklung der Öffentlichkeit im Westen ursprünglich nicht von der Körpererfahrung der Menschen zu trennen war; der Körper war durch religiöse Rituale mit dem städtischen Raum verbunden.[19] Nach Sennett ist die Entmaterialisierung der Öffentlichkeit und ihre Trennung vom Körper die säkulare Variante der Öffentlichkeit. Und weil die urbane Erfahrung sich vom religiösen Verständnis schied, haben wir Probleme, enge städtische bürgerliche Bindungen herzustellen. Um in einer multikulturellen Stadt den anderen anzuerkennen und Toleranz sowie „bürgerliches Mitgefühl" aufzubringen, muß man ein physisches Bewußtsein für den Mangel in sich haben, einen Sinn für die Unzulänglichkeit des Fleisches und des Genusses.[20] Folgt man dieser Analyse, kann man sagen, daß Islamismus der Versuch ist, ein Phänomen wiederherzustellen, das durch den Säkularismus unterdrückt wurde. Es ist der Versuch, die soziale Verbindung zwischen Subjektivität und Öffentlichkeit durch die Wiedereinführung religiöser körperlicher Übungen und Rituale wiederherzustellen. Frauen sind die wichtigsten Akteure in diesem Prozeß, da sie die Grenzen zwischen privat und öffentlich, dem Erlaubten und dem Unerlaubten, zwischen Körper und Imaginärem offenbaren. Islamische Subjektivität wird durch Beachtung strenger körperlicher Zucht in der Öffentlichkeit vorgeführt. Der muslimische Körper wird für islamistische Aktivisten zum Ort des Widerstands gegen die säkularistische Moderne. Er ist der Ort, wo Differenz und Verbot zur Ausformung eines neuen Subjekts (weder muslimisch noch modern) und einer neuen Soziabilität verknüpft werden. Einerseits wird das neue Subjekt modern, andererseits erinnert es alle an die Grenzen und die Verbote, an „die verbotene Moderne".[21] Dementsprechend wird die Frage der Toleranz auch zur Frage des Tolerierens des Angeeigneten, der verinnerlichten Erfahrung der Moderne.

Paradoxerweise kann die islamische Kritik der Moderne als eine neue Stufe des indigenen Aneignungsprozesses der Moderne in nicht-westlicher Umgebung interpretiert werden. Das islamische Subjekt bildet sich sowohl durch Befreiung von traditionellen Bestimmungen und Rollen der muslimischen Identität als auch im Widerstand gegen die moderne soziale Ordnung aus. Alain Touraine behauptet, daß das Subjekt seine Existenz einem sozialen Konflikt, einer kollektiven Tat verdanke, die Kritik an der etablierten Ordnung, dem erwarteten Rollenverhalten und der Logik der Machtverhältnisse übt.[22] Das islamische Subjekt wurde durch eine kollektive Tat geschaffen, das die Unterdrückung der muslimischen Identität durch die Gemeinschaft wie durch die Moderne kritisiert. Die

Suche nach Unterschieden, nach Authentizität, ist Ausdruck eines kritischen Widerstands gegenüber assimilierenden Strategien und homogenisierenden Praktiken der Moderne. Speziell in nichtwestlicher Umgebung ist die reflexive[23] Natur der Moderne, d. h. die kritische Fähigkeit, die eigenen Grenzen zu überwinden, schwach ausgebildet. Kritik der Moderne entsteht, wenn die Moderne zur indigenen, alltäglichen Praxis wird. Die Anerkennung der verschiedenen Quellen der Toleranz ist nur möglich, wenn ein mentaler und gesellschaftlicher Ort der Kritik der Moderne von innen heraus existiert.

## Anmerkungen

1  Vgl. Charles Taylor und Benjamin Lee, Multiple Modernities Project, Modernity and Difference, Center for Transcultural Studies, 1998, S. 10.

2  Zur Diskussion über Islamismus und Feminismus vgl. Nilüfer Göle, „Feminismus, Islamismus und Postmodernismus", in: Feminismus, Islam, Nation, Claudia Schöning-Kalender, Ayla Neusel, Mechtild M. Jansen (Hg.), Frankfurt/M., New York 1997.

3  Vgl. Emmanuel Sivan, Radical Islam. Medieval Theology and Modern Politics, New Haven 1985, S. 50–82.

4  Der Begriff *gharbzadegi* wurde zuerst von dem iranischen Denker Jalal Ali Ahmad benutzt und war bei der Generation der iranischen Jugend in den siebziger Jahren des 20. Jahrhunderts gebräuchlich.

5  Vgl. Mehrzad Boroujerdi, Iranian Intellectuals in the West. The Tormented Triumph of Nativism, New York 1996.

6  Vgl. Farhad Khosrokhavar und Oliver Roy, Iran: Comment sortir d'une révolution religieuse?, Paris 1999.

7  Vgl. Karl Popper, „Toleration and intellectuell responsibility", in: S. Mendus und D. Edwards (Hg.), On Toleration, Oxford 1987.

8  Vgl. Daniel Sibony, Les trois monothéismes: Juifs, Chrétiens, Musulmans entre leurs sources et leurs destins, Paris 1992, S. 331.

9  Vgl. a.a.O., S. 312.

10  Vgl. Nicole Pope, „Parliament opens amid controversy", Turkeyupdate.com, 3. Mai 1999.

11  Einer Umfrage über „politische und soziale Werte" zufolge, die im Oktober 1999 von der Stiftung für politische Wissenschaft in Istanbul (IMV-SAM) durchgeführt wurde, sind 61 % der türkischen Bevölkerung der Ansicht, daß Merve Kavakci ihr Kopftuch im Parlament hätte abnehmen sollen.

12  Vgl. Nicole Pope, Turkeyupdate.com, 17. Mai 1999.

13  Vgl. Habermas and the Public Sphere, hg. von Craig Calhoun, Cambridge, Mass. 1992.

14  Vgl. Simonetta Tabboni, „Le multiculturalisme et l'ambivalence de l'étranger", in: Une société fragmentée?, hg. v. Michel Wieviorka, Paris 1997, S. 239–240.

15  Vgl. Nilüfer Göle, Republik und Schleier. Die muslimische Frau in der Moderne, Berlin 1995.

16  Vgl. Erving Goffman, Les cadres de l'expérience, Paris 1991, S. 415.

17  Vgl. Seyla Benhabib, Selbst im Kontext, Frankfurt/M. 1995.

18  Vgl. Danilo Martuccelli, Sociologies de la modernité, Paris 1999, S. 447.

19  Vgl. Richard Sennett, Fleisch und Stein. Der Körper und die Stadt in der westlichen Gesellschaft, Berlin 1995.

20  Vgl. ebd.

21  Vgl. The Forbidden Modern, Titel der englischen Ausgabe meines Buches Republik und Schleier.

22  Vgl. Alain Touraine, Critique de la modernité, Paris 1993, S. 337.

23  Vgl. Ulrich Beck, Anthony Giddens, Scott Lash, Reflexive Modernisierung, Frankfurt/M. 1996.

(Aus dem Englischen von Gennaro Ghirardelli)

# Wilfried Härle

# Wahrheitsgewissheit
# als Bedingung von Toleranz

Vor genau 40 Jahren hat der Heidelberger Reformationshistoriker Heinrich Bornkamm in dem einschlägigen RGG-Artikel[1] die Problem- und Begriffsgeschichte von Toleranz und Christentum wie folgt zusammengefasst: „Das Christentum ist in seiner Geschichte immer wieder vor die doppelte Aufgabe gestellt worden, Toleranz zu erringen und Toleranz zu gewähren. Dabei verschlingen sich jeweils religiöse und philosophische Voraussetzungen untrennbar mit rechtlichen, politischen und wirtschaftlichen Gegebenheiten. Die historische Leitlinie bildet die rechtliche, öffentliche Toleranz, in der die Gesinnungs-Toleranz erst geschichtswirksam wird. (...) Die öffentliche Toleranz reicht von beschränkter Duldung bis zu vollkommener, nur durch die allgemeinen Staatsgesetze begrenzter Freiheit. Ihre Geschichte durchläuft drei Situationen: a) konfessionelle Staatseinheit (mit unterdrückten oder geduldeten Häresien), b) konfessionelle Pluralität auf christlicher Basis, c) religiöse Neutralität (einschließlich des Atheismus). Wenn sich die großen Einschnitte dazwischen (Reformation und Spätaufklärung/19. Jahrhundert) auch deutlich abzeichnen, so ist der Ablauf doch im einzelnen ganz verschieden. Die Übergänge zwischen den drei Situationen sind das eigentliche Thema der Toleranzgeschichte. Die (noch nicht untersuchte) Wortgeschichte folgt der Problemgeschichte. Der Tugendbegriff tolerantia (Leidensfähigkeit, Geduld) erhält vor der Mitte des 16. Jahrhunderts (deutsch zuerst bei Luther 1541 nachgewiesen) den zweiten Sinn der vorläufigen Duldung (befristet durch den erhofften Sieg der Wahrheit oder eine spätere Regelung durch ein Konzil oder dgl.), dann im 17./18. Jahrhundert den einer christlich-humanen Grundpflicht des Staates und wandelt sich in der Aufklärung wieder in eine Tugend (Weitherzigkeit, Friedfertigkeit)."

Dieses knappe, gehaltvolle Resümee, dem ich in fast[2] jeder Hinsicht zustimmen kann, verweist mit der Nennung von „Reformation und Spätaufklärung" zurecht auf die beiden „großen Einschnitte", die in der Entwicklungsgeschichte des Toleranzgedankens als Zäsuren zwischen den drei genannten „Situationen" besondere Beachtung verdienen. Auf sie will ich in der folgenden Abhandlung das Augenmerk richten, indem ich zwei Texte einer genaueren Betrachtung und Analyse unterziehe, die für das Verständnis und für die Wandlung des Toleranzbegriffs, insbesondere aber für die Beziehung zwischen Religion und Toleranz von außerordentlicher sachlicher Bedeutung sind: Luthers Disputatio de iustificatione von 1536 sowie die Ringparabel aus Lessings Drama „Nathan der Weise" aus dem Jahre 1779. Während der Luther-Text erst durch einen im Jahr 1981 in Wien gehaltenen und gleichzeitig in der Zeitschrift für Theologie und Kirche[3] veröffentlichten Vortrag von Gerhard Ebeling in seiner Bedeutung für das Toleranzverständnis ins Bewusstsein der Öffentlichkeit gerückt wurde, hat die Ringparabel schon seit langem den Rang eines Klassikers und gilt als magna charta religiöser Toleranz schlechthin. In einer kleinen Studie[4] habe ich bereits vor zehn Jahren die Vermutung geäußert und zu begründen versucht, dass der Toleranzgedanke der Aufklärung, wie er in der Ringparabel Lessings Ausdruck findet, „eine Übergangserscheinung"[5] darstellt, die entweder zur Auflösung des Toleranzgedankens führt, sofern dieser von der Wahrheitsfrage abgelöst wird, oder zu einer Vertiefung des Toleranzverständnisses durch Wiedergewinnung des Anschlusses an seine begriffliche (und reformatorische) Ursprungsgeschichte. Diese Hypothese möchte ich hier aufgreifen und in Form einer Analyse der beiden genannten Texte zu plausibilisieren versuchen. Von daher ergeben sich dann grundlegende Einsichten in und Anfragen an das Verhältnis von Religion und Toleranz unter den Bedingungen von Säkularisierung bzw. Pluralismus, die abschließend thematisiert werden sollen.

Dem Ganzen ist jedoch ein kurzer Abschnitt vorangestellt, der der begriffsgeschichtlichen Vorklärung und Verständigung dienen soll.

## 1. Begriffsgeschichtliche Vorklärung

„Toleranz ist die Duldung von Personen, Handlungen oder Meinungen, die aus moralischen oder anderen Gründen abgelehnt werden; sie wird meist öffentlich von Individuen oder Gruppen entweder praktiziert oder gefordert und argumentativ begründet."[6] Im Hintergrund dieser in ihrer Schlichtheit eindrücklichen Definition steht natürlich das lateinische Verbum „tolerare" bzw. das lateinische Substantiv „tolerantia".

Das heißt freilich keineswegs, dass das Substantiv „tolerantia" von Anfang an die eben als Definition eingeführte Bedeutung gehabt hätte. Vielmehr gibt es eine sowohl in die Stoa als auch in biblische und patristische Texte zurückreichende Begriffsgeschichte, in der „tolerantia" – häufig als Synonym des griechischen „ὑπομονή" – als Bezeichnung für eine individuelle Tapferkeitstugend auftaucht, die „das geduldige Ertragen von (physischen) Übeln wie etwa Schmerzen, Folter, Schicksalsschlägen oder militärischen Niederlagen" sowie die „Leidensfähigkeit des Gläubigen" und seine Geduld benennt.[7]

Andererseits kennen offensichtlich bereits die griechische Antike, der römische Staat, aber auch der Islam eine institutionalisierte „Toleranz der Religionen" bzw. „die sowohl religiös als auch politisch motivierte Duldung Andersgläubiger in gewissen Grenzen"[8], ohne dass dafür der Toleranz-Begriff verwandt würde. Es scheint so, als habe erst Augustinus mit dem Toleranzbegriff die sozialethische Forderung der Duldung von Andersgläubigen, sündigen Mitchristen oder moralisch anstößig lebenden Mitmenschen verbunden, die in der oben genannten Definition von „Toleranz" gemeint ist.[9]

Aus diesen knappen, skizzenhaften Bemerkungen zur Begriffsbedeutung wird bereits erkennbar, worin das – zweifache – sog. „Paradox der Toleranz"[10] besteht. „Widersprüchlich ist [richtiger: erscheint] bereits die Forderung der Duldung dessen, was begründetermaßen abgelehnt wird; zu substantiellen Selbstwidersprüchen führt die Forderung, auch intolerantes Verhalten zu tolerieren."[11] Das erste Paradox stellt nur einen *Schein*widerspruch dar, weil es stets übergeordnete, höherrangige Gründe dafür geben kann, etwas zu dulden, was man mit guten inhaltlichen Gründen und aus voller Überzeugung ablehnt. Das zweite Paradox führt jedoch tatsächlich zu einem Selbstwiderspruch. Bezogen auf fremdes Verhalten handelt es sich zwar (nur) um einen *pragmatischen* Widerspruch, der aber nichts desto weniger zerstörerischen Charakter hat; im Blick auf eigenes Verhalten ist die Duldung von Intoleranz hingegen sowohl in pragmatischer als auch in logischer Hinsicht selbstwidersprüchlich, also schlechthin inkonsistent.

Deswegen bedarf die zu Beginn dieses Abschnitts zitierte Definition insofern einer impliziten oder expliziten präzisierenden Ergänzung, als in sie aufgenommen werden muss, dass die Duldung sich nicht auch auf Handlungen oder Meinungen erstrecken kann, die ihrerseits als intolerant zu kennzeichnen sind. Das eigentlich Schwierige und auf der Ebene von Begriffsdefinitionen wohl nicht lösbare Problem bildet jedoch die Frage, ob eine solche Begrenzung von Toleranz sich auch auf Personen beziehen kann (darf oder muss), die ihrerseits als (programmatisch) intolerant zu bezeichnen sind. Darf (tolerante) Unduldsamkeit sich also nur auf (intolerante) *Handlungen* und *Meinungen* beziehen oder auch auf (intolerante) *Personen*?

Eine begrifflich, ethisch und christlich-religiös akzeptable Lösung dieses Problems ist wohl nur möglich unter Zuhilfenahme der für die reformatorische Theologie wesentlichen Unterscheidung zwischen Person und Werk[12] eines Menschen. Ihr zufolge hätte auch der (programmatisch) intolerante *Mensch* als Person Anspruch auf Toleranz, während gleichzeitig seine intoleranten Handlungen und Meinungen nicht zu tolerieren, also nicht zu dulden wären. Diese Unterscheidung hat in der Geschichte immer wieder Kritik erfahren, weil sie als gekünstelt oder wirklichkeitsfremd erscheint, tatsächlich bildet sie jedoch eine Errungenschaft, ohne die z. B. strafrechtliche und andere Sanktionen schwerlich mit der Respektierung der Menschenwürde vereinbar sein dürften.

Nach dieser terminologischen Vorverständigung nun zum ersten Text: zu Luthers Thesen über die Toleranz Gottes.

## 2. Luthers Aussagen über die tolerantia Dei[13]

Luthers Rede von der „tolerantia Dei" bietet einen wichtigen Beitrag zum Toleranzverständnis aus christlicher, genauer gesagt: aus evangelischer Sicht, weil sie – trotz ihrer relativ schmalen literarischen Verankerung in Luthers Werk – in eigenständiger sprachlicher Gestaltung einen Zentralgedanken christlicher Verkündigung und Lehre zum Ausdruck bringt, der aus der neutestamentlichen Überlieferung bekannt ist als das Gebot der Feindesliebe[14]. Dieser Anknüpfungspunkt ist deswegen für das anstehende Problem wichtig, weil er nicht eine konfliktfreie, von Harmonie geprägte Form des Zusammenlebens voraussetzt, sondern im Gegenteil Feindschaft, Beleidigungen, Angriffe etc., also eine tiefgreifend *gestörte* Kommunikation und Interaktion. Der Ansatz ist weiterhin deswegen leistungsfähig, weil er nicht voraussetzt, dass zunächst eine interreligiöse Verständigung über bestimmte ethische, weltanschauliche oder dogmatische Voraussetzungen erreicht werden müsse (und könne), sondern genau in die vorausgesetzte Konfliktsituation hineinspricht. Der Ansatz ist schließlich deswegen von größter Bedeutung, weil er sich nicht auf einen Appell an die Moralität oder das Ethos der Menschen beschränkt, sondern vom Zentrum des christlichen Glaubens her eine Begründung gibt, die den Charakter einer bis in die Tiefe der Persönlichkeit hinein reichenden *Motivation* hat oder jedenfalls haben kann.

Luthers Ausführungen über die „tolerantia Dei" können deswegen ihre Bedeutung entfalten, weil damit der Blick weggelenkt wird von dem, was der Mensch zu tun hat, auf das, was Gott für ihn tut – und zwar unabhängig von seiner Moral, Religion oder Weltanschauung. Dabei wäre es ein Missverständnis, wenn man erwartete, dass Luther in seinen Thesen das Verhältnis der Christen zu den Anhängern anderer Religionen thematisierte. Zwar geht es in den Thesen um eine Grundunterscheidung, die sich auf den Glauben bezieht, aber diese Grundunterscheidung kann und darf nicht gleichgesetzt werden mit der zwischen Christen und Nichtchristen.

Thema der (insgesamt 35 Thesen umfassenden) dritten Thesenreihe über Römer 3, 28 ist die „ratio iustificandi"[15], was man in diesem Fall besser nicht mit „Grund der Rechtfertigung", sondern mit „Weise der Rechtfertigung" übersetzt. Und Luthers Hauptthese lautet: Man muss grundsätzlich unterscheiden zwischen der Weise, wie der Mensch *vor Gott* gerechtfertigt wird und der Weise, wie der Mensch *vor den Menschen* gerechtfertigt wird.[16] Der juristisch klingende Terminus „Rechtfertigung" bzw. „gerechtfertigt werden" darf hierbei nicht forensisch verengt verstanden werden, als gehe es nur um die Situation von Anklage und Verurteilung oder Freispruch. Es geht vielmehr *umfassend* um das Verhältnis der Anerkennung, Bejahung und des Ansehens vor Gott bzw. vor den Menschen.

Dass im Blick auf diese Frage unterschieden werden muss zwischen der Anerkennung, die ein Mensch vor Gott sucht bzw. findet und der Anerkennung, die er vor Menschen sucht bzw. findet, dürfte unmittelbar einleuchten und ist möglicherweise auch aus der Sicht anderer Religionen und Konfessionen gut nachvollziehbar. Schwieriger könnte es schon sein, der inhaltlichen Bestimmung dieser beiden Weisen von Rechtfertigung zuzustimmen. Hier vertritt Luther (im Anschluss an Paulus) mit Nachdruck die Auffassung, dass die Rechtfertigung vor Gott nicht durch die guten Werke des Menschen geschieht, und d. h. für ihn: durch das, worüber ein Mensch willentlich verfügt, was er also tun und lassen kann; sondern dass die Rechtfertigung vor Gott allein durch den Glauben, also das bedingungslose, daseinsbestimmende Vertrauen auf Gott in Christus geschieht, das einem Menschen aufgrund des Evangeliums durch den Heiligen Geist zuteil wird.[17] Dass aus diesem Glauben dann (gute) Werke *folgen*, und zwar mit innerer Notwendigkeit, hat Luther stets nachdrücklich betont,[18] aber ebenso nachdrücklich abgelehnt, dass diese Werke die Voraussetzung, Bedingung oder der Grund für die Rechtfertigung des Menschen vor Gott seien.

Für unsere Fragestellung ist nun noch ein anderer Aspekt maßgeblich. Luther setzt hier voraus, dass es eine Alternative gebe, der zufolge Menschen entweder die für ihr Leben entscheidende Rechtfertigung bzw. Anerkennung bei Menschen durch ihre Werke suchen (woraufhin sie bei Gott kein Ansehen und keine Rechtfertigung haben) oder ihre Rechtfertigung durch den Glauben vor Gott suchen (woraufhin sie vor den Menschen keine Rechtfertigung und kein Ansehen haben).

Von hier aus argumentiert Luther folgendermaßen weiter: Aufgrund des bisher Gesagten müsste man erwarten, dass Gott die Werke derer, die sich selbst vor den Menschen rechtfertigen wollen, zerstört und zunichte macht. Das ist aber, wie die Erfahrung und auch die Bibel lehren, keineswegs der Fall. So schwer es auch für Glaubende wie für Nicht-Glaubende zu fassen und zu begreifen ist[19] – Gott lässt diesen Menschen die besten Güter dieses Lebens zuteil werden, obgleich doch ihre Werke in seinen Augen Betrug, Heuchelei, Ungerechtigkeit und Bosheit sind.[20] Dies nun ist für Luther nicht anders zu beschreiben denn als Ausdruck der incomprehensibilis tolerantia et sapientia Dei.[21]

Gleichwohl versucht Luther zu verstehen, warum Gott so unfassbar tolerant mit denen umgeht, die ihre Gerechtigkeit nicht im Glauben vor Gott, sondern durch ihre Lebensleistung vor den Menschen suchen. Und er gibt zwei Antworten auf diese Frage: Die erste Antwort bewegt sich ganz auf der Linie, auf der auch schon Thomas von Aquin[22] (unter Berufung auf Augustinus) argumentiert hatte: Gott duldet ein kleineres Übel, damit nicht durch ein größeres Übel alles durcheinander gebracht oder zerstört werde.[23] Die zweite Antwort, die Luther gibt, lässt noch stärker seinen spezifischen theologischen Ansatz erkennen: Gott handelt so mit den Ungläubigen, weil er mit derselben Toleranz und Güte auch die (christliche) Kirche und seine Heiligen auf Erden erträgt.[24] Zwar suchen diese ihre Rechtfertigung durch den Glauben vor Gott, aber sie tun dies so bruchstückhaft, halbherzig, sündig, dass Gott sie nicht nach dem Maß ihres Glaubens und Gehorsams beurteilt, sondern um der Gerechtigkeit Christi willen annimmt und ihnen vergibt.[25]

Die beiden Aspekte der Toleranz Gottes, die ich hier – vereinfachend – im Anschluss an Luthers Disputationsthesen wiedergegeben habe, lassen sich im Blick auf unsere Themenstellung wie folgt fruchtbar machen: Die Toleranz Gottes kennt den Unglauben, den Ungehorsam und die selbstzerstörerische Tendenz menschlichen Handelns. Davon wird nichts beschönigt, verharmlost oder „entschuldigt". Gleichwohl gibt es eine Perspektive, die dieses Wissen und dieses scharfe Urteil umfängt und in einen neuen Horizont rückt: Es ist die erhaltende und erlösende *Liebe Gottes*, die bereit ist, alles zu ertragen, zu erdulden, zu erleiden um des geliebten Menschen willen.

Es ist auffällig, dass Luther an dieser Stelle, anders als die entsprechenden neutestamentlichen Aussagen in Mt 5, 43–48 und Lk 6, 27–35 – daraus keine ethischen Folgerungen zieht im Blick auf das unter Menschen gebotene Handeln. Er lässt die Aussagen über die Toleranz Gottes als *reinen Indikativ* stehen. Dadurch wirken sie m. E. umso stärker – auch umso motivierender. Sie verweisen unübersehbar, aber ohne jeden moralisch erhobenen Zeigefinger darauf, dass Glaubende wie Nicht-Glaubende, und ich ergänze: Christen wie Nicht-Christen von derselben Toleranz Gottes leben, die die Unterschiede zwischen ihnen nicht aufhebt, aber im Blick auf das – gemeinsame – Gewährtsein des Lebens radikal relativiert.

Das Neue Testament kennt zwar auch – im Gleichnis vom so genannten Schalksknecht (Mt 18, 21–35) – den geradezu absurden Fall, dass einem Menschen eine unbezahlbar hohe Schuld und damit das ganze Leben geschenkt wurde und er alsbald hingeht, seinen Mitknecht packt und in das Schuldgefängnis werfen lässt, bis der ihm seine geringe Schuld bezahlt. Aber gerade in der Absurdität dieses Handelns wird noch einmal deutlich, dass es eigentlich unmöglich ist, dass ein Mensch die Toleranz Gottes an sich erfahren und in ihrer Tiefe und Weite verstanden haben könnte und gleichwohl nicht bereit wäre, seinem Mitmenschen gegenüber Toleranz zu üben. Wer nach religiösen Wurzeln der Toleranz sucht: Aus der Sicht reformatorischer Theologie lassen sie sich in der Toleranz Gottes finden.

Es soll nun geprüft werden, wie sich dieses Toleranzverständnis in der Aufklärungszeit verändert. Als Modell hierfür wird der klassische Toleranztext: die auf Boccaccios Decamerone[26] zurückgehende Ringparabel aus Lessings Nathan gewählt.

## 3. Das Toleranzverständnis in Lessings Ringparabel

Die Ringparabel wird in Lessings Drama „Nathan der Weise"[27] vorbereitet und eingeleitet durch die Bitte von Sultan Saladin an Nathan, er möge, da er so weise sei, dem Sultan sagen, was für ein Glaube, was für ein Gesetz ihm am meisten eingeleuchtet habe, da man doch annehmen dürfe, dass ein Mann wie Nathan nicht da stehen bleibe, „wo der Zufall der Geburt ihn hingeworfen: oder wenn er bleibt, bleibt er aus Einsicht, Gründen, Wahl des Bessern"[28].

Nathan erkennt, dass der Sultan mit dieser Bitte nichts anderes will als eine Antwort auf die *Wahrheitsfrage* bezogen auf die unterschiedlichen Religionen.[29] Da Nathan sich jedoch zugleich dessen bewusst ist, dass er dem Sultan nicht durch Rückgriff auf vorformulierte Glaubenslehren („Uralte Münze, die gewogen ward"[30]) antworten kann, sondern nur durch eigene, selbstformulierte Überzeugungen („neue Münze"[31]), und da er die nicht anzubieten hat (oder dem Sultan nicht offerieren will), flüchtet er sich in die rettende Idee, dem Sultan – wie einem Kind – ein „Märchen"[32] zu erzählen und ihn damit zufrieden zu stellen: eben die Ringparabel.[33]

Die Exposition der Parabel bestätigt (zunächst) ausdrücklich die Prämisse, von der Saladin bei seiner Frage an Nathan ausgegangen war, dass nämlich von den drei Religionen Judentum, Christentum und Islam „doch eine nur die wahre sein"[34] könne. Der Vater, der seinen drei, ihm gleich lieben Söhnen in „fromme(r) Schwachheit"[35] nach seinem Tod den *einen* Ring versprochen hatte, der die geheime Kraft besaß, „vor Gott und Menschen angenehm zu machen, wer in dieser Zuversicht ihn trug"[36], sah sich vor seinem Tod genötigt, zwei Duplikate des Rings anfertigen zu lassen, die er selbst nicht vom Original unterscheiden konnte, um daraufhin diese drei Ringe (den einen echten und die beiden Kopien) je gesondert seinen Söhnen zu übergeben.

Eine konfliktträchtige Dynamik ergibt sich aus dieser Exposition freilich nur dadurch, dass aufgrund väterlicher Verfügung der Erbe des Rings zugleich „das Haupt, der Fürst des Hauses werde"[37]. Diese mit der geheimen Kraft des Ringes sekundär verbundene Machtposition wird nun naturgemäß zum Auslöser des Konfliktes, der die weitere Erzähldramatik bestimmt: „Kaum war der Vater tot, so kömmt ein jeder mit seinem Ring', und jeder will der Fürst des Hauses sein. Man untersucht, man zankt, man klagt. Umsonst; der rechte Ring war nicht erweislich; – fast so unerweislich, als uns itzt – der rechte Glaube".[38]

Die Söhne verklagen sich gegenseitig, und es kommt zum Prozess, in dem jeder sich (subjektiv wahrheitsgemäß, also wahrhaftig) auf die Übergabe seines Ringes durch den Vater beruft.[39] In dieser ausweglos erscheinenden Situation kommt in der Parabel dem Richter der rettende Einfall, die dem Ring eigene „Wunderkraft beliebt zu machen; vor Gott und Menschen angenehm"[40] zum Kriterium zu machen. Da jedoch die Wirkung auf Gott sich offenbar menschlicher Beurteilung entzieht, rekurriert der Richter nicht auf sie, sondern nur auf die Kraft, sich bei *Menschen* beliebt zu machen, und wendet dieses Kriterium auf die Brüder selbst an: „Nun; wen lieben zwei von euch am meisten?" Da der Beliebteste der Besitzer des echten Ringes sein müsste, würde das Eingeständnis der Liebe zugleich bedeuten, selbst nicht den wahren Ring (die wahre Religion) zu besitzen. Nicht die Liebesfähigkeit, sondern die Beliebtheit macht dieser Konstellation zufolge die Echtheit des Ringes bzw. die Wahrheit der Religion aus.

Die Tatsache, dass der Test des Richters negativ endet, führt in der Parabel zu einer tiefgreifenden Korrektur, durch die sogar die anfängliche Exposition radikal in Frage gestellt wird: „Eure Ringe sind alle drei nicht echt. Der echte Ring vermutlich ging verloren. Den Verlust zu bergen, zu ersetzen, ließ der Vater die drei für einen machen".[41] Damit wird – scheinbar oder tatsächlich – die bisherige Voraussetzung, es gebe eine (aber auch nur eine) wahre Religion, preisgegeben. Alle drei sind „betrogene Betrüger"[42]. Dies ist offensichtlich eine Anspielung auf die Friedrich II. von Hohenstaufen zugeschriebene Rede von den „drei Betrügern" (tres impostores): Mose, Jesus und Mohammed, die in der abendländischen Geschichte immer wieder auftaucht.[43]

Die Parabel ist indes mit diesem zweiten Lösungsmodell noch nicht zu Ende, da der Richter den Söhnen statt eines Spruches einen (guten) Rat erteilt: Er empfiehlt jedem der drei Söhne, trotz der Vermutung, dass der Vater den echten Ring habe verschwinden lassen, fest an die Echtheit des eigenen Ringes zu *glauben* und dies dadurch in die Tat umzusetzen, dass er „seiner unbestochenen von Vorurteilen freien Liebe" nacheifere, danach strebe, die Kraft des Steins dadurch an den Tag zu legen, dass er „dieser Kraft mit Sanftmut, mit herzlicher Verträglichkeit, mit Wohltun, mit innigster Ergebenheit in Gott" zur Hilfe komme.[44] *Dies* werde in einem künftigen (Jüngsten?) Gericht den Ausschlag geben.

Diese letzte Wendung der Parabel, die in der Erzähldramatik eher wie ein Anhang und Ausgleich wirkt, dürfte für Lessings Verständnis von Religion, Wahrheit und Toleranz von größter Bedeutung sein; denn hier vollzieht sich eine folgenreiche Umkehrung der Betrachtungsweise: Nicht erweist *sich* die Echtheit der Religion als Kraft, beliebt und angenehm zu machen, sondern die Religionen bzw. ihre Anhänger müssen versuchen, diesen Echtheitsbeweis selbst *zu erbringen*, indem sie Liebe, Sanftmut, Verträglichkeit etc. praktizieren. D. h. aber: Nicht die (wahre) Religion bringt das sittlich richtige Verhalten hervor, sondern das sittlich richtige Verhalten *macht die Religion zur wahren Religion*. Wenn es aber so ist, dann ist *jede* Religion, die Nächstenliebe und Toleranz praktiziert, eine *wahre* Religion. Es kann folglich *mehr als einen* echten Ring geben, im Prinzip unbegrenzt viele.

Blickt man auf den Verlauf, die Weichenstellungen und Resultate der Ringparabel zurück, so wird man konstatieren müssen, dass sich in ihr – bezogen auf das Verständnis und Verhältnis von Religion und Toleranz – zwei äußerst folgenschwere Veränderungen vollziehen: die Ersetzung der (positiven) Religion durch Sittlichkeit und damit verbunden die Verwandlung der (als Duldung verstandenen) Toleranz in Freundlichkeit und Verträglichkeit. Und der Grund für beide Wandlungsvorgänge ist ein und derselbe: das Verschwinden bzw. die Verabschiedung der religiösen *Wahrheitsfrage*, von der doch die Parabel ihren Ausgang genommen hatte.

Oder sollte dies doch nicht die *ganze* Wahrheit des Märchens sein, das Nathan Saladin erzählt?[45]

Wenn dies die ganze Wahrheit und Botschaft wäre, dann müsste aus der Sicht reformatorischer Theologie jedenfalls auf ein mögliches Reflexionsdefizit hingewiesen werden: Woher wird einem Menschen die Motivation und Kraft zur vorurteilsfreien Liebe zuteil? Versteht sie sich von selbst? Bedarf es zu ihrer Aktualisierung nur des Appells und/oder der Einsicht? Oder liegt dem notwendigerweise die Erfahrung eines unbedingten Bejaht- und Angenommenseins zugrunde, die den Menschen erst von der Fixierung auf zu erringende, zu verdienende Akzeptanz freimacht und ihn damit zur Bejahung, Annahme und Akzeptanz anderer frei werden lässt?

Man könnte den Rat des Richters: „So glaube jeder sicher seinen Ring den echten"[46] als eine Reminiszenz an diesen notwendigen Zusammenhang lesen, wenn nicht in den darauf folgenden Sätzen[47] sofort der illusionäre Charakter dieses Glaubens betont würde.[48]

Ebenso wichtig ist für unser Thema jedoch die Feststellung, dass gerade in diesem Text, der als klassischer Beleg religiöser Toleranz gilt, der Toleranzgedanke Schritt für Schritt verabschiedet wird. Christoph Schrempf[49] hat deswegen wohl recht, wenn er mit Blick auf die Ringparabel im „Nathan" konstatiert: Die Hauptfiguren des Dramas hätten „sich also wohl den Rat des Richters so zu Herzen genommen, daß ihnen die Echtheit ihrer Ringe nachgerade ziemlich gleichgültig geworden ist (…). Ihre Toleranz kann keinen tiefen Eindruck machen: was sie aneinander zu tolerieren haben, ist für sie ein Nichts."

Von da aus ist es nur ein kleiner Schritt zu der programmatischen *Auflösung* des Toleranzgedankens bzw. zu seiner Ersetzung durch die Forderung der „Anerkennung", wie sie schon von Goethe ausgesprochen wird: „Toleranz sollte eigentlich nur eine vorübergehende Gesinnung sein: sie muß zur Anerkennung führen. Dulden heißt beleidigen."[50] Solche Anerkennung wäre nun in zweierlei Weise denkbar: entweder aus einer Position, die die Wahrheit aller Religionen zu beurteilen und positiv zu bewerten erlaubt, also von einer Position *über* den Religion aus, oder aus einer Position, in der die Wahrheit der Religionen keine Rolle (mehr) spielt und deswegen gleichgültig ist. Da eine transreligiöse Position, die Einblick in deren Gewissheiten und Wahrheitsansprüche erlaubt, für ein endliches Subjekt schlechterdings unerschwinglich sein wird, bleibt wohl nur die letzte Möglichkeit einer Anerkennung aus Gleichgültigkeit im Blick auf die Wahrheitsansprüche der Religionen. Die ist zwar mit relativistischen Wahrheits- und Religionstheorien kompatibel und entspricht ihnen bestens, sie ist aber vermutlich mit keiner Religion[51] vereinbar. Was folgt daraus für das Toleranzverständnis unter den (säkularisierten oder pluralistischen) Bedingungen der Gegenwart?

## 4. Toleranz im Zeichen von Säkularisierung und Pluralismus

In unserer Zeit wird häufig – und mit drastisch ansteigender Tendenz seit dem 11. September 2001 – die Auffassung vertreten, Religion sei nicht die Wurzel oder Quelle von Toleranz, sondern im Gegenteil deren große Bedrohung und Infragestellung, jedenfalls sofern es sich um „dogmatische", „nicht-aufgeklärte Religion" handle, die ihre eigenen Wahrheitsüberzeugungen zu relativieren nicht bereit oder in der Lage sei. Die Beobachtungen zu Lessings Ringparabel haben demgegenüber – ganz im Gegenteil – die Vermutung bestärkt, dass Toleranz mit der Religion (und zwar der auf Wahrheitsgewissheit basierenden Religion) möglicherweise ihr Fundament, jedenfalls aber ihren *Gegenstand* und damit sich selbst verliert.[52]

Aber spricht dies *gegen* die Verabschiedung und den Verlust der *Religion*? Könnte es nicht auch *für* die Verabschiedung oder den Verlust des *Toleranzgedankens* sprechen? Löst – um es salopp zu formulieren – die Toleranz nicht möglicherweise nur ein Problem, das wir ohne die Religionen gar nicht hätten? Dienen also Religion und Toleranz miteinander zur Erhaltung und Bearbeitung einer Konfliktsituation, deren Verschwinden eher zu begrüßen als zu beklagen wäre?

Wenn Religion ein für die menschliche Bildung (als Individuum und Humanum) verzichtbarer, entbehrlicher, überflüssiger oder gar schädlicher Aspekt wäre und wenn Menschen außerdem über ihre Religion so verfügen würden, dass sie sie gewissermaßen an- oder abschalten können, sie sich zulegen oder abstoßen, dann müsste man die genannten Fragen wohl bejahen. Aber kann man sich diese Auffassungen im Ernst zu eigen machen?

Nach dem Zweiten Weltkrieg gab es eine etwa drei Jahrzehnte während philosophische, theologische und sozialwissenschaftliche Diskussion, die unter dem Vorzeichen des *Säkularisierungs*paradigmas stand.[53] Diese Diskussion erreichte zwar nur eine geringe begriffliche und analytische Schärfe, war aber gleichwohl deswegen außerordentlich wirksam, weil sie – zumindest für Mittel- und Westeuropa – eine gewisse diagnostische Kraft zu haben schien, die auch durch empirische Untersuchungen gestützt wurde. Demzufolge konnte der Eindruck entstehen, dass in diesem Bereich nicht nur ein (irreversibler) Prozess der Ent*kirch*lichung vonstatten gehe, sondern auch die (Schreckens- oder Hoffnungs-)Vision eines *religionslosen* Zeitalters[54] in greifbare Nähe rücke.

Spätestens in den Achtzigerjahren des 20. Jahrhunderts ist allgemein bewusst geworden, dass das Säkularisierungsparadigma eher irreführend als orientierend ist und deswegen dringend der Ersetzung durch ein anderes, leistungsfähigeres Paradigma bedarf. Dies wurde denn auch in der Rede vom „weltanschaulich-religiösen Pluralismus" gefunden und hat sich seitdem (trotz ebenfalls inhärenter begrifflicher Unschärfen) eindrucksvoll bestätigt.[55] Solange der Pluralismus lediglich als eine Konkretisierung oder Veranschaulichung von Säkularisierung verstanden wurde, änderte sich an der oben skizzierten Verabschiedung des (positiven) Religions- und Toleranzgedankens nichts Grundsätzliches. In dem Maße, in dem jedoch erkennbar wurde und erkennbar wird, dass umgekehrt der weltanschaulich-religiöse Pluralismus die übergeordnete und diagnostisch orientierungskräftige Kategorie ist, der Säkularisierungstendenzen zu- und unterzuordnen sind, ist dieser prinzipiell relativistische Weg des Umgangs mit weltanschaulich-religiöser Vielfalt (und ihrer prinzipiellen Bejahung) verbaut.

Nun stellt sich erneut die Frage danach, wie differierende (oder sogar einander widersprechende) religiöse Wahrheitsgewissheiten innerhalb eines gemeinsamen gesellschaftlichen Kontextes so ausgehalten, ertragen (und möglicherweise sogar fruchtbar gemacht) werden können, dass sie weder inhaltlich vergleichgültigt noch im Widerspruch zu ihrer umfassenden Orientierungsbedeutung in die Privatsphäre abgedrängt werden. Die Frage nach der Pluralismusfähigkeit der Gesellschaft ist damit faktisch inhaltsgleich mit der Frage nach ihrer Toleranzfähigkeit (im Sinne des hier vorausgesetzten ursprünglichen Toleranzbegriffs). Damit stellt sich die

Frage nach den spezifisch religiösen Wurzeln von Toleranz neu und mit neuer Dringlichkeit.

Es wäre jedoch unbefriedigend, wenn diese Frage lediglich dadurch beantwortet würde, dass die verschiedenen Religionen und Weltanschauungsgemeinschaften sich selbst und gegenseitig versichern, Toleranz gehöre auch zu ihren Werten oder normativen Überzeugungen, die sie nicht nur von anderen einfordern, sondern selbst in das gesellschaftliche und interreligiöse Miteinander einzubringen bereit seien. Konstruktiv und weiterführend wird eine solche Antwort allerdings erst dann, wenn sie sich verbindet mit einer möglichst konkreten Bestimmung und Beschreibung dessen, was jeweils unter „Toleranz" verstanden wird und wenn sie die je eigenen theologischen bzw. weltanschaulich-religiösen *Gründe* durchsichtig macht, durch die sie sich zu solcher Toleranz verpflichtet wissen.

Während sich von daher eine pluralistische Situation im Blick auf Konzepte und Konzeptionen der Toleranz ergibt, die weder irritierend noch bedrohlich sein muss, verschärft sich die Situation dann radikal, wenn eine Religion oder Weltanschauungsgemeinschaft sich nicht in der Lage sieht, den Toleranzgedanken mit ihren Grundüberzeugungen zu verbinden und zu vereinbaren. Das ist vor allem dort der Fall, wo eine Religion oder Weltanschauungsgemeinschaft die Existenz abweichender religiös-weltanschaulicher Überzeugungen und Lebensformen eo ipso als Bedrohung und Infragestellung ihrer eigenen Identität empfindet und beurteilt. Kommen in diesem Fall die Möglichkeiten des Dialogs und der friedlichen Konvivenz der Religionen an ihr Ende, so dass nun allenfalls noch vom (säkularen) Staat und seiner Rechtsordnung die Vorgaben für ein erträgliches Nebeneinander erhofft und erwartet werden können? Das wäre dann die Situation, wie sie im Abendland am Ende des Dreißigjährigen Krieges zu bestehen schien und wahrgenommen wurde: der Erweis der Friedensunfähigkeit der Religionen,[56] die deren Zurückdrängung aus dem öffentlichen Leben und ihre politische Domestizierung erforderlich zu machen scheint. Eine solche Situation kann aus der Sicht der christlichen Religion (und vermutlich gilt das ebenso für andere Religionen) nur als Übelstand wahrgenommen und beurteilt werden. Und das bedeutet: *Wenn* es Möglichkeiten und Potentiale in den Religionen gibt, konstruktiv auf das Problem der Toleranzunfähigkeit einzelner Religionen und Weltanschauungen zu reagieren, dann verdienen diese gegenüber einer bloß staatlich auferlegten und aufgezwungenen Friedenspflicht den Vorzug. Gibt es im Christentum solche Möglichkeiten und Potentiale?

Ich sehe an vier Punkten dafür Ansätze. Diese sollen nun abschließend kurz genannt werden:

a) Eine für den christlichen Glauben wesentliche Einsicht besagt, dass das Zustandekommen von christlichem Glauben sich nicht dem Wollen, Bemühen oder Entscheiden des *Menschen* verdankt, sondern auf einer dem Menschen zuteilwerdenden Gewissheit basiert, die ihrerseits als Gabe *Gottes* zu verstehen ist.[57] Das heißt nicht, dass die personale Beteiligung des Menschen beim Zustandekommen des Glaubens ausgeschlossen wäre, wohl aber besagt es, dass das Glauben hervorrufende Wirken *Gottes* eine notwendige Bedingung dafür ist, dass ein Mensch zum Glauben kommt.[58] Daraus folgt einerseits, dass kein Mensch einen Grund hat, sich seines Glaubens zu rühmen, andererseits, dass auch der Unglaube von Menschen als etwas verstanden werden muss, was jedenfalls unter Gottes *Zulassung* geschieht. Dieses Verständnis des Glaubens (und des Unglaubens) hat Konsequenzen für die Einstellung zu Menschen anderen Glaubens bzw. für Anhänger anderer Religionen und Weltanschauungen. Auch wenn nicht gesagt werden kann, dass deren Glaube (oder Überzeugung) das Werk Gottes sei, so muss doch zugestanden werden, dass auch dieser Glaube (oder diese Überzeugung) unter Gottes Zulassung steht und dass er – auch deshalb – als Ausdruck von deren *Gewissheit* zu respektieren ist. Es ist eine noch zu erwägende Frage, ob die Einsicht, dass die den Glauben ermöglichende Gewissheit als Werk *Gottes* zu verstehen ist, auch aus der Sicht anderer Religionen gilt oder jedenfalls gelten könnte. Läge in einer solchen gemeinsamen Einsicht, obwohl sie sich auf ganz unterschiedliche Gewissheiten und Glaubensverständnisse bezieht, nicht ein beachtliches Potential für die Toleranz der Religionen untereinander?

b) In Abschnitt 1 und 2 dieses Aufsatzes war bereits von der für die reformatorische Theologie wesentlichen Unterscheidung zwischen Person und Werk – auch im Blick auf das Toleranzproblem – die Rede. Macht man sich diese Unterscheidung zu eigen, so lässt sich in sehr klarer, eindeutiger Weise Toleranz verbinden mit dem kompromisslosen Einstehen und Eintreten für die eigene Wahrheitsgewissheit. Toleranz bezieht sich dann auf die Duldung von Menschen mit ihren religiösen, weltanschaulichen Gewissheiten und Überzeugungen, ja sogar das Akzeptieren des Menschen, aber sie bedeutet kein Akzeptieren anderer Gewissheiten oder Überzeugungen, ja nicht einmal das Zugeständnis, alle Auffassungen seien gleichermaßen gültig (oder unsicher). Toleranz verbindet sich hier mit dem Zur-Geltung-Bringen der eigenen Position und u. U. mit der deutlichen Ablehnung anderer Positionen.[59] Im Fortgang unserer Untersuchung bestätigte sich sogar die Vermutung, dass *nur* unter der Voraussetzung eigener (und fremder) Wahrheitsgewissheit Toleranz überhaupt möglich sei. Dabei ist aber vorauszusetzen, dass das Eintreten, das für die *eigene* Überzeugung in Anspruch genommen wird, auch den Anhängern *fremder* Überzeugungen zugestanden wird. Dies findet allerdings dort seine Grenze, wo Menschen Überzeugungen vertreten, durch die genau diese Gleichberechtigung und damit die Basis des Zusammenlebens in Frage gestellt oder bestritten werden. Dies muss verhindert werden, ohne dass damit den Menschen, die diese Überzeugungen vertreten, ihr Daseinsrecht bestritten wird. Ist (auch) dies eine für die Konvivenz der Religionen allgemein akzeptierbare Basis?

c) Als ein Spezifikum der neutestamentlichen Aussagen zur Feindesliebe (die ihrerseits das tiefste Fundament des Toleranzgedankens bilden) zeigte sich ihr Charakter als *einseitige Vorleistung*, die sich nicht von einem entsprechenden Entgegenkommen der Gegenseite abhängig macht. Demzufolge kann Toleranz auch dort gewährt und praktiziert werden, wo sie von der Gegenseite (noch) nicht erwidert wird oder erwidert werden kann. Das betont das Neue Testament nicht nur im Blick auf die vorgängige Toleranz bzw. Liebe *Gottes*, sondern auch im Blick auf den entsprechenden Umgang der *Menschen* miteinander.[60] In diesem Sinne lässt sich auch die Botschaft von Lessings Ringparabel für den Toleranzgedanken fruchtbar machen. Allerdings ist hier – auch und gerade aus der Sicht der reformatorischen Theologie, insbesondere auf Grund ihrer Unterscheidung zwischen Person und Amt des Menschen – eine wichtige Ergänzung und Präzisierung notwendig: So heilsam es sein kann, wenn Toleranz einseitig (als „Vorleistung") erbracht wird, so unerlässlich ist es für dauerhaft gelingende soziale Beziehungen, dass (auch hinsichtlich der Toleranz) ein Verhältnis der *Wechselseitigkeit* besteht oder entsteht. Das heißt einerseits: Wer Toleranz für sich in Anspruch nimmt, muss sie auch anderen gegenüber praktizieren. Und es heißt andererseits: Wer Toleranz praktiziert, sollte für ihre Realisierung auch dort eintreten, wo sie noch nicht praktiziert wird.

d) Veränderungsprozesse, die die Identität von Personen, Gruppen oder Gemeinschaften betreffen, werden freilich in der Regel dadurch erschwert oder sogar verunmöglicht, dass sie von *außen gefordert* oder sogar *aufgenötigt* werden. Aus gut nachvollziehbaren Gründen befördert solcher Druck von außerhalb das Gefühl der Bedrohung oder des Verlustes der eigenen Identität. Und deshalb löst dieser Druck eher Widerstand, Verhärtung und Abkapselung aus als Öffnung und Bereitschaft, sich zu verändern. Diese Einsicht steht in enger Beziehung zu dem in Abschnitt 2 angesprochenen Gedanken, dass für die Ermöglichung von Toleranz die Erfahrung von *zuteilwerdender* oder *zuteilgewordener* Toleranz günstiger und wirkungsvoller ist als die Begegnung mit der *Forderung*, Toleranz zu praktizieren. Deshalb ist es wohl der wirksamste Beitrag, den eine Religion zur Schaffung, Entwicklung und Stärkung von Toleranz leisten könnte, wenn sie anderen die Erfahrung zuteil werden lassen kann, toleriert zu werden. Dies ist aber nur möglich im Vertrauen darauf, dass einseitig gewährte Toleranz nicht ausgenutzt wird, sondern auf fruchtbaren Boden fällt und Nachahmung findet. Damit verbindet sich die Hoffnung, andere auf diese Weise nicht nur für den Toleranz*gedanken*, sondern für eine *Konvivenz der Religionen und Weltanschauungen im Geist der Toleranz* zu gewinnen.

### Anmerkungen

1 Art. „Toleranz II. In der Geschichte des Christentums", RGG³, Bd. VI/1962, Sp. 933f.

2 Die Einschränkung bezieht sich vor allem auf die Aussage, die Wortgeschichte von „Toleranz" sei noch nicht untersucht. Inzwischen liegen in Form des Art. „Toleranz" von K. Schreiner und G. Besier, in: O. Brunner u. a. (Hg.), Geschichtliche Grundbegriffe, Bd. 6/1990, S. 445–605 in ausführlicher Form sowie durch den Art. „Toleranz" von G. Schlüter und R. Grötker, in: HWBPh, Bd. 10/1998, Sp. 1251–1262 (mit umfangreichen Literaturangaben) in knapper Form die seinerzeit noch fehlenden wort- bzw. begriffsgeschichtlichen Untersuchungen vor.

3 Die Toleranz Gottes und die Toleranz der Vernunft, in: ZThK 78/1981, S. 442–464. Dieser Text wurde 1982 erneut veröffentlicht in dem von T. Rendtorff herausgegebenen Sammelband: Glaube und Toleranz. Das theologische Erbe der Aufklärung, Gütersloh 1982, S. 54–73. Dieser Sammelband ist insgesamt für das hier verhandelte Thema einschlägig.

4 Der Toleranzgedanke im Verhältnis der Religionen, in: W. E. Müller/H. H. R. Schulz, Theologie und Aufklärung. FS für G. Hornig, Würzburg 1992, S. 323–338.

5 A.a.O. S. 338.

6 So G. Schlüter/R. Grötker, Art. „Toleranz" (s. o. Anm. 2), Sp. 1251. Ich halte diesen Definitionsversuch insgesamt für gelungen. Lediglich das Wort „entweder" ist irreführend und überflüssig, da es den Anschein erwecken kann, zwischen „praktizieren", „fordern" und „begründen" bestünde eine *Alternative*.

7 A.a.O. Sp. 1252.

8 Ebd.

9 Ebd. Dort (Anm. 6–13) auch die Belegstellen bei Augustinus sowie bei Thomas von Aquin, der in der Summa theologiae (II/II, q10, a11) eine ähnliche Auffassung vertritt wie Augustinus.

10 G. Schlüter/R. Grötker, Art. „Toleranz" (s. o. Anm. 2), Sp. 1258.

11 Ebd.

12 Siehe dazu bei M. Luther z. B. WA 39/1, 69,16–70, 3 sowie 281,19–282, 7. Kurz und prägnant bringt Luther die Pointe dieser Unterscheidung zum Ausdruck in WA 39/1, 283,9: „opus non facit personam, sed persona facit opus". Vgl. zu dieser Unterscheidung auch E. Jüngel, Der menschliche Mensch. Die Bedeutung der reformatorischen Unterscheidung der Person von ihren Werken für das Selbstverständnis des neuzeitlichen Menschen, in: Ders., Wertlose Wahrheit, München 1990, S. 194–213.

13 Vgl. zum ganzen folgenden Abschnitt den in Anm. 3 genannten Aufsatz von G. Ebeling.

14 Die wichtigsten Belegstellen finden sich in der Bergpredigt (Mt 5, 43–48) bzw. in der Feldrede Jesu (Lk 6, 27–35). Vgl. aber auch Röm 12,14 und 20f. Es besteht ein breiter Konsens darüber, dass das Gebot der Feindesliebe, das aus dem Wirken *Gottes* begründet wird, ein für den christlichen Glauben zentrales, unverzichtbares Element zum Ausdruck kommt.

15 WA 39/1, 82,2.

16 A.a.O. 82,4f.: „aliam esse rationem iustificandi hominis coram Deo a ratione iustificandi eius coram hominibus".

17 So a.a.O. S. 83,24ff.: „Iam certum est, … iustitiam Christi … non posse nostris operibus comprehendi. Sed fides … ipsa comprehendit Christum".

18 So schon in Luthers Vorrede zum Römerbrief von 1522 (WA DB 7,10,6–13): „Aber glawb ist eyn gotlich werck ynn vns, das vns wandelt vnd new gepirt aus Gott … vnd todtet den allten Adam, macht vns gantz ander menschen von hertz, mut, synn, vnd allen krefften, vnd bringet den heyligen geyst mit sich, O es ist eyn lebendig, schefftig, thettig, mechtig ding vmb den glawben, das vnmuglich ist, das er nicht on vnterlas solt gutts wircken, Er fraget auch nicht, ob gutte werck zu thun sind, sondern ehe man fragt, hat er sie than, vnd ist ymer ym thun, Wer aber nicht solch werck thut der ist eyn glawbloser mensch, …". Ebenso WA 39/1, 46, 28–34: „Fatemur opera bona fidem sequi debere, imo non debere, Sed sponte sequi, Sicut arbor bona non debet bonos fructus facere, Sed sponte facit. Et sicut boni fructus non faciunt arborem bonam, Ita bona opera non iustificant personam. Sed bona opera fiunt a persona iam ante iustificata per fidem, Sicut fructus boni fiunt ab arbore iam ante bone per naturam."

19 A.a.O. S. 82,12 ff.: „Hoc est mysterium Dei Sanctos suos mirificantis, Quod non solum est impiis impossibile intellectu. Sed etiam ipsis piis mirabile et difficile creditu".

20  A.a.O. S. 82,21–24: „Iustitia vero hominis, ut eam Deus temporaliter honoret donis optimis huius vitae, tamen coram Deo larva est et hypocrisis impia. Et mirum est problema, Quod deus remuneret iustitiam, quam ipse reputet iniquitatem et malitiam".

21  A.a.O. S. 82,31.

22  STh II/II, q10, a11.

23  So WA 39/1, 82,31f. In den folgenden Thesen (15–19) nennt er dafür Beispiele.

24  A.a.O. S. 83,12f.: „Quin et cum Ecclesia et Sanctis suis in terra non dissimili tolerantia et bonitate agit".

25  So in den Thesen 21–27, a.a.O. S. 83,12–25.

26  Der Decamerone entstand zwischen 1348 und 1353, erschien erstmals 1470 auf italienisch (dt. 1472/73). Im Decamerone findet sich die Ringparabel im 1. Buch, in der 3. Novelle, die den Titel „Melchisedech Giudeo" trägt. (Sie ist unter dem Titel „Ringparabel" heute am leichtesten zugänglich in dem Taschenbuch-Band G. Boccaccio, Meistererzählungen, Zürich 1995, S. 25–28). Verglichen mit Lessings Version umfasst die Ringparabel Boccaccios nur deren Anfangsteil. Die ethisierende Fortsetzung stammt von Lessing (s. u. Anm. 38).

27  Dritter Aufzug, siebender Auftritt, zitiert nach: G. E. Lessing, Werke Bd. 2, hg. von H. G. Göpfert, München 1971, S. 276–280.

28  A.a.O. S. 274.

29  „Was will der Sultan? was? – Ich bin auf Geld gefasst; und er will – Wahrheit. Wahrheit! Und will sie so – so wahr, so blank, – als ob die Wahrheit Münze wäre!" (a.a.O. S. 274f.). Das Wort „Wahrheit" kommt in dem kurzen Selbstgespräch Nathans (auf 26 Zeilen) siebenmal vor.

30  A.a.O. S. 275.

31  Ebd.

32  Ebd.

33  Ebd.

34  A.a.O. S. 274.

35  A.a.O. S. 277.

36  A.a.O. S. 276.

37  A.a.O. S. 276.

38  A.a.O. S. 277f. Hier endet die Gemeinsamkeit zwischen Lessing und Boccaccio. Das Folgende hat Lessing eigenständig gestaltet.

39  In einem zwischengeschalteten Dialog zwischen Nathan und Saladin gibt Lessing gewissermaßen eine Lese- und Verstehensanweisung. Der für Nathan/Lessing wesentliche Unterschied zwischen den Religionen liegt weder in deren Lehren noch in ihren Gebräuchen, sondern in ihrer unterschiedlichen Begründung auf *Geschichte*, gemeint ist geschichtliche Offenbarung. Eben die könne aber „allein auf Treu und Glauben angenommen werden" (a.a.O. S. 278). D. h. aber: Der Rückgriff auf Geschichte und Offenbarung scheidet als *Wahrheitskriterium* im Streit der

Religionen – aus Lessings Sicht – notwendigerweise aus, da jeder sich unweigerlich an *seine* Überlieferung halten wird.

40  A.a.O. S. 279.

41  Ebd. Bis zu diesem Punkt der Entwicklung kann man sich H. Bornkamms (s. o. Anm. 1, Sp. 943) Urteil zu eigen machen: „Da der Weg zu ihr [sc. der Toleranz] vom Glauben her, wozu es bei Luther Ansätze gab, nicht gefunden wurde, war sie aus der Skepsis gegenüber dem Dogma erwachsen". Man muss allerdings fragen, ob das, was aus der Skepsis erwächst, wirklich sinnvoller Weise „Toleranz" genannt werden sollte (s. dazu unten bei Anm. 49).

42  Lessing (s. o. Anm. 27), S. 279.

43  S. dazu W. Gericke, Das Buch „De Tribus Impostoribus", Berlin 1982. Auf den Bezug zwischen Boccaccios Ringparabel und der Rede von den drei Betrügern verweist Gericke selbst auf S. 17.

44  Lessing (s. o. Anm. 27), S. 280.

45  Es gibt freilich theoretisch *eine* Möglichkeit, Lessings Auffassung zu Religion und Toleranz, wie sie in der Ringparabel aus dem „Nathan" exemplarisch erkennbar wird, anders zu interpretieren: nicht als Verabschiedung von der Wahrheitsfrage, sondern als deren *existentielle Umsetzung*. Man müsste dann voraussetzen, dass Lessing den Kern der christlichen Lehre, aber auch der jüdischen und islamischen Lehre im Liebesgebot erblickt und unter dieser Voraussetzung die Echtheitsfrage als Frage nach der Übereinstimmung zwischen Lehre und Verhalten der Religionen formuliert. In diesem Sinn interpretiert etwa H. Schultze (Lessings Toleranzbegriff. Eine theologische Studie, Göttingen 1969, S. 62) Lessings Position: „Die objektive Wahrheitsfrage wird [sc. in der Ringparabel] nicht bagatellisiert, sondern in ihrem Existenzbezug sichtbar gemacht." Ähnlich a.a.O., S. 60: „Diese Reduktion des Wahrheitskriteriums des Glaubens auf den Taterweis ist von Lessing ebenso wenig wie von der Aufklärung als Angriff auf die Religion überhaupt verstanden worden. So wie Jesus selbst das Doppelgebot der Liebe als den Inhalt des Gesetzes bezeichnet hat, meint auch Lessing in dem Gebot der Liebe das eigentliche Anliegen gerade des christlichen Glaubens sehen zu dürfen." Diese Interpretationsmöglichkeit ist zwar inhaltlich gewichtig und soll darum am Ende dieses Aufsatzes noch einmal aufgenommen werden, sie lässt sich jedoch m. E. nicht anhand des Textes der Ringparabel als Lessings Meinung plausibel machen, da Lessings Nathan in der Ringparabel weder die Wahrheit noch die Identität der Lehre von Judentum, Christentum und Islam voraussetzt, sondern diese – historisierend – ganz auf sich beruhen lässt.

46  Lessing (s. o. Anm. 27), S. 280.

47  Ebd.: „Möglich; daß der Vater nun die Tyrannei des Einen Rings nicht länger in seinem Hause dulden wollen! – Und gewiß; daß er euch alle drei geliebt, und gleich geliebt: indem er zwei nicht drücken mögen, um einen zu begünstigen".

48  Ebd.: „komme dieser Kraft ... zu Hülf'!"

49  Lessing als Philosoph, Stuttgart ²1921, S. 165.

50 Maximen und Reflexionen, in: Goethes Werke, Bd. XII, Hamburg [3]1958, S. 385, Nr. 151. Ähnlich äußern sich dann am Beginn und Ende des 20. Jahrhunderts A. Harnack (Protestantismus und Katholizismus in Deutschland [1907], in: Ders., Aus Wissenschaft und Leben, Bd. 1, Gießen 1911, S. 233f.) sowie W. Jens („Nathans Gesinnung ist von jeher die meinige gewesen", in: Ders./H. Küng, Dichtung und Religion, München 1985, S. 115).

51 Für eine Religion (oder Weltanschauung), die sich einen solchen Relativismus in der Wahrheitsfrage zu eigen macht, würde das Toleranzproblem faktisch verschwinden. Man könnte im Blick darauf dann von trans-toleranten Religionen (oder Weltanschauungen) sprechen.

52 In diese Richtung zielt auch der Schlusssatz der Abhandlung von W. Brändle über Glaubensgewissheit und religiöse Toleranz (in: Ders./G. Wegner [Hg.] Unverfügbare Gewissheit. Protestantische Wege zum Dialog der Religionen, Hannover 1997, S. 33–51, Zitat von S. 51): „Es spricht viel dafür, dass nur derjenige anderes religiöses Denken und Verhalten akzeptieren und ertragen kann, der selbst gelernt hat, seinen Glauben und die damit verbundenen Wahrheitsansprüche zu formulieren und – sie nicht zu Ende zu bringen." Der einschränkende letzte Halbsatz ist für Brändle, wie die ganze Abhandlung zeigt, jedoch außerordentlich wichtig, da er es für grundsätzlich erforderlich, weil klärend und weiterführend hält, dass religiöse Wahrheitsansprüche zwar nicht aufgegeben, wohl aber hinsichtlich ihrer „zeitlich und sprachlich bedingten Formen" (a.a.O. S. 49) überdacht und relativiert werden. Die Bedeutung dieser „Formen" wird m. E. von Brändle etwas überschätzt im Vergleich mit der Bedeutung des *Geistes*, in dem die Inhalte und Formen kommuniziert werden. Vgl. zu diesem Themenaspekt auch meinen Vortrag „Wahrheitsgewissheit und Toleranz im Verhältnis der christlichen Kirche zum Judentum, in: Kirche und Israel II (= Didaskalia Heft 42), Kassel 1992, S. 53–73.

53 Vgl. dazu H. Lehmann, Säkularisierung, Dechristianisierung und Rechristianisierung im neuzeitlichen Europa, Göttingen 1997.

54 Mit dieser Formel spiele ich an auf die Diagnose bzw. Prognose, die D. Bonhoeffer in seinen (unter dem Titel „Widerstand und Ergebung" von E. Bethge veröffentlichten [Neuausgabe München 1970, [3]1985]) Gefängnisbriefen mit dem Satz gegeben hat: „Wir gehen einer völlig religionslosen Zeit entgegen" (a.a.O. S. 305). Vgl. hierzu neuerdings den von Christian Gremmels und Wolfgang Huber herausgegebenen Sammelband, Religion im Erbe. Dietrich Bonhoeffer und die Zukunftsfähigkeit des Christentums, Gütersloh 2002.

55 So auch Chr. Schwöbel in seinem Art. „Pluralismus II", in: TRE, Bd. 26/1996, S. 731: „Durch seine Verwendung als Leitbegriff zur Analyse und Deutung der Situation ersetzt der Begriff des Pluralismus in der Theologie der Gegenwart den Begriff der ‚Säkularisierung', der in der Mitte des 20. Jh. als Zentralbegriff theologischer Gegenwartsreflexion verwendet wurde. Die der theologischen Säkularisierungsdebatte zugrunde liegende Auffassung eines heraufziehenden ‚religionslosen' Zeitalters (D. Bonhoeffer), das als Mündigwerden der Welt und als ‚legitime Folge des christlichen Glaubens' (F. Gogarten) mit der ‚religionslosen' Interpretation reli-

giöser Begriffe und mit einer Theologie der ,Weltlichkeit' der Welt zu beantworten versucht wurde, muß zum Teil als empirisch widerlegt gelten, zum Teil ist die Säkularisierungstendenz ein Teilaspekt der Situation des religiös-weltanschaulichen Pluralismus bzw. einer ihrer Voraussetzungen. – Empirisch widerlegt erscheint die Säkularisationsthese als Beschreibung einer einheitlichen und umfassenden Tendenz der Verdrängung der Religion und ihrer Ersetzung durch nicht-religiöse Instanzen. Der Eintritt in das letzte Viertel des 20. Jh. brachte weltweit eine empirisch gut belegte Renaissance des Religiösen, nicht nur im Sinne eines zahlenmäßigen Wachstums der Religionen und religiösen Bewegungen und ihrer Anhänger, sondern vor allem auch im Sinne einer Zunahme des Einflusses der Religionen auf den nationalen wie internationalen öffentlichen Bereich. Bedeutsam ist dabei das Auftreten einer *postsäkularen Religiosität*, die nicht als Fortführung religiöser Traditionen zu verstehen ist, sondern den Traditionsabbruch der Säkularisierung voraussetzt und auf ihn mit einer bewussten Hinwendung zur Religion reagiert."

56  S. dazu E. Herms, Die ökumenische Bewegung und das Friedensproblem der Neuzeit, in: Ders., Von der Glaubenseinheit zur Kirchengemeinschaft. Plädoyer für eine realistische Ökumene, Marburg 1989, S. 216–243.

57  So schon im Neuen Testament z. B. Mt 16,17 oder Phil 2,13 (als Begründung für das in V. 12 Gesagte!), besonders deutlich in Luthers Auslegung des Dritten Glaubensartikels in seinem Kleinen Katechismus: „Ich gläube, daß ich nicht aus eigener Vernunft noch Kraft an Jesum Christ, meinen Herrn gläuben oder zu ihm kommen kann, sondern der heilige Geist hat mich durchs Evangelion berufen, mit seinen Gaben erleuchtet, im rechten Glauben geheiliget und erhalten" (BSLK 511,46–512,5).

58  Diesen Aspekt des göttlichen Wirkens nennt der christliche Glaube den Heiligen Geist (siehe das Lutherzitat in der vorigen Anmerkung).

59  Ich habe deshalb in meinen Aufsätzen: Die Wahrheitsgewißheit des christlichen Glaubens und die Wahrheitsansprüche anderer Religionen (in: Zeitschrift für Mission H 3/1998, S. 176–189) sowie: Aus dem Heiligen Geist. Positioneller Pluralismus als christliche Konsequenz (in: Lutherische Monatshefte 37/1998, H. 7, S. 21–24) vorgeschlagen, diese Haltung als positionellen Pluralismus bzw. als positionelle Toleranz zu bezeichnen.

60  Vgl. Mt 5, 46f. und Lk 6, 32–35.

Paul M. Zulehner/Regina Polak

# Toleranz: Schlüssel zu einer guten Zukunft für Kirche und Gesellschaft

## Unheilszeichen Autoritarismus

Le Pen in Frankreich, Berlusconi-Bossi-Fini in Italien, Haider in Österreich, Pim Fortuyn wird in Holland ermordet: Was ist los in Europa?[1] Das Ende der Toleranz?

Obwohl sich die politischen Konzepte stark unterscheiden, erstarken Nationalismus, Fremdenfeindlichkeit, Rassismus und Rechtsextremismus in Europa. Die damit eng verbundene Krise der Toleranz wird verstärkt durch die Globalisierung der Märkte, der Kulturen, der Lebenswelten, die für viele zu schnell voranschreitet. Reichweite und Intensität der Globalisierung lassen die Welt nicht nur zusammenwachsen, sondern verstärken auch ihre Brüchigkeit. Engagierte Toleranz wäre das Gebot der Stunde, um die irritierende Komplexität der Gegenwart aushalten und um auf handlungsfähige Weise die Probleme lösen zu können.

Der soziologische Blick auf Europa ernüchtert solche Hoffnungen. Da findet man Gesellschaften in Wohlstand und Überfluss – und zugleich sind zwischenzeitlich 1/3 der Menschen dieser Gesellschaften von den ökonomischen und kulturellen Segnungen der Globalisierung ausgeschlossen. Die Armut in Europa wächst.[2] Ältere oder schlechte gebildete Menschen, Personen aus ländlichen Gegenden und Berufsgruppen, deren Zukunft von den modernen Technologien bedroht ist, sind in hohem Maße empfänglich für intolerante politische „Lösungen".[3] Diese Modernisierungsverlierer/innen bemerken, dass sie im gesellschaftlichen Wandel auf der Strecke bleiben oder bleiben könnten. Der Rechtspopulismus macht sie glauben, dass durch eine gemeinsame, starke Nationalidentität die Probleme schnell gelöst werden könnten. Alle, die nicht dazugehören oder dieses „Lösungsmodell" in Frage stellen, werden verächtlich gemacht oder ausgegrenzt. Man grenzt sich zwar gegen traditionell rechtsextreme Vorstellungen von Herrenrasse und Untermenschen ab, aber auch gegen alle Vorstellungen einer multikulturellen Gesellschaft: Denn das Zusammenleben mit „Fremden" (zer)störe die kulturelle Identität, „das letzte verbliebene Bollwerk gegenüber dem hedonistischen Individualismus der Moderne und den entfesselten Kräften des globalen Kapitalismus."[4]

Doch Intoleranz lässt sich nicht nur durch Armut und gesellschaftlichen Ausschluss erklären: Sie zieht sich quer durch alle gesellschaftlichen Schichten. Wie groß die Versuchung zur Intoleranz ist, zeigt sich an der unheilvollen Entwicklung des Autoritarismus in Europa. Intoleranz steht in engem Zusammenhang mit diesem Persönlichkeitsmerkmal, das – quer durch „Rechts" und „Links" – eine der wesentlichen Wurzeln für die politischen Probleme ist.[5] Der Philosoph und Sozialwissenschaftler Theodor W. Adorno hat das bereits 1950 in seiner Auseinandersetzung mit dem Faschismus ausführlich nachgewiesen und als das „autoritäre Syndrom" beschrieben. In der neueren Autoritarismusforschung unterscheidet man drei Merkmale, die charakteristisch für den autoritären Charakter sind.[6]

1. Den Konventionalismus: Jemand bindet sich starr an die konventionellen Werte des Mittelstandes.
2. Die autoritäre Unterwürfigkeit: Jemand unterwirft sich unkritisch unter idealisierte Autoritäten der Eigengruppe.
3. Die autoritäre Aggression: Jemand hält nach Menschen Ausschau, die konventionelle Werte missachten, um sie verurteilen, ablehnen und bestrafen zu können.

Daneben kann man auch andere typische Eigenschaften beobachten, z. B.
– zynische und diffamierende Aussagen über andere Menschen;
– die Abwehr alles Subjektiven, Phantasievollen, Sensiblen, Weichen, was auf eine elementare Unfähigkeit, tiefe zwischenmenschliche Bindungen einzugehen, zurückzuführen ist[7];
– eine ausgeprägte materialistische Orientierung sowie Überbetonung der Leistung: Geld, Besitz und Leistung dienen gleichsam als Ersatz für den Erfahrungsmangel an Bindung und Beziehung und ermöglichen das Gefühl der Sicherheit[8];
– ein Mangel an autonomer Moralität, d. h. die moralischen Anforderungen sind sehr rigide, entspringen aber nicht persönlicher Reflexion und Entscheidung.

Diese Merkmale sind bei autoritär gesinnten Menschen in verschiedenem Ausmaß anzutreffen, es gibt also verschiedene Typen von Autoritären: „aktive" und „passive", „Aktivst/innen" und „Schläfer/innen"; ja, selbst bestimmte Typen sog. toleranter „Vorurteilsfreier" können ziemlich intolerant werden, wenn ihrer liberalen Ideologie eine starre Persönlichkeitsstruktur zugrunde liegt.[9] Allen gemeinsam ist die Tendenz, nach oben zu buckeln, nach unten zu treten und sich im übrigen so anzupassen, dass man möglichst wenig auffällt und „dazugehört".

Der Autoritarismus ist ein Phänomen, das sowohl auf die biographische Entwicklung als auch auf reale politische und ökonomische Bedrohungen zurückzuführen ist. Individuelle, politische, ökonomische Bedrohungen können daher bei jedem von uns autoritäre Reaktionen aktivieren, so die Forschung. Autoritär sind also nicht immer nur „die Anderen". Toleranz ist immer wieder neu zu erringen und zu pflegen.

Autoritarismus nimmt heute auch neue Gestalten an: Man buckelt dann nicht mehr „nach oben"[10], versucht aber vielleicht trotzdem ohne Rücksicht auf andere Menschen oder das Gemeinwohl, seine persönlichen Ziele zu erreichen. Man tritt nicht „nach unten", verachtet und pathologisiert aber alle, die schwach sind und es nicht geschafft haben. Auch der vielbeschworene Individualismus hat oft durch und durch konventionelle Formen. Der Autoritarismus bleibt eine bedrückende gesellschaftliche Realität.

Wie konkret diese Realität ist, kann man den Ergebnissen der Europäischen Wertestudie 2000 entnehmen.[11]

### Der Ruf nach autoritären Alternativen

Hermann Denz unterscheidet in seiner Analyse der politischen Situation in Europa vier verschiedene Typen von Ländern:[12]

Da gibt es *„unautoritäre Länder"*, die aber einen hohen Nationalstolz aufweisen; sie liegen im Zentrum Europas, z. B. Westdeutschland, Dänemark, Schweden oder Italien.

Eine *patriotisch gesinnte Bevölkerung mit leicht autoritären Tendenzen* findet man z. B. in Frankreich, Belgien, den Niederlanden oder Großbritannien.

Das Konzept einer *„Expertokratie"*, also einer „Expertenregierung" anstelle einer demokratisch gewählten findet hohe Zustimmung in Österreich, Ostdeutschland, in Polen, Tschechien, in der Slowakei, in Ungarn, Slowenien und Kroatien. Der Wunsch, Regierungsentscheidungen an Experten zu delegieren, macht einen fatalen Mangel an demokratischer Grundgesinnung offenbar.

Ausdrücklich *autoritäre Regierungsformen* befürworten nahezu alle Nachfolgeländer der ehemaligen UdSSR, alles Länder mit wirtschaftlich katastrophalen Ausgangsbedingungen, in denen der politische Umbruch von bürgerkriegsähnlichen Konflikten begleitet war.

Auch traditionale und kritische Demokratien wie die Niederlande oder Frankreich sind also vor autoritären Tendenzen nicht geschützt, in Osteuropa ist die demokratische Situation mehr als prekär.

## Die Rückkehr der Führer

In Europa geht eine neue Sehnsucht nach Führern um: Man wünscht sich „starke Männer" an der politischen Macht. Für Österreich ist der Zusammenhang mit dem Autoritarismus nachweisbar: 16–20 % können sich mit der Idee, einen „starken Mann anstelle eines Parlaments" regieren zu lassen, durchaus anfreunden.[13] Die Zahl autoritär eingestellter Österreicher/innen ist seit 1990 wieder leicht auf 52 % gestiegen.[14] Für Europa fehlt diese Variable, aber auch hier kann man die „Rückkehr der Führersehnsucht" beobachten:[15] In Belgien, Frankreich und Portugal sind 30 % der Bevölkerung „starken Männern als Regierungsinstanz" gegenüber aufgeschlossen, in Luxemburg wird diese Frage sogar von über 40 % positiv beantwortet. In Österreich sympathisieren mehr als 60 % mit einer Expertenregierung.

Interessanterweise hängt der Wunsch nach autoritären Regierungsformen nur wenig mit der politischen Orientierung nach „links" oder „rechts" zusammen. Das macht deutlich, dass diese Kategorien in einem massiven Umbruch stehen. Die entscheidenden Bruchlinien verlaufen heute entlang der Frage, wie die Rolle des Staates in einer Welt bestimmt wird, die auf der Suche nach einer neuen politischen Ordnung ist. Begriffe wie Souveränität oder das Recht auf Nichteinmischung, das Verhältnis zwischen Staat und Wirtschaft, zwischen Staat und Privatperson – all das muss neu gedacht werden. Die politische Verunsicherung ist mindestens ebenso groß wie die individuelle. Dass sich dabei politische Konzepte, die auf Intoleranz setzen, auch in Europa durchsetzen konnten, ist ein politischer Brandherd. Das Konzept der „Neuen Rechten", die ideologische Vorherrschaft in der Gesellschaft zu erlangen, scheint aufzugehen.[16]

## Fremdenfeindlichkeit

In Gesamt-Europa ist die Fremdenfeindlichkeit zurückgegangen. Leider ist dieses Ergebnis bei differenzierter Analyse nicht ganz so erfreulich wie es zunächst erscheint, denn die Unterschiede in Europa sind groß:[17] Gibt es in Portugal nur 7 % der Bevölkerung, die als fremdenfeindlich zu bezeichnen sind, erreicht der Prozentsatz in Litauen 48 %. Gering (mit 5–15 %) ist die Fremdenfeindlichkeit nur in Portugal, Schweden, in Holland und in Island. Deutschland, Spanien, Dänemark, Luxemburg, Frankreich, Großbritannien, Österreich, Irland und Nordirland erreichen Werte bis zu 25 %, in Italien, Belgien, Finnland sowie in Russland, Tschechien, Slowenien, Kroatien und in der Ukraine sind sogar an die 35 % als fremdenfeindlich einzustufen. Und in den übrigen Staaten des ehemaligen Ostblocks sowie in Malta und Griechenland wächst der Bevölkerungsanteil auf bis zu 45 %. Konkret heißt das: Ca. 1/3 der europäischen Bevölkerung gibt an, Menschen anderer Hautfarbe, Moslems, Ausländer, Juden, Homosexuelle und Zugehörige anderer Minderheiten nicht zum Nachbarn haben zu wollen. Wo das lokale Ethos „guter Nachbarschaft" so bedroht ist, ist man von einem globalen Ethos einer weltweiten Zusammengehörigkeit und Toleranz meilenweit entfernt. Die Intoleranz gehört nach wie vor zur Grundausstattung europäischer Werteinstellungen.

*Gesichter der Intoleranz*

Von der Makro- zur Mikroperspektive: Kann man die allgemeinmenschliche Neigung zur Intoleranz psychologisch verstehen?

## Toleranz und Intoleranz: Alltägliche Wahlmöglichkeiten

Toleranz und Intoleranz sind keine einander ausschließenden Alternativen, sie liegen auf einem Kontinuum. Sie beschreiben beide jene Haltung, aus der sich jemand auf die Andersheit des Anderen bezieht. Dabei gilt: Je eher jemand fähig ist, sich intim und empathisch, identisch und authentisch, *zugleich* aber auch differenziert und mit gebotener Distanz (also mit Respekt) auf jemanden anderen zu beziehen, umso eher verhält er/sie sich tolerant. Da diese komplexe Balance keinem Menschen jederzeit und jedem Anderen gegenüber möglich ist, sind Intoleranz und Toleranz „alltägliche Optionen": Tolerantes Verhalten will gewählt werden und bedarf bewusster Entscheidung. Den wenigsten ist Toleranz schon bei der Geburt in die Wiege gelegt, Toleranz muss man wollen, üben und lernen. Intoleranz ist also zunächst die psychische *Unfähigkeit*, aber auch der *Unwille*, die Andersartigkeit einer Person, Nation, einer Lebensweise, einer politischen Praxis oder religiösen Einstellung zu ertragen. Jede/r, der nur die Fehlformen der anderen im Auge hat, sollte sich bewusst sein, dass auch man selbst nie gefeit ist vor Einseitigkeiten: Zwischen „Charakterfestigkeit" und „Halsstarrigkeit", „Freiheitsliebe" und „Gleichgültigkeit", „phantasievoller Kreativität" und „naiver Tagträumerei" liegen nicht nur oft bloß geringe Abstände, sondern es ist auch eine Frage der eigenen Perspektive und Vorlieben, wo denn nun das eine beginnt und das andere aufhört.[18]

*Intolerantes Verhalten*

Das damit korrelierende Verhalten kann sehr unterschiedlich sein: Es reicht von mehr oder weniger direkter aggressiver Ausgrenzung und Abwehr (Fremdenangst, Fremdenhass, Verfolgungen) bis zum Versuch, die eigene Weltsicht, die eigene Lebensweise dem/den Anderen mit physischer und/oder psychischer Gewalt aufzuzwingen, umfasst euphorische, die Differenzen leugnende, beschönigende und nivellierende Integrationsversuche (Xenophilie, Fremdeneuphorie und bestimmte Spielarten eines naiven Multikulturalismus), aber auch jene naiv-aggressive Ignoranz des Anderen, die sich tolerant gibt, de facto aber meint: „Lass mich in Ruhe, dann lass ich Dich in Ruhe". Diese Pseudo-Toleranz verweigert Nähe, Kontakt, Auseinandersetzung und Solidarität.

*Intolerantes Denken*

Gut untersucht sind die intoleranten Formen des Denkens: Fundamentalismus, Dogmatismus, Fanatismus.[19] Alle diese Denkformen haben psychodynamische Gemeinsamkeiten.
1. *Der fundamentalistisch gesinnte Mensch* hütet seinen Grundwert und seine Grundidee perfektionistisch. Kompromisse zu bilden, löst in ihm massive Ängste aus, er glaubt dann, seine Werte zu „verlieren". Er sehnt sich nach Verankerung, nach klarer Identifikation und perfekter Einfachheit.
2. *Der dogmatisch gesinnte Mensch* sichert sich gegen andere Weltanschauungen und die von diesen ausgehende potentielle Bedrohung ab, indem er sein Denksystem systemisch konstruiert und argumentativ absichert. Nichts und niemand darf hier eindringen, nichts soll dieses System erschüttern. Was anders ist, wird abgelehnt oder vereinnahmt. Auf exakte Grenzziehung wird durch Bildung einer eindeutigen Lehre großer Wert gelegt. Normen, Autorität und Absicherung spielen hier eine große Rolle.
3. *Schließlich der Fanatiker:*[20] Er entwickelt eine abnorme Intensität bei der Verfolgung und Durchsetzung seiner Einstellung. Eine Idee wird „über-

wertig". Er ist unfähig zur Selbstkritik und wehrt alle anderen Einstellungen projektiv ab. Typisch für diesen Typus ist seine Aggressivität, sein Bedürfnis nach Selbstbestätigung, sein Streben nach absoluter Gültigkeit und die zwanghafte, unheimliche Konsequenz seines Handelns. Alle drei Formen des Denkens gehen von Werten aus, die notwendig und unverzichtbar sind. Auch gehört die Entwicklung einer durchdachten weltanschaulichen Position zu den Aufgaben menschlicher Entwicklung und Reifung. Die erwähnten Fehlformen des Denkens zeichnen sich aber alle durch ein einseitiges „Zuviel" eines bestimmten Wertes aus. Dennoch bringt jede/r Fundamentalist/in, jede/r Dogmatiker/in, selbst jede/r Fanatiker/in Dimensionen des Lebens zur Sprache, die „fundamental", also grundlegend, elementar, lebensnotwendig und unverzichtbar sind. So sind z. B. Ordnung, Wahrheit, Pflicht humane Anliegen, die im gemeinsamen Dialog je neu zu konkretisieren und durchzubuchstabieren sind; beliebig, irrelevant und aufgebbar sind sie nicht.

Nun sind die meisten Menschen keine Fundamentalist/innen, Dogmatiker/innen oder Fanatiker/innen. Vielleicht hat aber bei aufrichtiger Selbstbeobachtung doch jede/r ein bisschen etwas von jenem „ideologischen Charakter" in sich, wie ihn Hermann Stenger beschreibt:[21] Diese Personen haben keine extremistischen Züge wie die drei oben erwähnten, die religiöse (oder politische) Weltanschauung hat aber durchaus auch die psychische Funktion, Lebensangst abzuwehren und das eigene, selbstunsichere, geschwächte Ich zu stabilisieren. Solche Personen sind subjektiv durch und durch ehrlich, weder „böse" noch automatisch „gewalttätig", aber sie verwechseln aufgrund einer Ich-Schwäche ihre Identifikation mit einer Idee, Institution, Person mit ihrer Identität. Oft verdrängen solche Menschen ihre sexuellen Bedürfnisse, ihr Streben nach Macht und Geltung oder ihre destruktiven Aggressionen. Was fehlt, ist allem voran Selbsttransparenz: Die Wahrnehmung der eigenen, leitungsbestimmenden Interessen ist nicht bewusst, ein wirklichkeitsfernes Welt- und Selbstbild wird aufgebaut. Diese ideologische Immunisierung gegen das Leben dient dem Zweck, sich selbst und die Außenwelt nicht wahrnehmen zu müssen, weil die damit verbundenen Ängste und Spannungen nicht aushaltbar wären. In gewissem Maße haben unsere Überzeugungen wohl für jede/n für uns diese Funktion – und das ist im Sinn eines sekundären Nebenziels von Weltanschauung und Religion auch durchaus „normal" und legitim. Die Wirklichkeit wäre sonst wohl sehr schwer aushaltbar.

Problematisch für die Person, vor allem aber für die Umwelt wird ein solcher Charakterzug aber dann, wenn die beschriebene Identifikation zu einem „Pseudo-Selbst" erstarrt. Die Fähigkeit zu Kompromissen nimmt dann ab, Prozesse des Lernens und schrittweisen Reifens werden vermieden, man entzieht sich fremder Kritik, jede/r Kritiker/in wird zum Feind und wird heruntergemacht. Solche Menschen haben gestörte Beziehungen, ohne das in der Regel zu bemerken. Sie sind unfähig zu personaler Liebe, ziehen Prinzipien der Wirklichkeit vor und haben ein starres Gewissen.

Wenn dazu spezifische Psychodynamiken kommen, wird die Sache freilich schon brisanter, der ideologische Mitläufer kann dann leicht zu einem der oben beschriebenen „Extremist/innen" mutieren oder einem solchen nachfolgen:[22]

1. Da ist zum einen der innere Zwang, *konsequent* sein zu müssen – sowohl in der eigenen Ideenwelt als auch im daraus folgenden Handeln. Veränderung, Umkehr, Wandel, Irrtum sind bedrohlich. Ein solcher „innerer Konsequenzzwang" kann wertvolle Ideale zu gefährlichen Waffen machen.
2. Ein weiteres Merkmal dieser Denksysteme ist deren *Einfachheit*. Die Widersprüchlichkeit und Komplexität der Welt und auch der eigenen Person wird geleugnet, verweigert, verboten und differenzierende Standpunkte bleiben ausgeklammert, werden abgewehrt.
3. Die *Einseitigkeit* in der Interpretation, in der Weltanschauung wird sodann ein für alle Mal festgelegt, zur Norm erklärt und wie eine erratische, monolithische Festung verteidigt.

Wirken diese drei Prinzipien zusammen, können solche Bewegungen eine ungeheure Stoßkraft bekommen, insbesondere dann, wenn sie über entsprechende Mittel zur Gewaltausübung verfügen. Keine politische, religiöse, philosophische Weltanschauung – und auch nicht das Christentum – sind vor Intoleranz geschützt.

Die Psychologie zeigt: Basis von intolerantem Denken sind Störungen in der Beziehungsfähigkeit. Wer intolerant denkt, reduziert andere Menschen auf deren Weltanschauung. Die Fähigkeit zur Toleranz hängt untrennbar mit der Fähigkeit zu personalen zwischenmenschlichen Beziehungen zusammen. Wer tolerant ist, kann andere Menschen *als Menschen* achten, obwohl sie andere Weltanschauungen, Meinungen und Einstellungen haben.

*Moderne Intoleranz*

Heute gibt es neue Formen der Intoleranz. Sie bemänteln sich mitunter mit den Werten der Individualität, Freiheit und Toleranz und sind so doppelt bedrohlich. Zu denken ist dabei an den unsolidarischen Solipsismus mancher Zeitgenoss/innen, deren Ignoranz der Schwierigkeiten und Nöte als „praktizierte Intoleranz" zu beschreiben ist:[23] Not und Sorge der Anderen, die Verpflichtung zur Solidarität werden ignoriert, Toleranz verliert ihre konstitutiv solidarische Dimension.

Oder jene Formen von „resignativer Toleranz", die von der absoluten Nicht-erkennbarkeit der Wahrheit ausgehen und deshalb auf die Suche nach Wahrheit verzichten; Toleranz wird dann zur Not-lösung und verliert ihre lebensförderliche Kraft. Eine solche Toleranz überlastet das Individuum und produziert Freiheitsflüchter.

Drittens ist zu denken an jene moralinsaure Ereiferung für Toleranz, die durch ein Zuviel des Guten oft das Gegenteil ihres Anliegens selbst bewirkt. Menschen, die ihre Toleranz unentwegt auf Bannern vor sich hertragen, können oft ziemlich intolerant sein. Toleranz verliert hier ihre spirituelle Verankerung.

## Daseinsangst und Daseinsschwäche: Der mystagogische Blick auf die Intoleranz

Aus christlicher Sicht gibt es neben der sozialpolitischen und der psychischen Wurzel für Intoleranz noch eine dritte, eine geistige Wurzel: *die massive Daseinsangst, die Daseinsschwäche, die in einer mangelnden existentiellen Verwurzelung in Gott gründet.*

Diese Diagnose ist weder biologisch noch moralisch gemeint. Daseinsangst und Daseinsschwäche sind aus spiritueller Sicht keine Resultate genetischer Mängel oder amoralischer Lebensweisen. Auch bezieht sich der Begriff hier nicht auf die empirisch feststellbare physische oder psychische Verfassung der Schwachheit. Diese gehört zum menschlichen Leben, erinnert uns an die urmenschliche Begrenztheit und Angewiesenheit auf andere und fordert zu Liebe und Solidarität auf.

Daseinsschwäche, Daseinsangst meinen hier jene genuin menschliche Angst und Verweigerung, sich existentiell: also voll Glauben und Vertrauen auf Gott einzulassen und aus dieser Bindung die elementare Lebenssicherheit zu beziehen: Nicht in Gruppenzugehörigkeiten (so wichtig diese sind), nicht in Identifikationen mit Weltanschauungen (so unausweichlich dies ist), nicht in materielle Güter (so lebensnotwendig diese sind) oder Flucht in schützende Arme (so schön dies ist) auszuweichen. Diese Angst ist verständlich, ist doch der Gott der Offenbarung nicht nur faszinierend und „lieb", sondern auch beängstigend unfassbar. Daseinsangst und Daseinsschwäche haben also zu tun mit unserer „sündigen Verfasstheit", wie Christ/innen diesen an die Wurzeln des Daseins reichenden Gottes-Vorbehalt beschreiben.

Wer sich weigert oder fürchtet, in Gott seine Wurzeln zu suchen – und das gehört zu unser aller Leben – muss sich selbst absichern. So aber ist er schwach im Dasein verankert, verzweifelt an sich selbst und an den Anderen. Umgekehrt: Wer Andere hasst und ablehnt, hasst immer auch sich selbst. Wer aber sich selbst hasst, hat nur wenig Vertrauen in seine geistige Herkunft, in seine Gotteswurzeln.

## Heilszeichen Toleranz: Spirituell-politische Lebens- und Liebesfähigkeit

Der Mensch ist aber nicht nur ein daseinsschwacher Sünder, sondern zugleich begnadet und zu gutem Leben berufen. Er/Sie hat jederzeit die Möglichkeit und Freiheit, zu Gott umzukehren und sich in ihm zu beheimaten: daseinsstark zu werden. Aus dieser Perspektive wird Toleranz zur „Gnadengabe", zur Berufung, d. h. Möglichkeit, Fähigkeit und Ermächtigung des Menschen, jedem Anderen in Liebe und Respekt zu begegnen, auch dann, wenn dieser sich in Glaube, Weltanschauung, Lebensweise von ihm unterscheidet. Toleranz ist dann aus mystagogischer Perspektive jene tiefe Verwurzelung in Gott, die es mir ermöglicht, das eigene Leben mit anderen Menschen zu leben, sie zu lieben und mich für sie zu engagieren, auch wenn ich ihre Einstellungen nicht teile, ihre Lebensweise nicht verstehe oder vielleicht sogar ihren Glauben ablehne. Toleranz wird so ein Heils-Zeichen, ein Lebens-Zeichen, ein Zeichen von Menschen- *und* Gottesliebe.

## Heil(ung) für den Einzelnen:
## Toleranz als Lebens- und Liebesfähigkeit

Es gab und gibt Menschen, deren Toleranz heilsam ist, für sie selbst und Andere. Ihr psychologisches Profil ist empirisch gut erforscht und lässt sich beschreiben.

### Tolerante Personen haben eine personale Identität

Identität ist jene „im Verlauf der Sozialisation erworbene Struktur oder Kompetenz, die das Individuum befähigt, sich als es selbst in seiner (sozialen) Lebenswelt zu lokalisieren".[24] Im Rahmen einer *„Lerngeschichte"* entsteht bei toleranten Menschen eine Ich-Struktur, die sie befähigt, sich *als sie selbst* in ihrer Lebenswelt zu verorten. Diese Entwicklung ereignet sich spannungsgeladen: einerseits ist man von Herkunft und Tradition geprägt, andererseits ist man frei, dieses Selbst zu entwickeln; man bleibt durch die Zeit derselbe, aber nur, indem man sich ändert; man „hat sich schon" und „sucht sich noch".[25] Identität ist ein „eschatologischer Begriff", ist immer schon und noch nicht. Gelingt diese Entwicklung, entsteht lebensalterspezifische „Ich-Stärke", wird sie beeinträchtigt (was für die Mehrheit von uns der Normalfall ist[26]), kommt es zu Einschränkungen und Behinderungen des Ich.

### Tolerante Menschen sind treu

Sinn und Ziel der „Architektur der personalen Identität"[27] ist die Entwicklung von „Tugenden": das bedeutet hier Fähigkeiten wie z. B. Hoffnung, Zielstrebigkeit, Liebe, Fürsorge, Weisheit. Zentral für die Fähigkeit zur Toleranz ist die Fähigkeit zur Treue. Treue meint die Fähigkeit zur Verbindlichkeit, d. h. sich aus freiem Willen mit anderen Menschen, mit Ideen, Werten und auch mit Gott verbinden zu können und entsprechend zu handeln. Treue hat also mit Verpflichtung zu tun. Doch ist die Fähigkeit zur Treue erst in zweiter Linie Resultat moralischer Anstrengung. Ausschlaggebend ist vielmehr die Ich-Stärke.

Damit Treue lebendig bleibt und nicht zu Fixierung oder Selbstentwirklichung wird, muss jemand auch fähig zur Freiheit sein: frei wählen können. Beide Fähigkeiten hängen untrennbar zusammen und werden lebenslang ausbalanciert. Treue ohne Freiheit, Freiheit ohne Treue werden destruktiv. Wem das gelingt, der kann engagiert tolerant sein: Er ist am Anderen aufrichtig interessiert und bleibt zugleich sich selbst treu.[28]

## *Tolerante Menschen können lieben*

Das klingt trivial, ist aber die größte Herausforderung des Lebens. Liebe meint, sich jemandem intim hingeben, Nähe zulassen zu können. Wer liebt, wagt es, sich einem anderen so auszusetzen, dass er/sie selbst berührt, verändert, mitunter gar erschüttert werden kann. Er lässt den/die Andere/n, so wie er/sie ist, ganz nahe herankommen.[29] Genau damit tun sich intolerante Menschen schwer: Sie versuchen, sich den Anderen vom Leib zu halten. Wer lieben kann, denkt den Anderen immer mit. Deshalb wird solche Liebe auch praktisch: Sie setzt sich für den Anderen ein. Das hat immer auch mit Erotik zu tun, insofern einem liebenden Menschen stets bewusst ist, dass der Andere hat, was einem selbst fehlt. Diese Liebe bezieht sich aber nicht nur auf den Geschlechtspartner, sondern „weiß" um die tiefe und solidarische Verbundenheit mit allen Menschen. Sie fürchtet sich nicht vor der Sperrigkeit der Anderen, weil sie um die eigene weiß. Deshalb kann so jemand auch den Widerstand des Anderen ernstnehmen und sich selbst in Frage stellen. Wer so liebt, ist tolerant, weil er sich und die anderen langmütig ertragen kann (vgl. 1 Kor 13).

## *Tolerante Menschen beherrschen die Kunst der Balance*

Toleranz setzt voraus, dass jemand Spannungen ertragen, Widersprüche aushalten und die Komplexität der Realität wahrnehmen kann, ohne dabei seine Identität zu verlieren. Dazu muss man die „Kunst der Balance"[30] beherrschen. Es gilt, ein „Pontifex-Ich"[31] zu entwickeln: einen Brückenbauer, der in der Lage ist „zwischen den Gegensätzen Brücken zu schlagen und mit einer elastischen Statik die Spannungen" im Inneren und mit der Außenwelt aufzufangen. Dies gelingt, indem man lernt und übt, Distanz von sich selbst zu gewinnen – von den verschiedenen Lebens-Rollen (Bürger, Arbeiter, Mutter, Lehrer, Pfarrgemeinderätin usw.), aber auch von sich selbst. Es braucht Zeiten der Selbstbeobachtung und -reflexion, die regelmäßige Übung der Selbstkonfrontation, um sich selbst wahrnehmen zu lernen: das eigene Gelingen und Misslingen, persönliche Begabungen und Defizite, ureigenste Schuld und Sünde.

Paul M. Zulehner/Regina Polak

### Tolerante Menschen haben eine ausgeprägte Pluralitätskompetenz

Wer tolerant sein möchte, muss realitätsbezogen handeln. Auch das ist keinesfalls selbstverständlich, denn wir Menschen haben die Freiheit und Fähigkeit, die Wirklichkeit auch zu leugnen, zu verdrängen. Das dient zum einen unserem Schutz, kann aber „Gebäude der Entwirklichung"[32] entstehen lassen: Ideologien, die die Realität völlig ablehnen. Die Opfer solcher Ideologien sind dann alle, die diesen Ideologien nicht entsprechen (können/wollen) – und auch der Ideologiestifter selbst, weil er sich der Fülle der Wirklichkeit beraubt. Nun ist diese Fülle in der Tat nicht nur berauschend schön, sondern kann Angst, Schmerz, Widerspruch auslösen. Die Fähigkeit, dies relativ angstfrei zu ertragen, vielleicht sogar als Ressource und Impuls zur Entwicklung wahrzunehmen, nennt Stenger die so genannte Pluralitätstoleranz.[33] Wer der Vielfalt der Realität gegenüber tolerant sein kann, erträgt deren Unvollkommenheit und kann Kompromisse schließen.

### Tolerante Menschen können leiden, weil sie das Leben lieben

Tolerare heißt ursprünglich ertragen; auch im umgangssprachlichen Deutsch sagt man zu jemandem, den man mag: Ich kann Dich gut leiden. Beides weist darauf hin, dass der Umgang mit Anderen oft ziemlich *unerträglich* sein kann. Zur Toleranz gehört also die Kunst, leiden zu können,[34] ohne aggressiv-gewalttätig oder, was die Verkehrung ins Gegenteil ist, depressiv verstimmt zu werden. Damit ist keine Idealisierung des Leidens um des Leidens willen gemeint. Aber Leiden zu können ist eine Kunst, die von großer Verwurzelung und Leidenschaft für das Leben zeugt.

### Tolerante Menschen können sich von Gott unterstützen und begleiten lassen

Wie soll man denn das alles schaffen? Ist Toleranz dann überhaupt menschen-möglich? All diese Fähigkeiten beschreiben ein Ideal-Ich, dem Menschen sich zeitlebens nur annähern können. Gläubige Menschen finden hier Entlastung bei Gott: Sie dürfen darauf hoffen, dass sie am Ende der Tage vollendet werden und nicht schon hier alles perfekt machen müssen. Sie können sich auch darauf verlassen, dass auf ihrem Weg zur toleranten Identität, zu dem sie verpflichtet sind, Gott sie begleitet und sie bzw. die Anderen auffängt. Die Kunst der Toleranz bedarf wohl im letzten der Gnade eines erlösenden Gottes. Die Fähigkeit zur Toleranz verweist auf einen transzendenten Horizont.

## Heil(ung) für die Welt: Toleranz als globale Überlebensressource

Toleranz ermöglicht ein gutes Leben: für sich selbst und für die anderen Menschen. Das gilt aber nicht nur auf individueller und zwischenmenschlicher Ebene, sondern auch auf gesellschaftspolitischer und weltpolitischer Ebene. Toleranz ist jene Fähigkeit, die es zu entwickeln gilt, wenn die Welt Frieden und Einheit will.

Die Globalisierung verunsichert heute nicht nur Individuen, sondern auch Nationalstaaten und die traditionelle politische Weltordnung. Die Unzahl der Kriege und Konflikte weltweit weist auch darauf hin, dass viele Nationen und auch die Religionen massive Identitätsprobleme haben. Die weltweite Renaissance der Nationalismen und Fundamentalismen ist daher nicht als Wiederkehr der Vergangenheit zu lesen, sondern als – freilich völlig ungeeigneter – Versuch, das Problem globaler Identität zu lösen. „Weltbürger/innen" zu werden und unsere nationalen, politischen, religiösen Identitäten um das Bewusstsein zu erweitern, dass wir zu der EINEN Welt gehören und für diese auch verantwortlich sind, ist eine zentrale Zukunftsaufgabe. (Und das, obwohl wir in Europa noch nicht einmal ein europäisches Selbstverständnis haben: Nur in 11 europäischen Ländern liegt der Anteil jener Menschen, die sich mit Europa oder der Welt identifizieren, über 10 %: Österreich und Deutschland sind nicht dabei.[35])

Um diese Aufgabe zu bewältigen, muss Toleranz ein Grundprinzip einer neuen Weltordnungspolitik werden.[36] Es braucht dazu die Bereitschaft, die kulturellen Unterschiede weltweit wahr- und ernst zu nehmen und ihnen politische Relevanz zu verleihen. Die ausdrückliche Einigung auf substantielle Toleranz als Grundprinzip politischen Handelns ist höchst an der Zeit. Initiativen und Strukturen, die die Entwicklung von Toleranz stärken, müssen gefördert werden. Nur auf dieser Basis wird es möglich sein, Frieden und Einheit konstruktiv „herbeizustreiten".

## Heil(ung) durch Gott: Die spirituellen Grundlagen der Toleranz

*Können religiöse Menschen tolerant sein?*

Toleranz hat eine spirituelle Dimension. Wo es um das Letztgültige, Unbedingte, Unwiderrufliche meiner und unserer Existenz geht, um die spirituelle Erfahrung eines allumfassenden göttlichen Urgrundes, um die Wahrheit Gottes, wird die Frage nach der Toleranz brisant. Kann es der Erfahrung und Überzeugung eines religiösen Menschen entsprechen, dass auch andere Religionen wahr sein können? Kann ein religiöser, ein spiritueller Mensch tolerant sein, ohne dabei seiner religiösen Erfahrung untreu zu werden?[37]

Die pluralistische „Lösung" versucht dieses Problem zu umgehen, indem sie behauptet, dass im Grunde alle religiösen Menschen an denselben Gott glauben, dass lediglich die Ausdrucksformen verschieden seien. Das mag durchaus der Fall sein: Bloß ist es nicht ausdiskutiert und die kulturellen Praxen sprechen oft massiv dagegen. In Europa geht man davon aus, dass Religion „Privatsache" ist – und so bebaut jede/r sein spirituelles Gärtchen und versucht, dem Anderen nicht in die Quere zu kommen. „Leben und leben lassen", lautet die Devise. Solche „Toleranz" ruft zwangsläufig jene auf den Plan, die darin die Auflösung und den Verrat an der erkannten Wahrheit sehen. Sie beginnen dann, ihre „Wahrheit" zu verteidigen. Solche „Toleranz" ist also nur an der Oberfläche hilfreich – denn ein radikal individualistisches Konzept von Religion macht Toleranz letztendlich überflüssig. Eine Toleranz, die von der substantiellen Gleichheit aller verschiedenen Religionen ausgeht, ist im Kern ebenso resignativ getönt wie jene, die die Wahrheit für nicht erkennbar hält. Religion wird dabei aufgelöst in bloß kulturelle Unterschiede und gesellschaftspolitische Abhängigkeiten. Toleranz wird dann zum Mittel, die Relativierung der eigenen Überzeugung zu ertragen und führt zu ignorantem Desinteresse am Anderen. Was Religion ausmacht, wird ignoriert: „Das Ergriffensein und unbedingte In-Anspruch-genommen-Sein von einer Herausforderung, die – in der Konkretheit, in der sie mir begegnet – über Gelingen und Misslingen meines Lebens entscheidet."[38] Die pluralistische Lösung weicht dem Konflikt aus und behauptet, dass die Einheit der Welt schon gegeben sei. Die Einheit aber ist uns als Aufgabe gegeben, sie ist immer neu zu erringen.

Wie kann dann ein religiöser Mensch sinnvoll tolerant sein? Indem er die Position des Anderen anerkennt und achtet und ihm zugesteht, auch auf der Spur seiner „unbedingten" Erfahrung zu sein. Der religiöse Mensch kann dann getrost darauf verzichten, diese andere Position zu verurteilen.[39]

## Heilende Erfahrungen

Welche spirituellen Erfahrungen ermöglichen solche „Getrostheit"? Wir sehen vier Erfahrungsdimensionen, die Toleranz ermöglichen:

### Gott gehört nicht mir allein

Wer das „weiss", „sieht", dass auch der Andere in seiner Andersheit im unfassbaren Geheimnis Gottes wohnt. Intoleranz ist also Zeichen spiritueller Armut, die davon gekränkt ist, dass sich Gott auch noch anderen Menschen zeigen kann. Für ein daseinsschwaches Ich bedeutet eine andere Art der Präsenz Gottes eine immense Verunsicherung und Kränkung. Wer tolerant ist, erträgt, dass Gott sich auch so offenbaren kann, dass ich es nicht verstehe.

### Gott begegnet mir im Anderen

Die Andersheit des Anderen ist oft gar nicht zu ertragen: Der da soll mir etwas von Gott erzählen?! Doch im Anderen kommt uns Gott entgegen. Toleranz hieße aus spiritueller Sicht: „Wissen", dass jene Momente, in denen sich der Abstand zum Anderen in Liebe verwandelt, nicht nur psychologische und/oder hormonelle Gründe haben, sondern auch gott-geschenkt sind. Der Andere wird dann zum Ort der Gottes-Verheißung.

### Gott kann alles neu machen

Intoleranz und Toleranz sagen auch etwas aus über unser Verhältnis zum Neuen, Noch-Nie-Dagewesenen.[40] Wer solches im Innersten nicht für möglich hält, wird intolerant allem gegenüber, das er nicht in den ihm vertrauten, alten Bedeutungshorizont einordnen kann. Er wird versuchen, das Unbekannte, Neue in das Immer-schon-Bekannte einzuordnen. Gelingt das nicht, wird das Neue zum Störfall, den es auszugrenzen gilt. Toleranz aus spiritueller Sicht hieße: Radikal Neues für möglich halten, es als solches wahr- und ernst zu nehmen.

## Unser irdisches Leben hat einen Anfang und ein Ende

Die Erfahrung der Endlichkeit lässt uns die Struktur alles Wirklichen deutlich werden.[41] Alles Gewordene ist begrenzt und damit auch nur bis zu einem gewissen Grade belastbar. Wird eine Grenze überschritten, verliert es seine Identität: Grenzenlosigkeit und Überlastung führen zu Verlust und/oder Untergang der Identität von Menschen, Institutionen, auch Religionsgemeinschaften. Diese Grenzen sind wandelbar und gestaltbar, aber nur im begrenzten Maße. Auch die Toleranz braucht und hat also Grenzen und kann Freiheit nur so weit zulassen, als die Freiheit selbst nicht verletzt wird. Toleranz ohne die spirituelle Erfahrung der Endlichkeit führt zu Auflösung, Chaos und Anarchie.[42] Werden die Grenzen zu eng, führt das zur Versteinerung, Unterdrückung und Vernichtung – der eigenen Freiheit und der des Anderen.

### Unheilvolle Konsequenzen

Spirituelle Erfahrungen können – auch wenn sie authentisch sind – unheilvolle, dämonische Folgen haben und Intoleranz nach sich ziehen. Intoleranz ist die dämonische Seite der spirituellen Erfahrung.

### Die Gottesbegegnung ist überwältigend

Wer das nicht respektiert, gefährdet sich und andere. Alle großen Religionen haben daher spirituelle Schulen, in denen Meister und Schüler einander helfen, die Gottesbegegnung in geordnete Bahnen zu lenken. Auch Rituale, die Gotteskontakt ermöglichen können, sollen die Gefahr dabei bannen oder zumindest mildern. Sie sind eine Grenze zur göttlichen Sphäre. Daseinsschwache, Ich-schwache Menschen ohne (kompetente/n) Lehrer/in können hier oft nicht standhalten. Die Gotteserfahrung wird dann in den geschwächten psychischen Kosmos eingeordnet, neutralisiert und verteidigt. So kann eine Erfahrung authentisch und wahr sein, der Mensch, der sie gemacht hat, „muss" sie aber aufgrund seiner psychischen Konstitution intolerant beschützen und verteidigen.

Dem Augenblick religiöser Erfahrung liegt eine „absolute" Dimension zugrunde.

Darin liegt der befreiende Aspekt, man löst sich von der irdischen Realität und „blickt" quasi in die göttliche Sphäre. Sobald diese Erfahrung nun versprachlicht und symbolisiert wird, wird sie „endlich": kulturell, biographisch, soziopolitisch geprägt. Wer das nicht unterscheiden kann, neigt dazu, das Erfahrene und den dafür gefundenen Ausdruck zu identifizieren. Intolerant muss er diesen Ausdruck dann verteidigen.

Gott legt sich fest

Das ist die Erfahrung der Offenbarungsreligionen. Damit aber bezieht Gott Position. Der Gott der jüdisch-christlichen Tradition legt sich noch dazu mehrdeutig fest: Er lässt sich erkennen, aber nicht festnageln, wie die Offenbarungs- und Kirchengeschichte zeigt. Wer diese Spannung erkennt, wird von Ehr-Furcht erfasst. Wird die Furcht darin zu groß, ist die Intoleranz nicht weit.[43]

## Eine „Dritte Aufklärung"

Toleranz ist spirituell fundiert. Eine spirituelle Grunderfahrung macht langatmige Toleranz überhaupt erst möglich. Eine Gesellschaft, eine Welt, die „Überzeugungskonflikte aushalten und in der Weise des Ringens durchtragen"[44] können will, wird sich auch mit den religiösen Grundlagen der Toleranz auseinandersetzen müssen. Im Rahmen einer „Dritten Aufklärung"[45] ist es für moderne Menschen unerlässlich, sich ihrer geistigen Wurzeln zu besinnen. Auch der Begriff der Toleranz ist ein säkularisierter christlicher Wert und keinesfalls weltanschaulich neutral. Ohne hinter die legitimen, unwiderruflichen Errungenschaften der Aufklärung zurück zu fallen, werden wir Toleranz auch als religiöses Problem verstehen lernen müssen.

Paul M. Zulehner/Regina Polak

## Toleranz, Christentum und Kirche –
## Ein unversöhnlicher Widerspruch?

*Die Kirchen sind zur Toleranz ermächtigt und fähig*

Der Begriff der Toleranz steht für ein politisches Konzept und hat seine historischen Wurzeln in der Zeit der europäischen Religionskriege. Toleranz ist die Antwort auf die Frage nach gesellschaftlichem Frieden, der im 15. und 16. Jh. durch die Religionen bedroht und zerstört wurde.[46] Als zunächst struktureller Begriff, der das Verhältnis zwischen Religion, Ethnos und Staat neu regelt, tut er dies, indem er die Religion konfessionalisiert, die Symbole der religiösen und ethnischen Zugehörigkeit in der politischen Sphäre neutralisiert und in die Sphäre des Privaten und Intimen verbannt. Solche Zugehörigkeiten sollen öffentlich fortan keine Rolle mehr spielen, sondern in die Psyche des Einzelnen internalisiert werden. Es ist also kein Wunder, dass die europäische Aufklärung und ihr Zentralbegriff der Toleranz (im Unterschied zu den amerikanischen Konzepten) ausgesprochen religionskritisch und vor allem antiklerikal sind. An dieser Frontstellung leiden die europäischen Kirchen und Gesellschaften bis heute: im Begriff der Toleranz schwingt immer die Religionskritik mit.

Gründe gibt es scheinbar genug: Schon das Neue Testament und erst recht die Geschichte der Kirchen sind vom Geist der Intoleranz durchsetzt.[47] Trotzdem trauen wir uns, die Geschichte der Toleranz als „christliches Ereignis" zu lesen. Das Evangelium hat in Europa eine Dynamik in Kraft gesetzt, ohne die die Entstehung der Toleranz gar nicht denkbar wäre. Man denke nur an Gal 3, 28: Es gibt nicht mehr Juden und Griechen, nicht Sklaven und Freie, nicht Mann und Frau; denn ihr alle seid „einer" in Christus Jesus.

Wer die Geschichte des „christlichen Abendlandes" nicht nur mit den kritischen, sondern auch mit den wohlwollenden Augen des Glaubens betrachtet, kann sehen, wie der Geist der Toleranz mühsam und mit unzähligen Rückfällen konkrete Gestalt annimmt: *In* den christlichen Kirchen, *außerhalb* der Kirchen, oft und tragischerweise auch *gegen* die Kirchen, wenn diese ihr Wesen verraten. Gerade weil die Kirchen in dieser Frage Schuld auf sich geladen haben, sind sie verpflichtet, sich für die Stärkung der Toleranz einzusetzen. Gerade weil die Kirchen in Europa (hoffentlich) um die Brüchigkeit ihrer Identität wissen[48], können sie zum Symbol der Toleranz werden und sich für sie engagieren. Das Potential dazu haben sie – kraft ihres Auftrages, kraft ihrer Tradition, kraft der vielen toleranten gläubigen Menschen in den Kirchen und mit Gottes Zusage, dass wir eins und einig mit uns selbst, mit andern Menschen und mit ihm werden können.

## Die Kirchen werden tolerant, wenn sie die Wahrheit lieben

Zu einer lebensförderlichen Toleranz gehört wesentlich die Wahrheitsliebe. Christlich motivierte Toleranz sucht und engagiert sich für die Wahrheit. Freilich ist dieses Wort heute schicksalhaft beladen. Wer beginnt, über „Wahrheit" nachzudenken, macht sich mindestens doppelt verdächtig: verdächtig, ein Fundamentalist zu sein, verdächtig, altmodisch und naiv zu sein, verdächtig für manche aber auch, einen angeblich feststehenden Glauben von innen her mit Zweifel zu zerfressen. Nicht ohne Grund lehrte schon der zur Zeit der Religionskriege 1464 verstorbene Kardinal Nikolaus Cusanus, dass wir gegenüber der Wahrheitsfrage die Haltung einer „gelehrten, gelehrsamen Unwissenheit" einnehmen sollten. Und auch Paulus schreibt: „Jetzt schauen wir in einen Spiegel und sehen nur rätselhafte Umrisse, dann aber schauen wir von Angesicht zu Angesicht." (1 Kor 13, 12)

Wir glauben: Ein toleranter Mensch kann es sich langfristig nicht leisten, die Wahrheitsfrage auszuklammern. Woher nähme er denn die Kriterien, seiner Toleranz jene Grenzen zu ziehen, die diese unbedingt braucht?

Aus der Erfahrung des Glaubens ist Wahrheit nichts Statisches, das es irgendwo ein für alle Mal zu lernen gibt. Denn die fundamentale Wahrheitserfahrung der Tradition ist ja Gott selbst, seine Verlässlichkeit und unbeirrbare Treue gegenüber seiner Schöpfung (Dtn 32, 4). Dieser Gott kommt uns sich offenbarend entgegen – und das nicht nur aus der Vergangenheit. Sein Geist führt uns immer mehr in die Wahrheit Gottes ein (Joh 6, 67), Gott kommt auch aus der Zukunft auf uns zu.

## Das Ende kirchlicher Toleranz

In der biblischen Tradition gibt es aber auch eine Pflicht zur Abgrenzung, zu Widerstand und Einspruch, wo die „Wahrheit Gottes" bedroht ist. Viele würden es heute als Intoleranz bezeichnen, was die Propheten des Alten Testaments und auch Jesus kritisieren und ablehnen. Immer geht es aber in diesen „intoleranten" Auseinandersetzungen um die Freiheit und Würde des Menschen. Unerträglich wird es für Christ/innen, wenn der Gott der biblischen Offenbarung durch menschliches Geschwätz, durch Ideologien oder unmenschliche Praxis verdeckt und entstellt zu werden droht. Einspruch wird erhoben, wo die Würde des Menschen in Gefahr ist. So erklärt sich die wortgewaltige „Intoleranz" prophetischer Rede: Sie stellt alles bloß und prangert an, was Gottes Ankunft bei den Menschen verhindert. Erinnert sei dabei daran, dass Jesus und die Propheten diesen Widerspruch nicht mit Mitteln der Gewalt, sondern mit machtvollen Worten und dienender Praxis ausgedrückt haben.

*Was kann die katholische Kirche heute tun?*[49]

Am 29.9.1994 rief Papst Johannes Paul II. Juden und Christen dazu auf, gemeinsam jede Form der Intoleranz zu bekämpfen.[50] Auch die Erklärung über die Religionsfreiheit „Dignitatis Humanae" sowie die Pastoralkonstitution der katholischen Kirche „Gaudium et Spes", beide 1965 verkündet, bekennen sich ausdrücklich zu Religionsfreiheit und Toleranz.[51] Die katholische Kirche steht also lehramtlich bestätigt auf dem Boden der Moderne.

*Schuld erkennen, benennen und eingestehen*

Dennoch steht nach wie vor der (wohl nicht gänzlich unberechtigte) Vorwurf im Raum, die katholische Kirche sei bis heute intolerant. Die historischen Untaten werfen ihre Schatten auf die Gegenwart. Will die Kirche diesen Ruf loswerden, ist sie gut beraten, ihre Schuld wahrzunehmen, einzugestehen und den demütigen Weg der Entschuldigung und Reue, wie ihn Papst Johannes Paul II. bereits eingeschlagen hat, weiterzugehen – auf allen Ebenen kirchlichen Lebens.

*Interne Probleme mit der Intoleranz*

Intoleranz ist aber nicht nur eine historische Angelegenheit, sondern bleibt eine stete Versuchung für die Kirche. Intoleranz gab (und gibt) es beispielsweise auch in Diözesen, in Pfarrgemeinden, zwischen Christ/innen mit verschiedenen Spiritualitäten. Auch die christliche Religion hat eine dämonische Seite. Insbesondere die christlichen Ideale (die moralischen Tugenden, die Forderung nach Radikalität der Nachfolge, der christliche Wahrheitsanspruch uvm.), so unverzichtbar sie sind, bilden eine stete Quelle der Intoleranz, wenn sie von Menschen geglaubt, praktiziert und verkündet werden, die eine psychische Neigung zur Intoleranz haben.

Wie die Gesellschaft leidet auch die Kirche an dieser Daseinsschwäche. Schließlich sind die Menschen, die in der Kirche leben: Laien, Priester, Gläubige (hoffentlich) alle auch Teil der Gesellschaft. Ich-schwache, fremdenfeindliche, autoritäre und intolerante Menschen finden sich auch im Volk Gottes, im Klerus und unter den Laien, in allen Bewegungen und Gruppen. Der empirische Blick auf die Kirche in Österreich z. B. hat gezeigt, dass Religiosität und regelmäßiger Besuch des Gottesdienstes keinen Einfluss auf die Abneigung gegenüber Ausländer/innen haben: 21 % der Katholik/innen, 18 % der Protestant/innen und 12 % der Konfessionslosen/Ausgetretenen sind abweisend gegenüber ausländischen Mitbürger/innen.[52] Auch autoritäre Menschen findet man, vor allem unter jenen, die sich als „sehr religiös" definieren: 43 % der Religiösen sind autoritär.[53] Auch die Pluralisierung der kirchlichen Identitäten ist unaufhaltbar: Die unterschiedlichen Formen der Kirchenorientierung in Österreich belegen auch diesen Trend.[54]

Leider wird diese Pluralität, die seit jeher eine Stärke der katholischen Kirche war, von so manchem ausschließlich als Bedrohung der Identität wahrgenommen. Das ist sie ja zunächst *auch*, aber die lebensförderliche, weil entwicklungsfördernde Verunsicherung könnte durchaus zu einer vitalen, weil vielfältigen Kirche führen, in die viele Tore führen. Dazu muss eine Kirche freilich ausreichend viele Mitglieder haben.

*Das Volk Gottes macht ernst mit Freiheit*

Um die Vielfältigkeit zu gewährleisten, muss Freiheit wieder eine spirituelle und praktische Leitidee werden. Die Kirchen können sich dabei getrost auf die lange kirchliche Freiheitstradition verlassen. Menschen sind zur Freiheit zu ermutigen und zu befähigen, Strukturen sind so zu gestalten, dass Freiheit möglich wird. Dazu gehört freilich das Vertrauen, dass Gott in der Biographie jedes Menschen von Anfang an und zeitlebens dabei ist und nicht erst mühsam eingetrichtert werden muss. Außerdem ist anzuerkennen, dass auch Christ/innen verschieden sein dürfen: die Formen der Nachfolge sind plural. Die „wahre Gleichheit" besteht ja nicht darin, dass alle Christ/innen gleich fühlen, denken und handeln müssen, sondern darin, dass alle, ihrer eigenen Stellung und Aufgabe entsprechend am Aufbau des Leibes Jesu mitwirken können, weil ihre Würde und ihr Handeln in Christus „wiedergeboren ist." (CiC 208)[55] Die praktische Konkretion von Freiheit wird freilich unausweichlich von Irrtümern und Fehlern, von Scheitern und Schuld begleitet sein. Dazu braucht die Kirche in Zukunft entsprechende Kulturen des Umgangs mit Schuld, Vergebung, Versöhnung und Neuanfang. So wird Toleranz konkret eingeübt.

### Partizipation gefragt

Tolerant sein heißt auch, verbindlich sein können. Daher wird die Leitidee der Freiheit mit dem Ethos der Verbindlichkeit, der Verantwortlichkeit und der Verpflichtung kreativ verflochten.[56] Das bedeutet, dass alle, die sich als Christ/innen verstehen, aufgefordert sind, sich in die Traditionen der Kirche verständig und stimmig einzubringen, am Werden und Wirken der Kirche teilzunehmen, es mitzugestalten und zu verantworten. Das bedeutet, dass sich die Verantwortlichen mutig viele neue Formen einfallen lassen, wie solche Partizipation vor Ort konkret aussehen kann. Neben der traditionellen Pfarrgemeinde ist an Internet-Communities dabei genau so zu denken wie an Diskussionsplattformen, zu der eine Gemeinde/Initiative auch mal die Bezirksvertretung einlädt, von der man weiß, dass dort interessierte, vielleicht sogar ausgetretene Christ/innen mitarbeiten.

Spirituelle Leithaltung einer solchen partizipatorischen Kirche könnte jene „selige Inkonsequenz"[57] (Broer) sein, die wir in der biblischen Tradition immer wieder finden: Gott taucht auf, wo man ihn nicht mehr vermutet und rettet den, der eigentlich nichts mehr zu erwarten oder es gar nicht verdient hat. Oder Jesus, der ohne Vorbedingungen und Auflagen fragt: Was willst Du, dass ich Dir tue? Oder sich unverschämt bei Zachäus zum Mittagessen einlädt.

### Die Kirche wird durchlässig

Intolerant sind nicht nur Menschen, sondern auch ausgrenzende, abwehrende Strukturen. Selbstverständlich braucht Kirche, insofern sie auch eine Institution ist, Grenzen; allein dadurch ist sie noch keinesfalls intolerant. Aber hier ist immer wieder neu am rechten Maß zu arbeiten. Eine Kirche, die ein Symbol für Toleranz sein will, braucht durchlässige Grenzen: Man muss sich angstfrei hinaus- und hinein*bewegen* können. „Durchlässig" heißt also weder „rigide" noch „offen".

Nach „außen" konkret wird das z. B. im Stil der Sakramentenpastoral oder des Religionsunterrichts. Werden die „Schätze" der kirchlichen Tradition hier sichtbar? Oder werden sie umgekehrt angstvoll behütet und niemand darf daran (zweifelnd, kritisch) rühren? Wird hier „offen" und ohne Unterschied alles gutgeheißen oder umgekehrt unentwegt mit strengen Auflagen die Differenz und Abgrenzung Kirche – Welt betont? Können Eltern und Ehepaare, Singles und Geschiedene, Jugendliche und Kinder davon hören und erfahren, dass Gott immer schon bei Ihnen ist? Oder werden sie mit Religion versorgt, als müsste man Gott erst in die Welt bringen?[58]

Nach innen erkennt man durchlässige Grenzen daran, dass es zwischen den einzelnen hierarchischen Ebenen, zwischen Gruppen, Bewegungen, Pfarrgemeinden, Organisationen vielfältige Verbindungen gibt und ein reicher Informationsfluss (keine Gerüchte und Vorurteile) fließt. Entscheidungen (z. B. Leitbilder, Personalpolitik) werden von allen Betroffenen mit der Leitung gemeinsam getroffen, Erfahrung und Wissen der Einen findet Eingang in die Arbeit der Anderen. Dafür gibt es entsprechende institutionalisierte Vorgänge (z. B. Beratungsgremien für Bischöfe, Pfarrgemeinderat). Das genuin katholische Prinzip der Subsidiarität wird auch in der Kirche konkret: die Organisation steht im Dienst der Menschen und wird auch von ihnen verantwortet.[59] Durchlässige Strukturen fördern eine personale, synodale und kollegiale Arbeitsweise, setzen diese aber auch voraus. Durch die strukturierte Begegnung mit den „Je-Anderen" können alle voneinander lernen. Eingeübt wird dabei engagierte Toleranz. Die Kirche wird durchsichtig und begehbar: Sie kann sich „sehen lassen" (Stenger).

## Die Kirche lebt von ihrer Pluralität

Eine Kirche, die ihre Pluralität als Ressource entdeckt, wird lebendig und vital. Die Vielfalt wird nicht nur ertragen, sondern Christ/innen erkennen in ihr das unerschöpflich reiche Wirken Gottes. Das kann man nur, wenn man dem Sein einen relativen Vorrang vor dem Sollen gibt, also die Wirklichkeit nicht von oben herab und seinen Idealen her bemisst, sondern umgekehrt die Überfülle der Realität mit den eigenen und kirchlichen Erfahrungen, Traditionen und Idealen in ein dynamisches Gespräch bringt. Eine Pluralität, die aber, wie die der Kirche, auch auf Einmütigkeit abzielt, muss mit Konflikten rechnen. Damit diese nicht zu destruktiven Polarisierungen und Zerreißproben werden, braucht es pluralitätstolerante Menschen, Mitarbeiter/innen, Leitungen und Strukturen. Die katholische Kirche ist von jeher pluralistisch angelegt. Der Blick auf die Kirchengeschichte lässt ein buntes, schillerndes, oft auch sehr widersprüchliches Bild entstehen. Es gehört unverzichtbar zur Kirche, dass sie um ihre Identität ringt, Grenzen festlegt, zugleich aber auch in Lehre und Praxis konstitutiv plural ist. Es scheint, als würde durch die Vielfalt die Weite der Offenbarung Gottes gesichert. Immer, wenn die Kirche versucht, Gott von sich aus festzulegen, gerät sie in Gefahr intolerant zu werden. Wenn sie es umgekehrt nicht versucht, hat sie nichts zu sagen. Die Kirche ist daher gut beraten, auf Pluralität zu setzen, denn Monokulturen sind schwach und neigen zur Intoleranz.

*Beispiel: plurale Priesterverständnisse*

Die gegenwärtige Pluralität der Kirche lässt sich empirisch gut darstellen an der Vielfalt der Priesterselbstverständnisse: Da gibt es den zeitlosen Kleriker, der ganz in Christus verwurzelt ist, aber auch ängstlich über „seine" Glaubensschätze wacht. Oder den zeitoffenen Gottesmann, der Brücken zwischen Gott und Mensch, Kirche und Welt baut, aber an den damit verbundenen Spannungen zerreißen kann. Den zeitnahen Kirchenmann, dessen Stärke die Pluralitätstoleranz ist, der aber in seiner Professionalität als „Statthalter" untergehen kann und sich dann von nichts und niemandem mehr etwas sagen lässt. Schließlich noch den zeitgemäßen Gemeindeleiter, der alles für seine Gemeinde einsetzt, aber darin profillos zu werden droht. Eine Priesterstudie[60] in fünf europäischen Ländern[61] konnte zeigen, dass jedes der pluralen Priesterbilder, die die vier herausgearbeiteten Typen vertreten, seine spezifische, theologische Berechtigung hat. Jede der Positionen hat ihre Stärke und jede ihre entsprechenden Einseitigkeiten. Nicht die Einseitigkeit aber ist das kirchenpolitisch relevante Problem: die Intoleranz beginnt, wenn eine Position sich für die bessere, die gottesnähere hält und beginnt, die anderen abzuwerten. Für Laien gibt es dazu keine empirische Studie, aber auch hier werden sich wohl ähnlich plurale Typen finden.

*Alle können „im Boot" bleiben und etwas beitragen*

Eine lebensstarke, tolerante Kirche ist in der Lage, der Vielfalt der Positionen und Personen Raum zu geben. Alle können „im Boot" bleiben und sich einbringen. Dazu muss die Kirche aber zu einer „Lerngemeinschaft" werden. Vom Papst über die Bischöfe, den Klerus bis zu den Laien müssen alle bereit sein, voneinander zu lernen und sich selbst in Frage zu stellen. Damit die Spannungen und Konflikte erträglich bleiben, braucht es die gemeinsame Bereitschaft zur Einmütigkeit, zum Konsens, und zugleich auch die Toleranz gegenüber unlösbaren Konflikten, ohne sofort

„dreinschlagen", „aufräumen" oder ausschließen zu müssen. Es braucht sozusagen eine „evangeliumsgemäße Liberalität": das Vertrauen darauf, dass Gott in dieser Vielfalt selbst am Werk ist. Hilfreich können dabei die jahrhundertealten Symbole und Traditionen der Kirche sein, die die Quelle der Einheit mit Gott sind: die Liturgie und die Sakramente.

*Amt und Leitung werden wichtiger*

Je pluraler die Kirche ist, umso wichtiger werden Amt und Leitung: In hochdifferenzierten Organisationen von der Größe der Kirche braucht es effiziente und kompetente Leitungspersonen und -strukturen. Nur gut ausgebildete, leitungskompetente Amtsträger/innen können die Pluralität der Kirche „managen", d. h. ordnen und regulieren und im Dienst von Kirche und Gesellschaft als eine ihrer Stärken sichtbar machen. Nur geordnete Pluralität ist stark, sonst führt sie ins Chaos. Die Kirche braucht also Leitungspersonen, die die Pluralität nicht nur aushalten, sondern klug ermöglichen und stärken. Wer eine Kirche will, deren Pluralität eine Stärke ist, muss also höchste Sorgfalt und Ausdauer auf die Ausbildung jener Personen verwenden, die einer solchen Kirche vorstehen. Das betrifft Klerus und Laien. Will das Schiff möglichst vielen ein Zuhause anbieten, braucht es auch eine pluralitätskompetente Leitung.

*Die Kirche investiert in ihre Kompetenz*

Konkret bedeutet das: Wer in der Kirche leiten will, muss sich auf schmerzliche, aber auch bereichernde Entwicklungs- und Lernprozesse einlassen, die auch die eigene Person und den eigenen Glauben betreffen – auch dann, wenn er schon mitten im Beruf steht und berufen ist. Wer in der Kirche leitet, muss sich jene berufsspezifischen Kompetenzen aneignen, die das Leiten einer großen Organisation ermöglichen: Leitungskompetenz, Teamfähigkeit, Organisationsentwicklungsfähigkeit. Er muss „pastoral kompetent" sein[62], also berufsspezifisch ausgebildet (theologische Ausbildung, „Schlüsselkompetenzen") und fähig zur Personalentwicklung sein.

„Pastorale Kompetenz" meint aber nicht nur die Fähigkeiten einer Person, sondern auch die entsprechenden Zuständigkeitsbeschreibungen, „Amtsprofile", wie sie im Rahmen einer Organisationsentwicklung formuliert werden: Welche Ämter braucht die Kirche? Wozu sind die Ämter berechtigt? Was muss man dazu können? Wer darf sie ausüben? Im Idealfall stimmen kirchlich vermittelte Zuständigkeits- und individuell zu erwerbende Fähigkeitskompetenz überein. Eine Kirche, die dieses Zusammenspiel intelligent gestaltet und fördert, wird „von selbst" tolerant.

### Personal- und Organisationsentwicklung um der Toleranz willen

Auch die Personalpolitik einer Kirche, die zum Symbol für wohlverstandene Toleranz werden will, wird professionell. So werden nur jene für konkrete Aufgaben verantwortlich erklärt, die ausreichend Entwicklungspotential in Richtung Pluralitätstoleranz haben. Beim „Headhunting", also bei der Personalauswahl, ist darauf zu achten, ob jemand pluralitätsfähig ist. Je mehr Gestaltungsmacht jemand hat, je länger er/sie voraussichtlich im Amt bleiben wird, umso wichtiger ist dieses Kriterium. Priester, Bischöfe, auch Kardinäle und Laientheolog/innen müssen in der Lage sein, engagierte, lebensförderliche Toleranz zu einem Haltungs- und Handlungsprinzip von Kirche zu machen. Für eine Kirche, die im europäischen Pluralismus wichtig werden/bleiben will, ist dies eine zentrale Frage.

Weil die personale Identität jedes Menschen – also auch die personale Identität kirchlicher Amtsträger/innen – in der Regel eingeschränkt ist, sind parallel Strukturen zu schaffen, die Einseitigkeiten abfedern können: Die Kirchenleitung arbeitet also um ihrer Pluralitätstoleranz willen in Teams, leistet sich und institutionalisiert Supervision, Konfliktmanagement, Mediationsverfahren usw. Ohne solche institutionalisierte Maßnahmen im Personal- und Organisationsentwicklungsbereich stellt es für die ganze Kirche eine Gefahr dar, wenn jemand, der einseitig und potentiell intolerant ist, in der Kirche leitet und lenkt.

### Das Volk Gottes wird prophetisch und mischt sich ein

Toleranz hat Grenzen, auch die der Kirche. Insofern die Kirche einen prophetischen Auftrag hat, muss das Volk Gottes dort Einspruch erheben, wo die Würde des Menschen und die Erfahrung Gottes bedroht ist. Diese „Intoleranz" wird konkret im mutigen Wort des Widerspruchs und der Missionspredigt, in der praktischen Nachfolge im Dienst am Nächsten, in der Liturgie und in der Caritas, in der Politik und in der Seelsorge. Orte, wo solche produktive „Intoleranz" dringend gefragt ist, gibt es heute genug: Bedrohung der Menschenwürde durch Euthanasie, Marginalisierung bestimmter gesellschaftlicher Gruppen wie Behinderte, Kranke, Kinder, alte Leute und Sterbende, spirituelle Irrwege, die die menschliche Freiheit bedrohen und in neue Abhängigkeiten führen, aber auch Sehnsucht nach Sinn, nach Glück und Heil usw. Überall dort ist die Einmischung von Christ/innen gefragt und zeugt von dem, wofür sie stehen. toleranz ist hier ein Zeichen lebendiger Identität.

### Und die Politik?

Zurück zur Politik. Was für die Kirche gilt, ist auch für die Entscheidungsträger/innen und Verantwortlichen in der Politik wichtig. Politischer Pluralismus ist gesellschaftlicher Alltag und Politik braucht daher pluralitätsfähige Verantwortliche, pluralitätstolerante, demokratische Strukturen und pluralitätsfähige Bürger/innen. All das ist zu fördern und zu pflegen. Die politischen Krisensymptome machen Handlungsbedarf deutlich. Auch die Politik muss aktives und intelligentes Pluralitätsmanagement betreiben, will sie die für eine Demokratie unerlässliche Toleranz zu einem „staatstragenden" und weltpolitisch relevanten Wert machen. Dazu einige Impulse:

Staaten, die an nationaler und internationaler Toleranz interessiert sind, werden – weil sie nicht wertneutral sind[63] – *weltanschauliche Diskussionen materiell und ideell fördern*, selbst aber weltanschauungsneutral bleiben. Sie werden interessiert die Kooperation mit jenen gesellschaftlichen Institutionen suchen und fördern, die sich für die Entwicklung der Toleranz stark machen. Dazu gehören in Europa nach wie vor die Kirchen und Religionsgemeinschaften. Insbesondere die katholische Kirche mit ihrer weltkirchlichen Struktur kann hier ein internationaler Gesprächspartner sein.

Eine Gesellschaft, in der die Intoleranz der Bürger/innen zunimmt, ist eine kritische Anfrage an die *Familien-, die Bildungs- und die Sozialpolitik eines Staates* sowie an die Möglichkeiten und Fähigkeiten der Bürger, das *Bürgerrecht auf Mitgestaltung des öffentlichen Gemeinwohls* zu praktizieren. Es ist klar, dass die Entwicklung einer personalen Identität zuerst in der Verantwortung des Einzelnen liegt. Freilich eröffnen Staat, Gesellschaft und Politik die entsprechenden Räume, in denen solches möglich wird. Finden die Familien in unseren Gesellschaften ausreichend Raum, Zeit und Unterstützung, um die Grundlagen für die Entwicklung toleranter Menschen zu legen? Wird Müttern und Vätern die Möglichkeit gegeben, sich selbst weiterzuentwickeln und ihre Kinder in das Leben zu begleiten, damit sie ich-stark werden? Zielen die Bildungsinstitutionen der Gesellschaft auch ausreichend auf Persönlichkeitsentwicklung und politische Bildung, oder zunehmend nur mehr auf Berufsfertigkeiten? Unterstützt die Politik jene Institutionen, in denen Kinder, Jugendliche und Erwachsene praktisch erfahren und üben können, was konkrete, gelebte, engagierte Toleranz ist? Können sich die Bürger/innen politisch relevant einbringen? Wie sorgt sich Politik konkret um das Wohl jener, die in unserer Gesellschaft scheitern, zu kurz kommen oder benachteiligt sind? Haben Menschen ausreichend Sicherheit, um sie vor der Versuchung zu bewahren, sich in extreme Bewegungen zu flüchten?

Wer darf in unseren Ländern politische Verantwortung tragen? *Pluralitätskompetenz gehört auch zu den Schlüsselkompetenzen zukünftiger Politiker/innen!* Wer politische Gestaltungsmacht bekommt, sollte neben politischem Knowhow auch ein Mindestmaß an personaler Identität aufweisen. Was in der Wirtschaft zunehmend wichtiger wird: Schlüsselkompetenzen zu entwickeln, ist in der Politik nur billig. Die Auswahl und Ausbildung von Politiker/innen darf nicht nur dem freien Spiel der Kräfte überlassen werden oder sich auf Imageentwicklung reduzieren, sondern ist sorgfältiger zu gestalten.

Schließlich: Wofür stehen politische Parteien und Verantwortungsträger? Entscheidend ist dabei nicht nur der Inhalt, sondern zunehmend auch der *Stil*, in dem Politik betrieben wird. Politiker/innen – ob links oder rechts ist hier egal – die sich von Werten wie „Konsens", „Partizipation", „Gemeinwohlorientierung" bzw. „Solidarität", „Diskurs mit allen Betroffenen", „Einbeziehen des politischen Gegners", „Minderheitenschutz" usw. verabschieden und stattdessen auf autoritäres Durchgreifen oder aber laxes Gewährenlassen setzen, dürfen sich nicht wundern, wenn sie trotz bester inhaltlicher Absichten – und vielleicht sogar *wegen* der raschen Erfolge – die Intoleranz in einem Land befördern. Politik ist unter modernen Bedingungen ein hochspezialisiertes „Geschäft", das nach eigenen Dynamiken funktioniert. Politiker/innen sollten gerade deshalb angehalten sein, sich selbst und die politischen Strukturen, die sie in einem Land begünstigen oder aber beseitigen, auf „Toleranzverträglichkeit" zu prüfen und diese zu befördern. Der Blick über den Tellerrand des politischen Subsystems ist also auch hier gefragt, um Toleranz zum Schlüssel einer guten Zukunft werden zu lassen.

## Anmerkungen

1 Wir konzentrieren uns hier auf Europa, weil in den Diskussionen nach dem 11. September 2001 gern übersehen wird, dass Toleranz auch in Europa kein selbstverständliches Gut ist.

2 Vgl. dazu Ernst Ulrich Huster: Armut in Europa. Opladen 1996.

3 Dazu Hermann Denz (Hg.): Die europäische Seele. Leben und Glauben in Europa. Wien 2002, 106

4 Hans Schelkshorn: Menschenrechte und „Recht auf Heimat". KSÖ Nachrichten 2/2001, 1–3.

5 Auch der Linksradikalismus hängt mit Autoritarismus zusammen und ist intolerant. Als politische Größe ist er aber zur Zeit in Europa von geringerer Bedeutung und unterscheidet sich auch qualitativ gegenüber dem Rechtsradikalismus.

6 Vgl. dazu ausführlich: Susanne Rippl/Christian Seipel/Angela Kindervater: Die autoritäre Persönlichkeit: Konzept, Kritik und neuere Forschungsansätze. In: Diess. (Hg.): Autoritarismus. Kontroversen und Ansätze der aktuellen Autoritarismusforschung. Opladen 2000, 13–30. Theodor W. Adorno: Studien zum autoritären Charakter. Frankfurt 1950/1973, insbes. 303–359.

7 Zu den psychosozialen Ursachen dieser Bindungsunfähigkeit: Christel Hopf: Familie und Autoritarismus – zur politischen Bedeutung sozialer Erfahrungen in der Familie. In: Rippl u. a. (Hg.), 33–52.

8 Dazu: Hopf, in Rippl u. a. (Hg.), 33ff. Deshalb sind autoritäre Menschen auch so ansprechbar für die oft irrationale und nachweisbar falsche rechtspopulistische Propaganda, die Fremden würden unseren Besitzstand bedrohen. Neid und Verlustängste resultieren in einem kompensatorischen Materialismus. Wenn die reale ökonomische Situation dann tatsächlich bedrohlich wird, wachsen Neid und Verlustangst überproportional. Dieser Zusammenhang erklärt auch, warum Autoritarismus und Fremdenfeindlichkeit relativ unabhängig sind von der „objektiven" ökonomischen Situation einer Person: entscheidend ist die Funktion, die Besitz für jemanden hat. Diese Art von Fremdenfeindlichkeit zeigt sich z. B. an der Forderung der Österreicher/innen, bei Arbeitsplatzknappheit Einheimische zu bevorzugen: je nach Alter stimmen hier zwischen 59 % (bis 30-Jährige) und 87 % (ab 61 Jahren) zu. Dazu: Paul M. Zulehner/Regina Polak: Lieben und Arbeiten. In: Hermann Denz/Christian Friesl/Regina Polak/Reinhard Zuba/Paul M. Zulehner u. a.: Die Konfliktgesellschaft. Wertewandel in Österreich 1990–2000. Wien 2001, 75.

9 Vgl. die Beschreibung des „starren Vorurteilsfreien" bei Adorno, 340ff.

10 Immerhin sagen z. B. in Österreich. 41 %, dass sie im Konfliktfall mit dem Vorgesetzten am Arbeitsplatz zu ihrer Meinung stehen würden, sodass man am Arbeitsplatz einen Rückgang der autoritären Gehorsamskultur beobachten können müsste. Auch wenn es sich dabei um eine Art pragmatischen Opportunismus handelt, der nur dann widerspricht, wenn keine negativen Folgen zu befürchten sind, ist das ein gutes Zeichen. Es bedeutet freilich nicht, dass dieselbe Person in ihrer

gesellschaftspolitischen Existenz nicht zugleich autoritär gesinnt ist. Vgl. Zulehner/Polak 2001, 72–73.

11  Hermann Denz: Krise der Demokratie – Wiederkehr der Führer? In: Denz (Hg.) 2002, 95–118; daraus entnehmen wir die folgenden Zwischenüberschriften.

12  Denz 2002, 116.

13  Hermann Denz: Staat und Zivilgesellschaft: Widersprüche, Verwerfungen, Bruchlinien. In: Denz u. a. 2001, 191.

14  Zur Autoritarismusentwicklung in Österreich: Denz 2001, 187–190.

15  Dazu Denz 2002, 105–109.

16  Dazu Schelkshorn 2001, 1.

17  Denz 2002, 104–105.

18  Dazu Günter Hole: Fundamentalismus, Dogmatismus, Fanatismus: Der Konsequenzzwang in der Persönlichkeitsstruktur und die Chance zur Toleranz. In: Paul M. Zulehner (Hg.): Pluralismus in Gesellschaft und Kirche – Ängste, Hoffnungen, Chancen. Freiburg 1988, 56–87.

19  Dazu z. B.: Hole, in: Zulehner 1988, 56–87.

20  Ausführlich dazu: Hole 1988, 64ff.

21  Hermann Stenger: Glaubwürdigkeit durch Transparenz. In: Ders.: Für eine Kirche, die sich sehen lassen kann. Wien Innsbruck 1995, 63ff.

22  Hole 1988, 59.

23  Z. B. der Typ des „toleranten Gewinners", jene „Ichlings"-Form, die nicht autoritär eingestellt ist, wirtschaftsliberal und stark ich-bezogen ist, tolerante Werteeinstellungen hat, sich aber für das Wohlergehen anderer Menschen kaum verantwortlich fühlt. Vgl. Christian Friesl/Regina Polak: Konflikte im Wertesystem. In: Denz u. a. 2001, 32.

24  So Jürgen Werbick, zitiert nach: Hermann Stenger: Kompetenz und Identität. Ein pastoralanthropologischer Entwurf. In: Ders. (Hg.): Eignung für die Berufe der Kirche. Wien 1989, 66.

25  Ausführlich zur Frage der Identität unter modernen Bedingungen: Heiner Keupp u. a.: Identitätskonstruktionen. Das Patchwork der Identitäten in der Spätmoderne. Reinbek b. Hamburg 1999; v.a. 63–108.

26  Dazu Clemens Schaupp: Eignung und Neigung. In: Stenger (Hg.) 1989, 218.

27  Stenger 1989, 65ff.

28  Über diesen Zusammenhang: Stenger 1995, 15–26.

29  Dazu Stenger 1989, 100.

30  Dazu Stenger 1995, 21ff.

31  Ein Begriff, den Stenger vom Schicksalsanalytiker Leopold Szondi übernimmt: Stenger 1995, 18.

32  Stenger 1989, 57.

33  Stenger 1989, 57.

34 Dazu Hermann Stenger: Im Zeichen des Hirten und des Lammes. Mitgift und Gift biblischer Bilder. Innsbruck 2000, 305–314.

35 Denz 2002, 112.

36 Dazu: Die Gruppe von Lissabon: Die Grenzen des Wettbewerbs. Die Globalisierung der Wirtschaft und die Zukunft der Menschheit. Darmstadt 1997.

37 Vgl. Jürgen Werbick: Toleranz und Pluralismus. Reflexionen zu einem problematischen Wechselverhältnis. In: Ingo Broer/Richard Schlüter: Christentum und Toleranz. Darmstadt 1996, 112.

38 Werbick 1996, 113.

39 Ausführlich zu diesem Gedankengang: Werbick 1996, 107–121.

40 Dazu: Toleranz und Intoleranz in der Alten Kirche. In: Broer/Schlüter (Hg.) 1996, 93.

41 Vgl. Speyer 1996, 83.

42 Vgl. Speyer 1996, 85.

43 Heinz-Günther Stobbe: Ehrfurcht und Achtsamkeit. Religiöse Grundlagen der Toleranz. In: Broer/Schlüter (Hg.) 1996, 122 ff.

44 Stobbe 1996, 122.

45 Stobbe 1996, 124ff.

46 Zur Geistesgeschichte: Werbick 1996.

47 Dazu Broer/Schlüter (Hg.) 1996.

48 Dazu: Hans Waldenfels: Zur gebrochenen Identität des abendländischen Christentums. In: Werner Gephart/Hans Waldenfels (Hg.): Religion und Identität. Im Horizont des Pluralismus. Frankfurt 1999, 105–126.

49 Wir schreiben hier aus der Perspektive der und für die katholische Kirche. Für die evangelische Kirche wird wohl ähnliches zutreffen, da wollen wir uns aber nicht ohne evangelischen Co-Autor einmischen.

50 Der erste israelische Botschafter hatte den heiligen Stuhl besucht und sein Beglaubigungsschreiben überreicht. Der Papst rief zum gemeinsamen Einsatz gegen den Antisemitismus auf. Vgl. Heinz-Josef Fabry: Toleranz im Alten Testament? In: Broer/Schlüter (Hg.) 1996, 9.

51 DH 2, GS 28.

52 Paul M. Zulehner/Isa Hager/Regina Polak: Kehrt die Religion wieder? Religion im Leben der Menschen 1970 – 2000. Ostfildern 2001, 311.

53 Ebd., 264–265; Allerdings haben wir auch festgestellt, dass diese Zahl seit den 70er-Jahren (mit 80 % Religiösautoritären) im Abnehmen ist; Religiosität in Österreich wird immer freiheitsbetonter, unautoritärer.

54 Da gibt es 31 % Intensivchrist/innen (kirchlicher „Kern"), 42 % Sozialchrist/innen (wünschen sich soziales Engagement von der Kirche), 14 % Ritualist/innen (wünschen sich Begleitung bei den Lebenswenden). Vgl. Zulehner u. a. 2001, 126.

55 Dazu Stenger 1995, 42.

56 Dazu Stenger 1995, 14.

57  Broer 1996, 72.

58  Dazu: „Denn du kommst unserem Tun mit Deiner Gnade zuvor ..." Zur Theologie der Seelsorge heute. Paul M. Zulehner im Gespräch mit Karl Rahner. Passau 1983, MS. Wird demnächst im Schwabenverlag neu aufgelegt.

59  Dazu bereits die päpstliche Enzyklika Quadragesimo anno 79 und 80 (1931).

60  Paul M. Zulehner/Anna Hennersperger: „Sie gehen und werden nicht matt! Jes 40, 31. Priester in heutiger Kultur. Ergebnisse der Studie PRIESTER 2000. Ostfildern 2001.

61  Deutschland, Schweiz, Österreich, Polen, Kroatien.

62  Dazu ausführlich Stenger 1989, 32ff.

63  Vgl. dazu das so genannte Böckenfördeparadoxon: Der moderne Staat beruht auf Wertgrundlagen (wie z. B. den Menschenrechten, dem Rechtsstaatsprinzip, der Verpflichtung zur Solidarität), die er selbst nicht geschaffen hat und deren Aufrechterhaltung er auch von sich aus nicht garantieren kann. Er ist also darauf angewiesen, dass die Gesellschaft und ihre Institutionen die „moralische" Substanz von sich aus regenerieren können. Er ist daher auch dafür verantwortlich, Rahmenbedingungen so zu schaffen, dass dies auch möglich ist.

Menachem Fisch

# Ein bescheidener Vorschlag: Auf dem Weg zu einer religiösen Politik der epistemischen Demut

## Vorbemerkungen

Bevor wir uns der Aufgabe widmen zu durchdenken, welche Aussichten es hat, eine Haltung der Toleranz entwickeln zu wollen, die aus den Prämissen einer Offenbarungsreligion abgeleitet sein soll, erscheint es sinnvoll, zunächst zu definieren, was wir mit dem Begriff Toleranz meinen und was unserer Auffassung nach Toleranz überhaupt zu leisten vermag. Ich stelle diese Frage nicht, damit wir in den Präliminarien steckenbleiben, sondern vielmehr um den Einsatz zu erhöhen. Um es einfach auszudrücken: Aus der philosophischen und religiösen Perspektive, aus der heraus ich schreibe, wird Toleranz, so wünschenswert sie sicherlich ist, schlicht nicht ausreichen.

Einige Vorbemerkungen: Erstens werde ich über Toleranz in dem pointierten Sinn der Bemühung reden, diejenigen zu dulden, mit denen wir uneinig sind oder die wir anstössig finden, das heisst im Sinne der Bereitschaft, das Unbehagen ihrer Gegenwart auszuhalten und stillschweigend zu erdulden – im Gegensatz zur bloßen Tolerierung des Fremden oder nicht Vertrauten. Wir sollten uns auf das Anstössige konzentrieren, nicht nur auf das Anderssein. Der Versuch, eine Haltung der Toleranz aus den Prämissen einer Offenbarungsreligion heraus zur Sprache zu bringen, besteht daher mindestens darin, innerhalb der Grundlagen der religiösen Tradition nach Elementen zu suchen, die es den Anhängern dieser Religion erlauben, über Glaubenssysteme, Lebensformen und Verhaltensweisen hinwegzusehen, welche die eigene Religion als häretisch oder sündhaft betrachtet.[1]

Zweitens schlage ich, um das Problem etwas zuzuspitzen, vor, dass wir die Möglichkeit, Raum für den Anderen zu schaffen, indem wir unsere religiösen Maßstäbe aufweichen, außer acht lassen. In der Begegnung mit der Moderne in ihren unterschiedlichen Phasen und Formen haben alle Religionen ihre Vorstellungen von Sünde und Häresie in gewisser Hinsicht und in bestimmtem Maße verändert. Dabei handelt es sich zweifellos um einen ebenso faszinierenden wie komplexen Prozess, um den es uns jedoch im Augenblick nicht geht. Das Problem der Toleranz mit Blick auf Offenbarungsreligionen – das heißt auf Religionen, die ein klares und verbindliches Bewusstsein davon aufweisen, wer dazugehört und wer ausgeschlossen ist, was richtig und falsch, was angemessen und unangemessen ist – besteht *nicht* darin, ob diese Religionen Wege finden, häretisches und sündhaftes Verhalten zu *rechtfertigen*, sondern darin, ob sie aus ihrer Tradition heraus, von ihren Wurzeln, gute Gründe dafür angeben können, es zu unterlassen, etwas gegen häretisches oder sündhaftes Verhalten zu unternehmen, obwohl es sich eben um häretisches Verhalten handelt. Was wir hier aus der Perspektive der Offenbarungsreligion erörtern sollen, betrifft die Ansicht einer Reinterpretation nicht der Sünde, sondern der *Reaktion* auf die Sünde.

Drittens stellt sich das Problem nicht für alle Lebensformen und Verhaltensweisen, welche die jeweiligen Religionen als sündhaft betrachten. Jene Lebensweisen und Verhaltensnormen, die auch die übrige Gesellschaft, wenn auch aus anderen Gründen, verachtet, mögen manche ebenfalls als ein unter dem Aspekt der Toleranz zu behandelndes Problem ansehen, doch gilt dies nicht aus der Perspektive des Anliegens dieses Beitrags. Ich setze voraus, dass wir nicht nach Wegen suchen, die Religionen toleranter zu machen als die übrige Welt. Das Problem stellt sich nicht hinsichtlich der Einstellungen von Offenbarungsreligionen gegenüber der Sünde im allgemeinen, sondern hinsichtlich ihrer Einstellungen gegenüber solchen Formen sündhaften Verhaltens, die außerhalb ihrer Gemeinschaften toleriert werden. Man kann davon ausgehen, dass dazu gewöhnlich die meisten Verletzungen ritualistischer religiöser Normen zählen – jener Normen also, die mit Tabus und Grenzen in Bezug auf Speisen, Riten und den Gottesdienst zu tun haben. Ausgeschlossen dürften bei solcher Toleranz mindestens die meisten Akte der Gewalt gegen andere Gemeinschaften und Verletzungen ihres privaten oder gemeinschaftlichen Vermögens sein.

Auch sollten wir uns meines Erachtens in diesem speziellen Zusammenhang nicht mit der Intoleranz religiöser Gemeinschaften gegenüber ihren eigenen häretischen oder sündhaften Mitgliedern beschäftigen, zumindest nicht unmittelbar. Vorausgesetzt solche Gemeinschaften sind – zumindest in gewissen Maße – autonom, und abgesehen von der überaus wichtigen Frage, in welchem Maße eine liberale multikulturelle Gesellschaft ihren Gemeinschaften gestatten kann, sich ihren eigenen Mitgliedern gegenüber illiberal zu verhalten, verstehe ich die Fragestellung dieses Beitrags so, dass unser Interesse sich auf die Fähigkeit des religiösen Menschen richtet, das häretische und sündhafte Verhalten fremder Gemeinschaften und Individuen zu tolerieren. Das Problem der religiösen Toleranz stellt sich demnach mit Blick auf Glaubensüberzeugungen, Handlungen, Individuen und Lebensformen, die jenseits der Grenzen der religiösen Gemeinschaft, innerhalb derer und aus deren Sicht sie als unerträglich erscheinen, geduldet oder sogar geschätzt werden.

## Das Problem der Souveränität – eine jüdische Perspektive

Vor diesem Hintergrund ist zunächst festzuhalten, dass es aus der Perspektive einer Offenbarungsreligion zwei Probleme zu lösen gilt und nicht nur eines: Einmal geht es um den Umgang religiöser Gemeinschaften mit dem anstößigen Verhalten *benachbarter* Gemeinschaften und Individuen, zweitens jedoch um das ganz andere Problem, wie religiöse Einzelpersonen in ihrer Eigenschaft als Mitglieder von Regierungsinstitutionen oder der herrschenden Klasse einer Gesellschaft, die für die fraglichen Gemeinden oder Individuen verantwortlich sind, mit solchem Verhalten umgehen. Im ersten Fall braucht es nichts als Toleranz, wie sie oben definiert wurde, doch im zweiten Fall, so meine These, reicht Toleranz nicht aus. Da aber aus meiner Sicht das zweite Problem – jenes der religiösen Souveränität im Gegensatz zu dem bloßer friedlicher Koexistenz – die schwerwiegendste Herausforderung für gesetzestreue Mitglieder zumindest meiner Religion darstellt, dient der Großteil meiner Ausführungen zum einen dem Zweck, zu erklären, warum dem so ist, zum anderen aber auch dazu, einen Gesichtspunkt zu gewinnen, anhand dessen ich, wie später zu zeigen sein wird, für die Lösung des Problems etwas lernen lässt. Doch zunächst folgt eine Bemerkung zu dem Problem und zu den Aussichten einer friedlichen Koexistenz aus jüdischer Perspektive.

Die meisten Vorstellungen von Toleranz, so Adam Seligman in seinem Beitrag[2], basieren entweder auf realpolitischen Überlegungen oder auf liberalen Überzeugungen in Bezug auf das Wesen des Menschen. Aus realpolitischen Überlegungen tolerieren wir die Glaubensüberzeugungen anderer, weil es sich für uns politisch lohnt. Gemäß der zweiten – liberalen – Option tun wir dies entweder, weil Glaubensüberzeugungen als Privatsache gelten, oder weil uns die Autonomie des Einzelnen heilig ist. Im Judentum stellt der Glaube an sich kein wirkliches Problem dar. Statt dessen macht sich die Notwendigkeit der Toleranz fast ausschließlich im Bereich des Praktischen – anhand des Problems unangemessenen

Verhaltens – geltend. Mit Blick auf sündhaftes Verhalten (etwa die öffentliche „Entweihung" des Schabbat, die öffentliche Zurschaustellung verbotener Speisen während des Pessahfests, offen gelebte homosexuelle Beziehungen oder Götzendienst) ist nur die erste Form der Toleranz möglich. Das jüdische Recht – die Halacha – enthält nichts, was mit der Anerkennung der individuellen Autonomie im modernen liberalen Denken zu vergleichen wäre. Im halachischen Diskurs kommt der Freiheit der Entscheidung und der im wesentlichen freiwilligen Grundlage des halachischen Gehorsams entscheidende theologische Bedeutung zu. Die Vorstellung von der persönlichen halachischen Verantwortlichkeit bezieht sich jedoch eher auf die *Möglichkeit* als auf ein anerkanntes *Recht*, das Böse zu wählen. Für das halachische Judentum in seiner gegenwärtigen Gestalt ist die von Seligman vorgestellte erste Möglichkeit die einzig denkbare Form der Tolerierung sündhaften Verhaltens, wenn auch die Charakterisierung als „Realpolitik" hier vielleicht überzogen scheint.[3] Die halachischen Prinzipien, die zur Rechtfertigung der Lockerung halachischer Maßstäbe angeführt werden, um unnötige soziale oder politische Spannungen zu vermeiden, lauten: *mipnei darkei schalom* und *mischum eiva* – das heisst „um des Friedens willen" oder „aus Furcht vor Feindseligkeit"; letztlich lassen sich beide Prinzipien als verhältnismäßig primitive, spontane und ganz und gar praktische Spielarten des Kantischen kategorischen Imperativs zusammenfassen – nicht: „Füge anderen nichts zu, was andere dir lieber auch nicht zufügen sollten", sondern: „Vermeide, anderen zuzufügen, was das Gesetz eigentlich von dir verlangt, weil du befürchten musst, dass sie deine edlen Absichten nicht schätzen und dir das Gleiche oder Schlimmeres zufügen könnten." Eine solche Argumentation ist, wie wir sehen werden, in moralischer Hinsicht nicht derart tadelnswert, wie sie zunächst klingen mag. Gewiss, sie ist pragmatisch, wenn auch nicht im schlimmsten Sinne des Wortes, denn sie setzt eine tatsächliche Anerkennung ethischer Verschiedenheit ebenso voraus wie die Bereitschaft, sich widerstrebend darauf einzustellen. Sie impliziert die wirkliche Erkenntnis, für die sich viele religiöse Systeme als unzugänglich erwiesen haben, dass das, was gemäß dem eigenen System als richtig erscheint, aus der Perspektive eines Anderen vollkommen falsch sein kann. Sie ist ehrlich und funktioniert vor allem recht gut.

Die meisten Religionen, insbesondere das Judentum, ziehen ihre Trennungslinien auf zwei unterschiedliche, weitgehend voneinander unabhängige Weisen. Sie unterscheiden einerseits zwischen verbotenem und erlaubtem Verhalten und andererseits zwischen Menschen: zwischen

Mitgliedern der eigenen Religion und denen, die es nicht sind, oder sogar zwischen denen, die überhaupt irgendeinem gottesfürchtigen Glauben angehören, und denen, für die dies nicht gilt.[4] (Ich ignoriere hier solche Ausschlussprinzipien, die innerhalb der Gemeinschaft angewandt werden, etwa die Unterscheidung zwischen jung und alt, männlich und weiblich, verheiratet und alleinstehend und so weiter.) In einer Vielzahl von Situationen benachteiligt das jüdische Recht Nichtjuden als Nichtjuden, unabhängig davon, ob sie sich sündhaft verhalten oder nicht. Man kann daher von zwei unterschiedlichen Formen der Toleranz sprechen – einerseits im Sinne der Bereitschaft, unter bestimmten Umständen Verhaltensweisen hinzunehmen, die eigentlich als anstößig gelten, sowie andererseits im Sinne der Bereitschaft, unter bestimmten Umständen diejenigen mit einzuschließen, die ansonsten ausgeschlossen werden müssten. Für beide Formen bietet der Pragmatismus, der „um des Friedens willen" argumentiert, Raum, und beide ergänzen einander gelegentlich. „In einer Stadt, in der Juden und Nichtjuden leben", so der Jerusalemer Talmud, „ernennt man jüdische und nichtjüdische Verwalter, und von Juden und Nichtjuden werden [in gleicher Höhe] Steuern erhoben, [von denen gemeinsam] die Bedürfnisse der jüdischen und der nichtjüdischen Armen gestillt werden." Man unterscheidet nicht zwischen dem jüdischen und dem nichtjüdischen Kranken, verfügt der Talmud weiter, man nimmt an der Bestattung der Toten aller Gemeinschaften teil und erweist denen, die sie betrauern, den gleichen Respekt wie im Falle einer jüdischen Beerdigung – dies alles im Interesse des Friedens.[5] Das Anliegen „um des Friedens willen" gestattet es, passiv über sündhaftes Verhalten hinwegzusehen, und verlangt, aktiv auf die unmittelbaren Bedürfnisse der sündhaft Handelnden zu achten. (Wie der Talmud Jeruschalmi deutlich macht, handelt es sich bei den fraglichen Nichtjuden um aktive Götzendiener.) Um des Friedens willen kann über die Sünde hinweggesehen und auf die Bedürfnisse des Sünders eingegangen werden. Allerdings sollten solche Bedürfnisse Berücksichtigung finden, die die Sünder mit den übrigen Menschen teilen, keinesfalls jedoch sollen sie *in ihrem sündhaften Verhalten* unterstützt werden. So besteht z. B. keine Verpflichtung, ihnen einen Ort und Hilfsmittel für ihren Kultus zur Verfügung zu stellen, im Gegenteil – dies ist ausdrücklich verboten. Das jüdische Recht, so könnte man sagen, erkennt das Recht des Sünders oder der Sünderin auf ihr sündhaftes Verhalten nicht an.

Leben Juden mit Nichtjuden im selben politischen Raum zusammen, so entscheiden diese frühen Quellen, sind sie unterschiedslos verpflichtet, die Verantwortung für die Bestattung der Toten, die Fürsorge für die Armen und Kranken und die Beileidsbezeugungen für die Trauernden beider Gemeinschaften mitzutragen (eine Pflicht, die bei der Beachtung der kulturellen und religiösen Bedürfnisse endet, sofern sie die Halacha verletzen). In nachtalmudischen halachischen Texten ist allerdings das Ausmaß selbst dieser wahrscheinlich humansten aller Verpflichtungen umstritten – eine Debatte, die für das moderne Israel auf beunruhigende Weise wieder relevant geworden ist. An einer Stelle seines monumentalen halachischen Rechtskodex erklärt Maimonides, wir müssten dergestalt (also kooperativ und karitativ) handeln, weil es unsere moralische Pflicht sei – „Der Herr ist gut gegen alle, voll Erbarmen gegen alles, was er geschaffen" (Psalm 145, 9).[6] An anderer Stelle beharrt er dagegen darauf, diese Verpflichtung gelte nur dort, wo Israel „von der Hand der Nichtjuden unterdrückt" werde. Sobald jedoch Israel die Oberhand habe und in seinem Land herrsche, seien die Juden nicht länger verpflichtet, sich um die Bedürfnisse der unter ihnen lebenden Nichtjuden zu kümmern, sondern die Halacha verbiete ihnen, diesen vorübergehenden Aufenthalt, ja sogar das Recht zu gewähren, das Land zu betreten. „Die vorhergehenden Vorschriften [für das Verhalten gegenüber Nichtjuden um des Friedens willen]", so schreibt er,

> „gelten für die Zeit, in der das Volk Israel im Exil unter den Völkern lebt oder in der die Macht der Nichtjuden vorherrscht. Wenn jedoch Israel über die Völker der Welt herrscht, ist es uns verboten, einem Nichtjuden, der ein Götzendiener ist, zu gestatten, unter uns zu leben. Er darf unser Land nicht betreten, auch nicht als vorübergehend Ansässiger, nicht einmal als Reisender, der mit Waren von Ort zu Ort zieht, bevor er nicht die sieben noachitischen Gebote hält.[7] Denn diejenigen, welche die sieben Gebote halten, gelten als ortsansässige Proselyten."[8]

Doch auch ortsansässige Proselyten, fährt Maimonides fort, werden nur in solchen Zeiten akzeptiert, in denen das Gesetz des Jobeljahrs gilt (des grundsätzlichen Zyklus von fünfzig Jahren nach Leviticus 25, 10ff., der nach seiner Auffassung unwiederbringlich verloren ist).[9] Ansonsten werden nur Vollproselyten aufgenommen, also Menschen, die ganz zum Judentum übergetreten sind. Toleranz gegenüber Nichtjuden, mit denen Juden in einem gemeinsamen gesellschaftlichen und politischen Kontext leben, ist laut Maimonides auf die Zeit des Exils beschränkt. Sobald Juden in ihrem eigenen Land volle Souveränität ausüben, gestattet es ihnen die

Halacha nicht mehr, auch nur die Existenz von Nichtjuden in ihrem Lebenskreis zuzulassen, geschweige denn für die Notleidenden unter ihnen zu sorgen. Wichtig ist, dass Maimonides' Rechtsauffassung für alle Nichtjuden gilt und sich nicht nur auf Götzendiener beschränkt.

Es ist nicht notwendig hervorzuheben, dass nicht alle in diesem Punkt mit Maimonides übereinstimmen und dass unter denen, die seine Rechtsauffassung im Prinzip akzeptieren, noch weniger der Meinung sind, das moderne Israel entspreche den Erfordernissen der Souveränität, wie sie sich Maimonides vorstellte. Einige interpretieren seine Aussage so, dass in einem souveränen Israel nur Götzendiener nicht geduldet werden sollten, stellen jedoch seine Auffassung dessen, wer als Götzendiener zu gelten habe, in Frage. Im Gegensatz zu Maimonides folgen viele Menachem Ha-Meiri, der bestritt, dass das Christentum überhaupt eine Form des Götzendienstes sei. (Alle, einschließlich Maimonides, stimmen darin überein, dass der Islam keine Form des Götzendienstes darstellt.) Da die „Nichtjuden unserer Zeit" keine Götzendiener sind, so machen sie geltend, ist Maimonides' Rechtsauffassung nicht mehr gültig. (Er selbst zog die Grenze jedoch, wie gezeigt, nicht zwischen Götzendienern und der übrigen Menschheit, sondern – da es seiner Auffassung nach keine ortsansässigen Proselyten mehr geben kann – zwischen Juden und dem Rest der Menschheit. Aus dieser Perspektive betrachtet ist die Definition des Götzendienstes irrelevant!)

Andere bestritten zwar nicht seine Definition des Götzendienstes oder seine Darstellung der erwünschten Bürgerschaft Israels, stellten aber die Möglichkeit in Frage, seine Vorstellung von Souveränität zu verwirklichen. Prinzipiell kann keine demokratische Regierung jemals voll souverän im Sinne Maimonides' sein, meinte der jüngst verstorbene Rabbiner von Tel Aviv, R. Chaim David Halevi, denn keine Regierung habe die Freiheit, nach eigenem Gutdünken zu handeln. Die Demokratie ist *per definitionem* eine Form der Regierung, auf die sich Maimonides' Konzept von Vorherrschaft und Souveränität überhaupt nicht anwenden lässt. Daher schärft R. Halevi ein, dass selbst wenn man an Maimonides' Rechtsentscheidung in dieser Frage festhalte (was er selbst im Gefolge von Menachem Ha-Meiri nicht tut), für das moderne Israel irrelevant bleibe.[10] Entscheidend ist jedoch weder, wie stark die Halachisten in der Beantwortung der Frage voneinander abweichen, ob die Sünde passiv toleriert werden dürfe, noch die eindrucksvolle Übereinstimmung hinsichtlich der Frage der aktiven Unterstützung des Sünders. In diesem wichtigen Punkt sind sich alle einig. Unabhängig davon, ob es sich um

Götzendiener handelt oder nicht, verbiete die Halacha entschieden, für die *religiösen* Bedürfnisse von Nichtjuden zu sorgen, geschweige denn, aktiv die antihalachische Lebensweise nichtreligiöser Juden zu fördern! R. Menachem Ha-Meiri, dessen Rechtsentscheidungen mit Blick auf die Toleranz in ihrer Milde am radikalsten sind, fasst den entscheidenden Aspekt in seinem Kommentar zum Babylonischen Talmud, *Avoda Sara* 11b, präzise zusammen. Er führt die oben erwähnte Rechtsentscheidung des Talmud Jeruschalmi an, welche die Herrschenden gemischter Städte dazu verpflichtet, Juden und Nichtjuden ohne Unterschied zu besteuern und in gleicher Weise für ihre Armen, Kranken und Toten zu sorgen, alles um des Friedens willen, mahnt aber dann: „Ihre religiösen Feste sind aber nicht erlaubt, auch nicht um des Friedens willen, sowie jede Handlung, die im Verdacht des Götzendienstes steht." Die Sorge um den Frieden hat ihre Grenzen: Passive Toleranz – ja, Fürsorge für die menschlichen Bedürfnisse eines Sünders – ja, aber keine aktive Unterstützung sündhaften Verhaltens. Darin stimmen wohl alle überein.

Die Halacha birgt ein weitreichendes Potential für Toleranz im engeren Sinne des Wortes. Zumindest im Prinzip bedeutet es für gesetzestreue jüdische Gemeinden kein Problem, das eigentlich von der Halacha geforderte offensive Handeln zu unterlassen, wenn auch nur die geringste Gefahr der Vergeltung besteht. Die pragmatische Meta-Ethik, die es ermöglicht, sich mit Hilfe von Prinzipien wie „um des Friedens willen" über halachische Verbote hinwegzusetzen, mag einem nicht immer gefallen (etwa wenn man nach Wegen sucht, das halachische Verbot, den Schabbat zu entweihen, zu umgehen, um das Leben eines Nichtjuden zu retten), doch bietet sie alles, was erforderlich ist, um zu gewährleisten, dass halachisch gebundene Juden friedlich mit Sündern, Häretikern und Nichtjuden zusammenleben können. Sie reicht allerdings, wie das Beispiel der gemischten Stadt deutlich zeigt, nicht aus, über „das Sündhafte" zu *herrschen*. Diese Aufgabe können bloße Toleranz und die meta-halachischen Prinzipien, die sie garantieren, auch nicht annähernd erfüllen.

Ein schlichtes Beispiel dürfte ausreichen, um dies deutlich zu machen. Vor einigen Jahren wurde Rabbi Elijahu Bakschi-Doron, der sefardische Oberrabbiner Israels, von einem gesetzestreuen jüdischen Reiseveranstalter gefragt, ob die Halacha es ihm gestatte, sich um nichtjüdische Pilger ins Heilige Land zu kümmern, deren Zahl, so glaubte er damals, im Gefolge der Oslo-Verträge dramatisch ansteigen werde. Ich gehe hier nicht auf Einzelheiten der Antwort des Oberrabbiners ein, die relativ kurz und entschieden ausfiel. Er stellt sich darin, was die Rechtsauffassung hinsichtlich der Christen angeht, klar auf Maimonides' Seite, nicht auf die von Menachem Ha-Meiri, und gibt Folgendes zu bedenken:

„Christen glauben an eine zusammengesetzte Gottheit und verehren Bilder. Ihr Glaube enthält daher ein Element des Götzendienstes. Wer religiösen christlichen Tourismus fördert, fördert daher letztlich ihre Rituale eines götzendienerischen Kultus […] Unterstützt man sie bei ihrem tatsächlichen Götzendienst, indem man für ihren Transport an ‚diesen verbotenen Ort' sorgt und ihnen hilft, dort Zugang zu erhalten, wo jene Rituale ausgeführt werden, so erscheint dies nicht bloß als Übertretung des Gebotes ‚Du sollst einem Blinden kein Hindernis in den Weg legen' [Leviticus 19, 14], sondern auch als Verneinung unserer religiösen Pflicht, allen Götzendienst aus unserem Land zu entfernen, wie es Maimonides gefordert hat […] Es stimmt zwar, dass Überlegungen über *eiva* und *darchei schalom* uns davon abhalten, diese halachische Pflicht zu erfüllen [sic!], doch ist es gewiss verboten, ihnen dabei zu helfen, an einem Ort zu beten und diesen so zu einem Haus des Götzendienstes zu machen. Es scheint also, als sollte man christliche religiöse Touristen nicht ermutigen oder ihnen helfen, die Orte, die ihnen heilig sind, zu besuchen und dort Götzendienst zu betreiben. Dagegen kann es dem Reiseveranstalter gleichgültig sein, ob gewöhnliche Touristen [im Gegensatz zu Pilgern] im Verlauf ihrer Reise entscheiden, die Gelegenheit zu benutzen, um zu beten und Götzendienst zu betreiben."

Obwohl es also keine Verpflichtung gibt, Christen aktiv daran zu hindern, zu den Orten christlichen Gottesdienstes zu reisen, verbietet die Halacha eindeutig, sie dabei zu unterstützen, geschweige denn auf irgendeine Weise davon zu profitieren. Der Rabbiner kommt zu folgendem Schluss:

„So soll derjenige, der diese Frage aufbrachte, zweifachen Lohn empfangen, einmal für sein offenkundig echtes Streben nach Frieden, aber auch dafür, dass er sich von nun an darauf konzentrieren wird, viele, viele Juden zu ermutigen und darin zu unterstützen, das Heilige Land zu besuchen."

Mit Blick auf private Reiseveranstalter stellt die Rechtsentscheidung von Oberrabbiner Bakschi-Doron kein wirkliches Problem dar. Sie klingt schrecklich und äußerst politisch unkorrekt, aber man kann im Prinzip damit leben. Jede Religion hat bestimmte Bereiche, in denen sie sich ab-schließt und von denen sie Nichtglaubende fernhält. Angesichts dieser Haltung der Halacha (und soweit ich es beurteilen kann, ist die Argumen-tation des Oberrabbiners, sofern man Maimonides folgen möchte, hala-chisch einwandfrei) lassen sich ohne weiteres besondere Reiseveranstalter vorstellen, die unter rituellem Ausschluss Anderer lediglich orthodoxe Gemeinschaften bedienen, so wie es ja auch besondere koschere Restau-rants, Bäckereien und Weinhandlungen gibt. Paradoxerweise fungieren solche exklusiven Institutionen als soziale Isolatoren, die es – indem sie die Besonderheit der Gemeinschaft akzentuieren – erleichtern, den Ent-schluss, zu leben und leben zu lassen, zu rechtfertigen und aufrechtzuer-halten. Man stelle sich jedoch nur einen Augenblick lang vor, derjenige, der den Rat des Rabbiners suchte, sei nicht ein privater Unternehmer ge-wesen, sondern ein orthodoxes Mitglied des israelischen Kabinetts.

Die Rolle von Regierungen in multikulturellen Demokratien unter-scheidet sich deutlich von jener der Führung einer religiösen, aber auch kulturellen Gemeinschaft. Während letztere, selbst wenn die Führungs-personen als Repräsentanten ihrer jeweiligen Gemeinschaft oder Kultur auftreten, in erster Linie für deren eigene Interessen zu sorgen hat, über-nimmt erstere, unabhängig von persönlichen Überzeugungen, die Verant-wortung für die Sicherheit und das Wohlergehen aller ihr Anvertrauten. Die israelischen Minister für Bildung, religiöse Angelegenheiten, des In-neren, für Tourismus etc. würden ihre Regierungspflichten nicht erfüllen, wenn sie lediglich für sich in Anspruch nehmen könnten, über Verhal-tensweisen, die ihre Religion(en) als sündhaft erachten, tolerant hinweg-zusehen. Vielmehr ist es ihre Aufgabe, in ihrem jeweiligen Verantwor-tungsbereich aktiv die Sicherheit, das Wohlergehen und die Möglichkeit aller Gemeinschaften zu gewährleisten, sich in ihren Bräuchen und Über-zeugungen ganz zu entfalten (dies natürlich nur, sofern sie dabei niemand anderem schaden oder andere Gemeinschaften nicht daran hindern, ihre je gleichen Rechte auszuüben). Wenn die Halacha jüdischen Reisever-anstaltern entschieden verbietet, moslemische oder christliche Pilger aktiv zu unterstützen oder von ihnen zu profitieren,[11] untersagt sie dies auch jüdischen Regierungsbeamten. Solche aktive Unterstützung gerade frei-willig anzubieten, gehört jedoch zum genuinen Aufgabenbereich der Mi-nisterien für religiöse Angelegenheiten, Finanzen, Tourismus und Bil-dung, um nur die wichtigsten zu nennen. So wird von diesen Ministerien nicht nur erwartet, dass sie etwa die moslemischen und christlichen Ge-meinschaften Israels darin unterstützen, ihre jährlichen Schulausflüge zu den heiligen Stätten ihres Glaubens zu organisieren und zu finanzieren, sondern sie sind selbstverständlich auch dafür verantwortlich, dies auf möglichst effiziente Weise zu tun. Es ist also ihre Aufgabe, nicht nur die religiöse Freiheit derjenigen zu gewährleisten, die aus Sicht vieler Halachisten als Götzendiener gelten, sondern ihnen auch auf jede erdenkliche Weise zu helfen. Dasselbe gilt für die aufs höchste sündhaften Lebensweisen nichtorthodoxer Juden. Die gleichen Ministerien sind für die Aktivitäten unterschiedlicher israelischer Jugendbewegungen zuständig, von denen einige entschieden und sogar ideologisch explizit irreligiös sind. Die meisten ihrer Aktivitäten – Ausflüge, Zeltlager, Wanderungen – finden an den aus halachischer Sicht heiligsten Tagen statt. Dennoch ist es – ungeachtet persönlicher Überzeugungen – die Aufgabe des Ministers, eine solche eklatante öffentliche Entweihung des Schabbat und der Hohen Feiertage nicht nur zu unterstützen und zu finanzieren, sondern sich Jahr für Jahr damit zu beschäftigen, aus vergangenen Fehlern zu lernen und die Unterstützung für die Beteiligten noch angenehmer, erfolgreicher und wirksamer zu machen! Das ist etwas völlig anderes als die Haltung, Sünde um des Friedens willen widerstrebend und stillschweigend passiv zu ignorieren.

Man braucht nicht besonders hervorzuheben, dass die moderne multikulturelle Demokratie gerade *auf Grund* der ihr eigenen Sensibilität für das Recht aller Menschen auf das, was *sie* als ihre eigene Kultur, Lebensweise und Religion definieren, die für orthodoxe jüdische Gemeinschaften bei weitem passendste und von ihnen bevorzugte Regierungsform ist. Die Autonomie, die solche Staaten gewähren, verordnet, garantiert und beschützt den kulturellen, pädagogischen und religiösen Freiraum, den religiöse Gemeinschaften benötigen, um ihr Leben so zu leben, wie es ihnen angemessen erscheint.[12] Und doch ist dies angesichts des gegenwärtigen Diskussionsstands der Halacha für gesetzestreue Juden zugleich die unpassendste Form der Regierung, wenn es darum geht, über andere zu regieren. Von halachisch gebundenen Mitgliedern einer solchen Regierung ist weit mehr verlangt als Toleranz. Um es vor sich rechtfertigen zu können, aktiv und engagiert beschützen und zu unterstützen, was sie als schwerwiegende Formen sündhaften Verhaltens betrachten, bedürfen halachisch gebundene Juden irgendeiner Möglichkeit, religiösen Pluralismus aus ihrer eigenen Tradition heraus religiös zu sanktionieren. Doch wie läßt sich die Idee des Pluralismus mit einer exklusiven religiösen Haltung in Einklang bringen, die für ein „System des Denkens und Handelns" eintritt, „das eine auf transzendenten Wahrheiten beruhende Vision des höchsten Guts bietet", wie Seligman treffend formuliert? Auf welcher Grundlage können halachisch gebundene Juden Verhaltensweisen, die ihre Gemeinschaft entschieden ablehnt, als außerhalb ihres Bereichs im echten Sinne förderungswürdig wahrnehmen? Wie gesehen, ist keine der von Seligman skizzierten drei Philosophien der Toleranz imstande, einen hier offenbar erforderlichen zweifachen Maßstab oder – um Yehuda Elkanas Begriff zu verwenden – ein Modell zweischichtigen Denkens zu begründen.

Im Folgenden versuche ich einen möglichen Ausweg aufzuzeigen. Dabei wird meine Darstellung skizzenhaft und zurückhaltend sein. Die Toleranztheorie, für die ich eintrete, ist zwar im Bereich der politischen Philosophie nicht neu, hat jedoch nicht die Verbreitung gefunden, auf die ihr Urheber – Sir Karl Popper – gehofft hatte. Sie bleibt in jedem Sinne eine Minderheitsstimme, zu Unrecht, wie ich finde, aber doch immerhin die Stimme einer Minderheit. Es handelt sich also um eine Haltung, die es zunächst unabhängig von ihrer Beziehung zu unserer Fragestellung zu begründen gilt. Hiernach erfordert ihre Anwendung auf den spezifischen Zusammenhang religiöser Bindungen, selbst wenn man sie grundsätzlich für denkbar hält, selbstverständlich noch eine eigenständige Rechtfertigung. Schließlich, wenn auch dies geleistet ist, bleibt noch zu zeigen, dass das halachische Judentum, die spezifische Perspektive also, aus der ich schreibe, hinreichend Potential besitzt, um ein solches Toleranzverständnis zu integrieren. Um eine solche dreistufige Argumentation *en détail* zu entfalten, bedürfte es zumindest eines Buches. Das Folgende ist daher weniger die Zusammenfassung bereits vollendeter Arbeit, als vielmehr ein Bericht über Denkansätze, die noch in ihren Anfängen stecken. Aus Platzmangel und um mich möglichst auf das Problem der *religiösen* Toleranz zu konzentrieren, werde ich die erste Stufe der Argumentation ganz auslassen und voraussetzen, dass die allgemeine Form des Ansatzes, für den ich eintrete, zumindest aus der Sicht der politischen Philosophie selbst vertretbar ist. Vor diesem Hintergrund werde ich kurz erläutern, weshalb der Ansatz meines Erachtens für die Aufgabe, um die es hier geht, eine attraktive Lösung bietet, und entfalten, warum aus meiner Sicht das halachische Judentum prinzipiell imstande ist, diese Lösung sich anzueignen.

## Ein alternativer Ansatz – Vom Anderen lernen

Das Verständnis von Toleranz, welches mir vorschwebt, hat zwar überhaupt nichts mit „Realpolitik" zu tun, lässt sich jedoch gleichzeitig auch nicht von vorneherein aus dem von Seligman so bezeichneten liberalen Prämissen in Bezug auf das Wesen des Menschen ableiten. Sie beruht nicht auf „rights talk" [„Diskussion über Rechte"], um einen von Bruce Ackerman geprägten Begriff zu verwenden.[13] Ich beziehe mich demgegenüber auf das Ensemble von Prämissen, auf denen Karl Popper seine Theorie der Toleranz gründet, die er in seinem Werk *Die offene Gesellschaft und ihre Feinde* entworfen hat.[14] Diese Prämissen haben in erster Linie *nichts* mit einer moralischen Pflicht zu tun, die Autonomie des Einzelnen zu verteidigen oder zu achten, und auch nichts mit der ethischen Verpflichtung, sich nicht in die Angelegenheiten des Nächsten einzumischen. Die Poppersche Toleranz, wenn ich sie so nennen darf, geht mit einer solchen (wenn auch, wie wir sehen werden, auf interessante Weise gezwungenen) liberalen Voraussetzung individueller Autonomie einher, erwächst jedoch eher aus erkenntnistheoretischen denn aus moralischen oder metaphysischen Argumenten. Die Mitglieder der offenen Gesellschaft lassen fremde Glaubenssysteme und Lebensstile in erster Linie deshalb zu Wort kommen oder verschaffen ihnen Raum, weil sie erkennen, dass eine Vielzahl verbindlicher, einander widerstreitender Stimmen den besten Rahmen dafür schaffen, die eigene Überzeugung wirksam zur Sprache zu bringen und fortzuentwickeln. Die Nähe herausfordernder, ja sogar verunsichernder und widersprechender Stimmen wird bejaht, weil die Möglichkeit, aus eigenen Irrtümern oder Versehen aufzuwachen, erheblich wächst, wenn man vor einer Vielzahl realer, ernsthafter Alternativen steht.[15]

Der offenkundige Vorteil einer solchen Fundierung des Toleranzgedankens besteht darin, dass sie weit weniger ontologische, ideologische, psychologische, moralische und metaphysische Prämissen beinhaltet, die allesamt heftig umstritten sind. Vor allem aber umgeht sie die gesamte Problematik der Grundrechte als einer Idee die sich das halachische Judentum nur unter großen Schwierigkeiten zu eigen zu machen vermag. Die Anerkennung der grundsätzlichen Fehlbarkeit des Menschen insbesondere im öffentlichen Bereich sowie der prinzipiellen Zeitgebundenheit und Kontextualität allen gesellschaftlichen Planens in ihrem Zusammenspiel mit der nahezu unvermeidlichen Instabilität dieser Kontexte setzt kaum mehr voraus als die Einsicht, dass das Leben, insbesondere soziales Leben, außerordentlich komplex und schwer vorauszusagen ist und dass die Wahrscheinlichkeit, bei seiner Gestaltung und Organisation Fehler zu machen, enorm hoch ist – eine Einsicht, die die wenigsten bestreiten werden. Daraus ergibt sich eine epistemische Vorsicht, Bescheidenheit und Offenheit sowie das Bewusstsein, dass wir armselige Kritiker unserer eigenen Pläne und Strategien sind, dass man die Dinge am besten nach und nach angeht und dass andere Auffassungen nicht nur zu tolerieren, sondern zu würdigen sind, und zwar nicht so sehr auf Grund ihres Eigenwerts, sondern weil sie die eigenen Sichtweisen in Frage stellen, indem sie dazu beitragen, dessen Mängel und Unzulänglichkeiten aufzuzeigen.

Nebenbei bemerkt ist der Poppersche Ansatz, der hier als Alternative zum Dogmatismus vieler religiöser Systeme vorgestellt wird, ebenso hilfreich, wenn es darum geht, Formen des unkritischen politischen Diskurses entgegenzutreten. Indem er die korrektive Kraft der Auseinandersetzung und Kritik in Abrede stellt, bestreitet der moderne (oder vielmehr postmoderne) Relativismus jeglichen epistemischen Wert des Multikulturalismus. Laut Richard Rorty und seinen Anhängern darf die Sprache nicht länger Sinnstiftendes aussagen oder „zur Welt bringen" und die Vernunft nicht länger als zwischenmenschliches Berufungsgericht agieren.[16] Gemäß seiner Darstellung erklären Menschen die Welt und sich selbst als Teil von der Welt mittels eines „Wortschatzes" von Metaphern, den sie erwerben, erben oder schaffen, doch ohne die Hilfe rationaler Verfahren, um diese Metaphern kritisch zu betrachten, miteinander zu vergleichen oder gegeneinander auszuspielen. Infolge dessen verlieren die liberalen Gesellschaften, die sich diese Denker ausmalen, ihren Wert als nicht gewaltsame, nicht manipulative Foren für den kritischen Austausch und die Verfeinerung von Ideen. Wie Rortys aufrichtiges Buch *Contingency, Irony, Solidarity* reichhaltig beweist, lässt der extrem individualistische, selbstbezogene, ungehemmte Egozentrismus, den die Flucht vor der Vernunft beinahe von selbst mit sich bringt, den Charakter einer solchen Gesellschaft scharf hervortreten. (Sein neuestes Buch – *Achieving Our Country*[17] – zeigt meines Erachtens die Anfänge eines erwachenden Bewusstseins für die fatalen Folgen seiner früheren Anschauungen, doch das ist ein völlig anderes Thema.) Der Poppersche Ansatz dient demnach als janusgesichtige Alternative, die sich gegen beide unkritischen Extreme wendet – gegen unkritischen Dogmatismus ebenso wie gegen die gleichfalls unkritische Haltung des absoluten Relativismus.[18] Aus offensichtlichen Gründen konzentriert sich dieser Aufsatz auf die erstgenannte Variante.

Die große philosophische Leistung Poppers und seiner Schule besteht darin, eine genuine, fortwährende Skepsis vorauszusetzen und erfolgreich wachzuhalten (d. h.: hinsichtlich einer selbst und im Rahmen der Nahumgebung, nicht jedoch im Sinne einer lähmenden Skepsis hinsichtlich der Welt und der gesamten in ihr vorfindlichen Vielfalt)[19], ohne sie destruktiv werden zu lassen. Im Gegenteil. Obwohl Popper und seine Anhänger darauf beharrten, die Erkenntnis der allgemeinen Wahrheit übersteige grundsätzlich das menschliche Vermögen, und selbst die Physik, geschweige denn die Soziologie und die Politikwissenschaft, sei vollkommen unfähig, jemals ihre Theorien zu bestätigen, gelang es ihnen, eine der optimistischsten und konstruktivsten Visionen von Wissenschaft und Gesellschaft zu formulieren, die im 20. Jahrhundert überhaupt gedacht wurden. Sie erreichten dies, indem sie Fortschritt (im Gegensatz zum bloßen Wandel), auch wissenschaftlichen Fortschritt, nicht im kumulativen Sinne definierten, sondern im Sinne eines fortwährenden Prozesses der Problemsuche und -lösung. Wissenschaftlicher Fortschritt, schärfte Popper ein, ist keine Angelegenheit der ständigen Steigerung unseres Vorrats an verlässlichen, bestätigten Theorien, weil es keine menschliche Garantie für Zuverlässigkeit gibt. Vielmehr sollte die Fortentwicklung des Wissens nicht im Sinne eines „Wachsens" oder Zunehmens verstanden werden, sondern mit Hilfe von Begriffen, wie sie in der Industrie und in der Evolutionstheorie verwendet werden – im Sinne der Verbesserung, Vervollkommnung, Verfeinerung oder Anpassung der Erklärungssysteme und -modelle. Der Schlüssel zu wissenschaftlichen Errungenschaften liegt nicht in der Anhäufung von Beweisen, die unsere Bemühungen stützen, sondern in unserer Fähigkeit, in aller Klarheit ihre Mängel aufzuzeigen und angemessene Alternativen vorzuschlagen. Ich habe an anderer Stelle gezeigt, wie Poppers Vision der Fortentwicklung und der Rationalität von Wissenschaft systematisch verallgemeinert werden kann, so dass sie alle Formen menschlichen Bestrebens umfasst, indem als Grundlage und Ausgangspunkt des Popperschen Ansatzes so etwas wie eine Orientierung an einem „entelischen System" erkannt wird, wobei das Telos in der ständigen Verbesserung/Vervollkommnung des Systems besteht.[20] Man sagt genau dann, ein System sei verbessert oder verfeinert worden, wenn die Probleme, die ihm bekanntermaßen innewohnen, nach den Maßstäben unserer Erkenntnis zumindest teilweise gelöst wurden. Sich rational nach (irgend)einem System zu richten heisst, ihm gegenüber eine bewusst kritische Haltung einzunehmen, seine Leistung ungeachtet seiner scheinbaren Erfolge ständig argwöhnisch zu hinterfragen und bereit zu sein, es zu modifizieren, wann immer dies notwendig erscheint. Sobald Rationalität, wie hier, mit fortwährendem Selbstzweifel gleichgesetzt wird, mit dem Wissen um die eigenen Grenzen, mit systematischer Selbstkritik und einer ständigen kreativen Suche nach angemessenen Alternativen (anstatt unser intellektuelles Bemühen darauf zu konzentrieren, gemäß dem Ansatz Ackermanns die eigene Position zu rechtfertigen und das vorhandene System zu verteidigen), ist leicht zu erkennen, dass daraus ein gesunder selbstbezogener kritischer Pluralismus erwachsen kann.[21] Andere Auffassungen werden nicht bloß toleriert. Sie sind gerade auf Grund ihrer Andersheit gefragt und geschätzt, denn indem sie unsere eigene Meinung herausfordern und in Frage stellen, bringen sie unsere Fehler und Schwächen ans Licht und stellen – kraft ihrer Andersheit – ernste, häufig noch nicht bedachte und gewiss unversuchte Alternativen dar.

Fundiert man politische Philosophie auf diese Weise, so erfordert dies nicht, die Vorstellung zu *bestreiten*, dass Menschen ein fundamentales Recht auf ihr Glaubenssystem oder auf eine friedfertige Form des Verhaltens ihrer Wahl haben. Die liberale Argumentation auf der Grundlage der Rechtsstrukturen und die hier vorgelegte Argumentation auf der Grundlage der epistemischen Demut sind voneinander unabhängig, schließen einander allerdings in jedem Falle wechselseitig aus. Die erstere setzt viel voraus, ist jedoch, alleine betrachtet, wenig verheißungsvoll. Selbst wenn wir über die Probleme hinwegsehen, die gegenwärtig liberales Denken beunruhigen – etwa die vieldiskutierte Frage, wie liberal sich eine liberale Regierung gegenüber illiberalen Einstellungen und Praktiken innerhalb autonomer Gemeinschaften verhalten darf, bieten die Argumentation auf der Grundlage der Rechte und die liberale Theorie, die sie zur Folge hat, wenig Anreiz für den Aufbau und die Aufrechterhaltung einer Gesellschaft, welche die Grenzen der jeweils eigenen Gemeinschaft transzendiert. Die Bereitschaft, allen Menschen das Recht auf das Glaubenssystem ihrer Wahl zu gewähren, liefert an sich keinerlei Begründung für den Wunsch, mit ihnen zusammen an einem multikulturellen Gefüge teilzuhaben. Sie bringt die Verpflichtung der Regierungen mit sich, für alle Gemeinschaften (sofern sie keine Gewalt ausüben) gleichermaßen zu sorgen, doch es ist ihr *Recht* auf Wahl ihrer Kultur, das geachtet wird, nicht die Wahl selbst. Sie verschafft den Menschen die Freiheit der Rede, des Glaubens und der (nicht gewaltsamen) Praxis, bietet aber niemandem einen Grund, zuzuhören oder sich zu beteiligen. Wenn das einzige Prinzip sozialer und politischer Arbeit in der Anerkennung von Rechten besteht (seitens einer Führung, die von der „Angst um den Einfluss" getrieben ist, was dem „Schrecken des Unoriginellen" ausmacht, wie Richard Rorty – im Gefolge Harold Blooms – treffend formuliert[22]), überrascht es nicht, dass Rorty den damit verbundenen enormen Schwierigkeiten mit der Förderung „eines echten Gefühls menschlicher Solidarität" begegnen möchte. Doch man muss sich nicht in Rortys gesamte Kritik der philosophischen Theorie vertiefen, um dies zu erkennen. Der liberale Rechtediskurs bietet hinreichend Gründe, sich ohne Ressentiments mit kultureller und ethischer Diversität abzufinden, sobald sie sich entwickelt hat, aber keinen Grund, sie überhaupt zu *wollen*. Dem Anderssein wird kein Eigenwert beigemessen. Die Anerkennung des Rechts der Menschen auf ihren Glauben und ihre kulturelle Wahl zieht, wie schon gesagt, die Verpflichtung zur Toleranz gegenüber der sich daraus ergebenden Identitäten nach sich, begründet aber kein Interesse an den Inhalten, um die es dabei geht. Der Rechtediskurs billigt den Glaubensüberzeugungen und -entscheidungen, die von den eigenen abweichen, keinen eigenen Wert zu.[23]

Die Poppersche Alternative dagegen leistet, indem sie nichts weiter als echte epistemische Demut voraussetzt, genau dies. Der Pluralismus, den sie hervorbringt, ist nicht bloß ein Nebenprodukt, sondern zentraler Ausdruck ihres Anliegens. Die Voraussetzung einer kräftigen, aber konstruktiven Skepsis fördert eine fröhliche Achtung für und echte Neugier auf andere kulturellen Entscheidungen. Es kommt der Wunsch auf, sich mit Menschen zu umgeben, die anders denken und leben, um die eigenen Glaubensüberzeugungen, ethischen Maßstäbe und kulturellen Entscheidungen zu bereichern. Bei diesem von Natur aus pluralistischen Modell wird der andere nicht bloß toleriert, sondern um seines Andersseins willen willkommen geheißen und geschätzt. Auf diese Weise wird viel mehr erreicht, obwohl viel weniger vorausgesetzt wird. Pluralismus entsteht, ohne dass Grundrechte vorausgesetzt, geschweige denn verhandelt werden müssen. Das macht das Modell zu einer außergewöhnlich attraktiven Möglichkeit für religiöse Systeme, deren Fähigkeit, sich einen an Rechten orientierten Liberalismus zu eigen zu machen, stark begrenzt ist. Die Argumentation auf der Grundlage des Rechtediskurses zwingt uns, die Entscheidungsfreiheit eines Menschen ernst zu nehmen, billigt aber an sich den Entscheidungen selbst keinerlei Eigenwert zu. Die Argumentation auf der Grundlage der epistemischen Demut dagegen misst dem Ergebnis einer Wahl großen Wert bei, kümmert sich jedoch wenig um die Frage der Entscheidungsfreiheit.

Außerdem – und das ist vielleicht für das spezielle Problem, um das es mir geht, besonders wichtig – lässt die Alternative, die ich vorschlage, indem sie die gesamte Diskussion über Rechte ausklammert, jene Art des zweischichtigen Denkens, das uns im vorangegangenen Abschnitt so verwirrend erschien, als etwas ganz Natürliches erscheinen. Paradoxerweise wird der scheinbar unmögliche doppelte Maßstab, der hier erforderlich ist, innerhalb eines solchen kritischen Pluralismus nicht nur gerechtfertigt, sondern tatsächlich gefördert. Das Problem der religiösen Souveränität besteht darin, zu rechtfertigen, weshalb Regierungsbeamte aktiv dafür sorgen sollten, die Sicherheit und das Gedeihen von Verhaltensweisen zu gewährleisten, die aus Sicht ihrer eigenen Religion als sündhaft gelten. Aus der kritischen Perspektive des Pluralismus, für den ich eintrete, ist die Fähigkeit, Verhaltensweisen, die innerhalb der eigenen Gemeinschaft entschieden verurteilt werden, als ernsthaft der aktiven Unterstützung würdig wahrzunehmen, wenn sie außerhalb dieses Bereiches üblich sind, viel weniger paradox, als es zunächst klingen mag. Die offene Gesellschaft umfasst idealerweise Gemeinschaften, die moralisch, geistig und politisch nicht von systematischen Agnostikern geführt werden, sondern von Menschen, die sich durch epistemische Demut und Lernbereitschaft auszeichnen. Letztere erkennen von selbst, dass ihr Lernprozess durch das Bewusstsein denkbarer Alternativen erheblich gefördert wird. Wenn man aufrichtig daran interessiert ist, das eigene System wirksam zu überprüfen und zu verbessern, bietet die Möglichkeit, es mit anderen, wirklichen und ernsthaft durchdachten Alternativen zu vergleichen, stets einen Vorteil. Betrachtet die Führung der Gemeinschaft es dagegen als ihre Hauptaufgabe, ihr eigenes System nicht auf den Prüfstand zu stellen, sondern zu erhärten, zu beschützen oder zu erhalten, so wird gewöhnlich die bloße Nähe herausfordernder Alternativen als Bedrohung erfahren. Führungsgestalten mit Popperschen Neigungen streben nicht weniger intensiv und ernsthaft danach, den Einfluss des Systems der eigenen Gemeinschaft zu stärken, zu verteidigen und zu vertiefen. Sie sind im tiefsten Sinne – wenn auch zögernde – Monisten. Sie sind fest davon überzeugt, dass der Schlüssel zum Fortbestand, zum Erhalt der Anziehungskraft und Lebendigkeit ihres Systems in seiner fortwährenden Verbesserung liegt, dass man die eigene Lebensweise nicht dadurch am besten verteidigen und erhalten kann, dass man andere Kulturen unterdrückt oder sich von ihnen abschließt, sondern dass man aus ihren Fehlern und – noch wichtiger – aus ihren Erfolgen lernt. Sich selbst reflektierende Skeptiker im Popperschen Sinne betrachten ihre Kultur, ihre normativen Systeme und ihre Gemeinschaften mit demselben Ernst wie jene, die sich ausschließlich an deren Bewahrung orientieren. Bewahrung, die nicht entschieden mit ständiger Selbstprüfung und Neubewertung einhergeht, so meinen sie, ist der beste Weg zur Stagnation, die im sozialen, politischen, kulturellen wie auch im religiösen Bereich zwangsläufig zu Irrelevanz und Niedergang führt.

Andererseits sollte man die Bereitschaft, sich die Offenheit des Denkens zu bewahren, sich aufrichtig für die Art und Weise zu interessieren, wie andere nachdenkliche Gemeinschaften ihr gesellschaftliches und spirituelles Leben führen, auch wenn diese sich radikal von den eigenen Vorstellungen unterscheiden, und von vornehrein das *Kennenlernen anderer* als *Lernen vom anderen* zu verstehen, nicht mit einer Haltung verwechseln, die das eigene System nicht ernst nimmt. Das Zögern, der Selbstzweifel und die Selbstkritik solcher Gemeinschaften als Ausdruck ihrer epistemischen Demut sind keine Zeichen der Schwäche oder der Gleichgültigkeit gegenüber ihrer Kultur und ihren Traditionen. In einem tiefen Sinne ist unbekümmerte Gleichgültigkeit der Feind wirksamer Kritik und Selbstkritik. Die kritische Dynamik der Bereicherung im Popperschen Sinne wird um so effektiver, je größer der Gegensatz zwischen den jeweiligen Auffassungen ist und je entschiedener sie zunächst vertreten werden. Wechselseitige Kritik und der Lernprozess, der daraus erwachsen kann, sind um so wirksamer, je mehr auf dem Spiel steht: Je mehr sich erweisen lässt, dass es um ernsthafte Probleme geht, und je tiefer die Bindung an das, was als unzureichend empfunden wird, desto dringender stellt sich die Frage nach einer besseren Alternative. Die beiden unkritischen Extreme machen einen Lernprozess höchst unwahrscheinlich. Dogmatische Monisten, die mit exzessiver Entschiedenheit an ihren Auffassungen festhalten, werden sich sträuben, sie zu reflektieren, ohne sich darum zu kümmern, dass durch solche Reflexion möglicherweise die Probleme sichtbar werden könnten, die ihnen innewohnen. Und jene – ebenso unkritischen – Relativisten, deren Anschauungen nicht wirklich auf Überzeugung beruhen, zeigen sich gewöhnlich ohnehin gleichgültig gegenüber der Begegnung mit fremden Wahrheitsüberzeugungen und Glaubenssystemen. Idealerweise werden Menschen oder eine Gemeinschaft, die sich auf besonnene Weise von den Popperschen Gedanken zur epistemischen Demut leiten lassen, Diskussionspartner suchen, die mit vollem Ernst Auffassungen vertreten, die sich erheblich von ihren eigenen unterscheiden. Wendet man solche Überlegungen auf den Bereich des Staates und der Gesellschaft an, erschiene demnach eine multikulturelle Gesellschaft als ideal, die eine Vielfalt relativ entschiedener Gemeinschaften umfasst, die weitgehend von ihren Ansichten überzeugt sind.

Dies alles nutzt jedoch nichts, um mit Seligman zu sprechen, solange sich eine solche Haltung nicht wirklich aus den Prämissen einer offenbarten Religion heraus formulieren lässt. Epistemische Bescheidenheit ist eindeutig nicht in allen Religionen möglich. Gilt das, woran man glaubt, wahrhaftig als von Gott vorgegebene Wahrheit, so kommt der Option, die ich vorschlage, keinerlei Bedeutung zu. Ich kann hier nur vom Judentum sprechen, das m. E. mehr als nur Ansätze zu einer solchen Haltung der epistemischen Demut bereithält, wenn auch nicht so bereitwillig, wie man es sich vielleicht wünschen würde.

## Auf dem Weg zu einem halachisch gebundenen Pluralismus – Grundsätze, Verheißungen und Aussichten

Ich bin fest davon überzeugt, dass die formativen Texte des halachischen Judentums klare Hinweise auf eine bedeutende Denkströmung enthalten, deren vorsichtige epistemische Prämissen große Ähnlichkeiten zu denen der Popperschen Schule aufweisen. Eine der prominentesten rabbinischen Gestalten des späten 19. Jahrhunderts, Rabbi Naftali Zvi Jehuda Berlin beschrieb um das Jahr 1865 in der Einleitung zu seinem monumentalen Torakommentar *Ha'amek Davar* den hier von mir vorgestellten Ansatz auf treffende Weise und begründete ihn – nicht viel anders als in Poppers Schriften – in Analogie zum epistemischen Status und Wachstum wissenschaftlicher Erkenntnis.

> „Wie es für den klugen Erforscher der Natur unmöglich ist, sich jemals der Kenntnis aller Geheimnisse der Natur zu rühmen […] und wie es keinerlei Gewähr dafür gibt, dass das, was er in seinen Forschungen erreicht hat, nicht von seinen Kollegen […], die sich entscheiden, dieselben Dinge auf andere Weise zu studieren, entwertet wird, so kann auch derjenige, der die Tora erforscht, nicht behaupten, er habe jeden einzelnen Punkt, der Aufmerksamkeit beansprucht, bedacht, *und selbst bei dem, was er erklärt, ist niemals bewiesen, dass er die Wahrheit der Tora ermittelt hat*" [Hervorhebung hinzugefügt].

Leider wollte Rabbi Berlin seine überraschend Poppersche Analogie des Torastudiums zur Naturwissenschaft nur auf die Bibelexegese angewendet sehen, nicht auf die Halacha. Das Entwicklungsmodell, das er an anderer Stelle der Halacha zuschreibt,[24] ist eher kumulativ denn revolutionär (d. h. es ähnelt eher der mathematischen als der naturwissenschaftlichen Entwicklung). Anders als die Interpreten der Heiligen Schrift, so schärft er ein, wollen die halachischen Autoritäten nichts außer Kraft setzen und nicht – wie die Exegeten – ihre Vorläufer überbieten. In der Welt der Halacha, so Rabbi Berlin, sind vorangegangene Rechtsentscheidungen für alle Zeiten gültig. Halachische Neuerungen werden nicht durch Infragestellung des halachischen Erbes erreicht, sondern durch ausschließliche Konzentration auf die beständige kritische Suche nach halachischen Lücken.

Rabbi Berlins zwei Entwicklungsmodelle gehen mit ihrem jeweiligen Erbe unterschiedlich um. Die Halachisten sind seiner Auffassung nach ganz an die überkommene Gesamtheit des Gesetzes gebunden und ihr verpflichtet, so dass sie in ihrer Gesetzgebung auf Fragen beschränkt sind, für die noch keine offizielle Rechtsentscheidung getroffen wurde. Die Bibelexegeten dagegen, demütig geworden durch ein tiefes Bewusstsein der menschlichen Fehlbarkeit, werden von der Tradition selbst ermutigt, frühere Interpretationen in Frage zu stellen und zu verbessern. Auf Grund ihrer unterschiedlichen Haltung gegenüber der Tradition bezeichne ich die beiden Deutungen als traditionalistischen bzw. antitraditionalistischen Ansatz. Im Gegensatz zur Darstellung Rabbi Berlins, die an die Halacha gebundene Juden weithin teilen, habe ich in einer ausführlichen Studie dargelegt, dass innerhalb der talmudischen Literatur eine nachdenkliche, hartnäckig antitraditionalistische Interpretation der Halacha oder vielmehr eine klare, sich ihrer selbst bewusste Tradition des halachischen Antitraditionalismus wirksam ist.[25] Die antitraditionalistische Strömung, auf die ich mich beziehe, wird von einer Vielzahl talmudischer Texte und Genres detailliert zur Sprache gebracht und gestützt. Ein Beispiel mag genügen, um mein Argument zur Geltung zu bringen.

Die Kontroverse zwischen dem Hause Hillel und dem Hause Schammai, den Schulen halachischen Denkens, die laut Darstellung des Talmud vor dem Fall Jerusalems im Jahre 70 u.Z. die Welt jüdischen Lernens beherrschten, gilt als Paradigma eines halachischen Dissenses. Die talmudische Literatur enthält viel rechtliches und legendäres Material über die beiden Schulen und die beiden Gelehrten, denen sie ihre Namen verdanken. Der Streit zwischen den beiden Schulen erstreckt sich auf mehr als dreihundert Fragen der Halacha. In 34 Fällen führen die Texte Debatten an, die im Gefolge der ersten Formulierung ihrer ursprünglichen einander widersprechenden Anschauungen geführt wurden. Sie gestatten dem Leser einen Blick auf die unterschiedlichen wie gemeinsamen diskursiven Verfahrensweisen, welche die Texte den beiden Schulen zuschreiben. Einer dieser Unterschiede ist überaus bedeutsam: In sieben der fünfzehn

Dialoge, in denen die Schammaiten das letzte Wort behalten, wird berichtet, die Hilleliten hätten ihre ursprüngliche Haltung verändert und jene ihrer Gegner „anerkannt". In keinem der achtzehn Fälle, in denen die Hilleliten das letzte Wort behalten, verändern die Schammaiten ihre Meinung. Die Bereitschaft, ein in gutem Glauben anerkanntes halachisches Erbe angesichts von Gegenargumenten zu verwerfen bzw. dessen Anwendung zu verändern, ist das Merkmal des Antitraditionalismus. Nichts spricht deutlicher für eine solche Auffassung als das Zeugnis eines Vorgangs, in dem tatsächlich eine frühere halachische Entscheidung durch eine andere ersetzt wird. Anders als die Traditionalisten, die ihren Traditionen gegenüber vollkommen verpflichtet sind (und daher nicht einmal dann eine Rechtsentscheidung aufgeben können, wenn sie mit einem Argument konfrontiert werden, auf das sie keine Antwort haben), sind Antitraditionalisten, veranlasst durch einen fortwährenden Selbstzweifel, beständig auf der Suche nach möglichen Mängeln und Problemen in ihrem eigenen System. Aus diesem Beispiel und einer Vielzahl anderer Zeugnisse[26] wird deutlich, dass die talmudischen Redaktoren, die für diese Texte verantwortlich waren, die beiden Schulen, deren Dispute für das talmudische Projekt grundlegend waren, als treffende Verkörperung der beiden erörterten Ansätze verstanden. Offenkundig ist auch, dass wichtige talmudische Texte die Kontroverse der beiden Schulen unter eben diesem Aspekt kommentieren. Ein solcher Text behauptet, der Grund dafür, dass man in halachischen Dingen der Hillelschule folge, bestehe darin, dass diese demütig und entgegenkommend gewesen sei und sich die schammaitische Auffassung nicht nur angehört, sondern sie ernsthaft bedacht habe, bevor sie ihre eigene Sichtweise formulierte.[27]

Der talmudische Antitraditionalist ist, was ich an anderer Stelle als konstruktiven Skeptiker bezeichnet habe. Er ist ein kritischer Pluralist, der seine persönliche intellektuelle Bescheidenheit in eine wirkungsvolle, reflexive und kritische Argumentation übersetzt. *Infolge dessen* ist die Haltung der Hilleliten gegenüber den Schammaiten viel mehr als bloße Toleranz. Es geht um weit mehr als darum, sich lediglich mit den Schammaiten abzufinden. Die Hilleliten räumen ihren Gegnern mehr als nur die Freiheit ein, sich ihre eigene Meinung zu bilden und diese zur Sprache zu bringen. Vielmehr ist ihr Interesse daran, *was* die Opposition zu sagen hat, echt. Was die Schammaiten *ihnen* zu bieten haben, ist etwas, was nur ein harter Gegner bieten kann – eine wirkliche und ernsthaft vertretene Alternative. Sie brauchen ihre Gegenwart dringend, und zwar wegen der scharfen Herausforderung, die sie für ihre eigenen zögerlichen Auffassungen darstellen. Sie streiten sich erbittert mit ihnen, schätzen aber ihre Gegenwart – nicht etwa weil sie die behagliche Sicherheit der Übereinstimmung bieten, sondern auf Grund der spannenden, konstruktiven Wirkung ihrer Kritik. Geschätzt werden die Schammaiten wegen ihrer tiefgreifenden Andersheit!

Im Licht der hier behandelten Problematik stellt der talmudische Antitraditionalismus eindeutig einen wichtigen Ansatzpunkt dar. Die epistemische Demut, die er voraussetzt, bringt zwei wirkungsvolle Lösungsmöglichkeiten mit sich: zum einen die legitime Möglichkeit, die Halacha in ihrer jetzigen Gestalt neu zu überdenken, zum anderen die – im gegenwärtigen Kontext noch wichtigere – Möglichkeit eines religiös bedeutsamen kritischen Pluralismus, der es gestattet, entgegengesetzten halachischen Auffassungen entschieden zu widersprechen, zugleich aber ihre Existenz ernsthaft in ihrem Wert anzuerkennen. Nach heutigem Diskussionsstand, so habe ich geltend gemacht, verbietet es die Halacha, halachisch anstößige Verhaltensweisen aktiv zu verteidigen und zu unterstützen. Die Wiedergewinnung der Stimme des halachischen Antitraditionalismus hat zum Ziel, die Erlaubnis einzufordern, frühere Rechtsentscheidungen nicht nur zu überdenken, sondern ihre Neuinterpretation innerhalb des erwünschten Milieus eines energischen und authentischen meta-halachischen Pluralismus vorzunehmen – sie zielt also genau auf jene Haltung, die in der gegenwärtigen Denkweise des halachischen Judentums fehlt.

Doch schweifen wir nicht ab. So interessant dies alles für die Erforschung des talmudischen Diskurses und der Kultur des Talmud sein mag, so ist doch das unmittelbare Potential, das sie für die in diesem Buch erörterten modernen Anliegen birgt, offenbar recht begrenzt. Erstens bleibt alles, was mit meta-halachischen Überlegungen zu tun hat, *per definitionem* eine interne Angelegenheit. Verschiedenheit innerhalb der Gemeinschaft zu tolerieren, ist stets etwas ganz anderes als die Art und Weise, in der die Gemeinschaft insgesamt der Außenwelt gegenübertritt. Außerdem ist der „Radius der Toleranz", innerhalb dessen sich der Latitudinarismus der Hilleliten tatsächlich gegenüber schammaitischen Positionen Geltung verschaffte, im Vergleich zum Ausmaß der ethischen und kulturellen Vielfalt, vor dem moderne Juden stehen, die sich an die Halacha gebunden fühlen, enttäuschend eng. Beinahe alle mit dem Studium der talmudischen Literatur befassten Forscher, denen ich meine These vorgetragen habe, reagierten unmittelbar mit einer höflichen Ablehnung.[28] Halachischer Pluralismus, so behaupten sie, ist auf den Binnenbereich akzeptabler halachischer Interpretationen begrenzt und innerhalb dieses Rahmens immer schon vorhanden. Der Talmud, so erinnert man mich ständig, fasst die dreijährige Kontroverse zwischen den beiden Schulen mit der Formulierung zusammen: „Diese wie jene sind die Worte des lebendigen Gottes". Von der impliziten, stillschweigenden pluralistischen Haltung der Hilleliten gegenüber anderen gottesfürchtigen, ebenso frommen Gemeinschaften von Juden auf den modernen Pluralismus zu schließen, so hält man mir entgegen, ist nicht nur verbohrt, sondern unverantwortlich.

Hätte ich apologetisch behaupten wollen, man könne durch sorgfältiges Hören auf talmudische Texte der Spätantike eine fertige Lösung für ein entschieden modernes Problem finden, so hätte ich diese Kritik mehr als verdient. Ich weise jedoch mit Blick auf diese Literatur nicht auf eine prophetische Vorahnung des gegenwärtigen westlichen Multikulturalismus hin, sondern auf eine epistemische Einstellung, nicht auf etwas, dessen sich die Rabbinen nicht bewusst sein konnten (und vor dem sie, wäre dies der Fall gewesen, vermutlich zurückgeschreckt wären), sondern auf etwas, dessen sie sich offenbar vollkommen bewusst waren und was ihnen keinerlei Schwierigkeiten bereitete – nämlich ein tiefes Empfinden für die Grenzen der Erkenntnisfähigkeit des Menschen, das eine echte und nachgewiesene epistemische Bescheidenheit zur Folge hatte, die selbst im Bereich des entschieden bejahten halachischen Erbes zur Geltung kam! Das sollte man nicht gering schätzen, zumal wenn man bedenkt, dass sich Traditionalisten, sofern sie über keine Methode verfügen, zwischen einander widersprechenden halachischen Überlieferungen zu entscheiden, gezwungen sehen, entweder überhaupt nicht zu entscheiden und die Angelegenheit unausweichlich offen zu lassen (bis zur „Wiederkehr Elias"), oder jedem Mitglied der Gemeinschaft widerstrebend zu gestatten, an seiner jeweiligen Tradition festzuhalten – in diesem Fall wird sich die jeweilige Gemeinschaft unweigerlich spalten. „Seitdem sich aber", stellt die überaus traditionalistische Tosefta, *Sanhedrin* 7,1 fest, „die Schüler Schammais und Hillels mehrten, die nicht genügend bei ihren Meistern gelernt hatten, mehrte sich der [halachische] Streit in Israel", und [so fügt die im Babylonischen Talmud zitierte Fassung hinzu] „die Tora ist wie zwei [verschiedene] Torot geworden".[29] Worauf wir hören und woraus wir Schlussfolgerungen ziehen müssen, ist das im Zentrum des talmudischen Antitraditionalismus wirksame Prinzip der epistemischen Bescheidenheit und die Art und Weise, in der es den harten, normativen Kern des halachischen Judentums – das halachische System selbst – mit einem wirksamen, entschieden offenen Mechanismus der Selbstkorrektur ausstattet. Dies bedeutet noch keine Lösung des uns gestellten Problems. Es bleibt noch viel konzeptionelle und halachische Arbeit, bevor eine Lösung gefunden werden kann. Doch die antitraditionalistische Stimme des talmudischen Judentums trägt in sich das notwendige konzeptionelle und philosophische System, um möglicherweise eine eigenständige – halachisch gebundene – jüdische Spielart eines (im Anschluss an die Zählung Sagis:) vierten, Popperschen Pluralismus zu entwickeln, für die dieser Essay eintritt. Das ist das wichtige Potential, das die formativen Texte des rabbinischen Judentums ihren modernen Erben, die erstmals in der Geschichte vor der großen Herausforderung einer modernen Eigenstaatlichkeit stehen, zu bieten haben.

## Anmerkungen

1 Der analytische Rahmen dieses Aufsatzes verdankt vieles dem Werk des israelischen Philosophen Avraham [Avi] Sagi. Dazu gehört erstens die scharfe Unterscheidung zwischen Toleranz und Pluralismus, die er (etwas stringenter als hier erforderlich) in seinem Aufsatz „Die jüdische Religion: Toleranz und die Möglichkeit des Pluralismus" [hebr.], in: *Ijjun* 47 (1995), S. 175–200 vorstellte und in seinem Buch *Elu wa-Elu: Eine Studie zur Bedeutung des halachischen Diskurses* [hebr.], Tel Aviv 1996 (bes. S. 194–197) und in dem Aufsatz „Religious Pluralism Assessed", in: *Sophia* 38 (1999), S. 93–115, weiterentwickelte. (Der Begriff des Pluralismus, den ich unten übernehme, deckt sich mit einer Variante der „schwachen" oder „gemäßigten" der drei von ihm erörterten Formen des Pluralismus – vgl. unten Anm. 17.) Zweitens verdanke ich seinen Aufsätzen „Zu den Spannungen zwischen Orthodoxen und Säkularen: Rechtsdiskurs versus Identitätsdiskurs?" [hebr.], in: Nahem Ilan (Hg.), *Ein Gutes Auge. Dialog und Polemik in der jüdischen Kultur* [hebr.], Tel Aviv 1999, S. 408–430, und „Israelisches Recht und israelische Gesellschaft: Rechtsdiskurse versus Identitätsdiskurse", in: *Mechkarei Mischpat* 2000 die unten begründete Auffassung, dass der Diskurs über liberale Rechte nur Toleranz, aber keinen Pluralismus zu stützen vermag. Der vorliegende Aufsatz lässt sich als freundschaftliche, aber kritische Auseinandersetzung mit seinem Werk verstehen, die mittels einer Position, welcher er kritisch gegenübersteht, ein Problem aufzuwerfen und zu lösen versucht, das er nicht angesprochen hat.

2 Diese und die folgenden Erwähnungen Adam Seligmans beziehen sich auf seinen ebenfalls in diesem Band enthaltenen Aufsatz: „Toleranz und religiöse Tradition".

3 Vgl. auch A. Sagi (oben Anm. 1), „Die jüdische Religion: Toleranz und die Möglichkeit des Pluralismus" [hebr.], S. 198.

4 So definierte etwa der provençalische Halachist und Talmudkommentator Menachem Ha-Meiri im 13. Jahrhundert Götzendienst auf faszinierende Weise neu.

Halachisch betrachtet, entschied er, ist ein Götzendiener nicht jemand, der andere Götter verehrt, sondern ein Mensch, der „nicht an die Bräuche der Religion" – das heisst jeder gottesfürchtigen Religion – gebunden ist. Laut Meiri sind daher alle Formen des Islam und des Christentums kein Götzendienst. Eine wichtige Folge dieses kühnen Schritts besteht in der – innerhalb der religiösen Grenzen vollzogenen – dramatischen Reduzierung der meisten Formen der halachischen Abgrenzung. Leider ist sein monumentales Werk *Bet Ha-Bechira* in den entscheidenden Jahren, in denen die großartigen halachischen Systeme des Maimonides, Josef Karo und Moses Isserles zur Norm wurden, verloren gegangen. Als klare Aussagen zu seiner Position vgl. *Bet Ha-Bechira* zum Babylonischen Talmud, *Avoda Sara* 15b, *Bava Kama* 112b und vor allem *Bava Mezia* 59a, wo er so weit geht, ein Volk, das an die Wege der Religion gebunden ist, als Volk einzuordnen, „das, was die Tora und die Gebote angeht, mit euch ist" – *am sche-itcha be-Tora u-be-mizwot!*

5 Talmud Jeruschalmi, *Gittin*, v, 47c, in Aufnahme und Modifizierung von *Tosefta*, 3,13–14.

6 Maimonides, *Mischne Tora*, Hilchot melachim 10,12.

7 Dies sind Gesetze, die laut Annahme der Rabbinen vor dem Sinai für die gesamte Menschheit verbindlich waren und seither für Nichtjuden gültig sind. In den talmudischen Texten herrscht erkennbare Uneinigkeit über die genaue Liste der noachitischen Gebote. Auf der Grundlage einer Exegese von Genesis 2,16 und 9, 4 führen einige Quellen folgende Gebote auf: (1) keinen Götzendienst zu betreiben, (2) den Namen Gottes nicht zu lästern, (3) gerechte Gerichte einzusetzen, (4) nicht zu töten, (5) keinen Ehebruch zu begehen, (6) nicht zu stehlen, (7) kein von einem lebendigen Tier abgeschnittenes Fleisch zu verzehren (Genesis Rabba 16,9, 24,5). An anderer Stelle (Babylonischer Talmud, *Sanhedrin* 56b) werden Gotteslästerung und die Einsetzung von Gerichten zugunsten des Verbots der Kastrierung von Tieren und der Kreuzung unterschiedlicher Arten von Tieren fallengelassen. An wiederum anderer Stelle (Babylonischer Talmud, *Chulin* 92a) begegnet eine stark erweiterte Liste.

8 *Hilchot Avodat Kochavim* 10,5–6.

9 *Hilchot Schmita we-Jovel* 10,3–7.

10 R. Chaim David Halevi, „*Darchei Schalom* in Beziehungen zwischen Juden und Nichtjuden" [hebr.], in: *T'chumim* 9 (1988), S. 71–81.

11 Rabbi Bakschi-Doron stellt klar, dass seine Rechtsentscheidung auch für Moslems gilt, obwohl der Islam nach Maimonides nicht als Götzendienst zu bewerten ist. Seine Argumentation hängt mit dem religiösen Anspruch der Moslems auf den Tempelberg und den halachischen Problemen zusammen, die sich aus ihrer Präsenz dort ergeben.

12 Zur Frage des Rechts auf die Kultur der eigenen Wahl in der zeitgenössischen liberalen Philosophie vgl. Will Kymlicka, *Liberalism, Community and Culture*, Oxford 1989, Kapitel 8; Avishai Margalit/Moshe Halbertal, „Liberalismus und das Recht auf Kultur" [hebr.], in: Menachem Mautner/Avi Sagi/Ronen Shamir

(Hg.), *Multikulturalismus in einem demokratischen jüdischen Staat* [hebr.], Tel Aviv 1998, S. 93–105; A. Sagi, „Israelisches Recht und israelische Gesellschaft" (oben, Anm. 1).

13 Anders als A. Sagi verwende ich – wie Ackerman – die Begriffe „rights talk" oder „Rechtediskurs", um die philosophische Diskussion über Rechte als Grundlage der liberalen Theorie zu kennzeichnen. Sagi dagegen bezeichnet damit die praktische Verhandlung über Rechte innerhalb der Gesellschaft, die bezeichnenderweise durch das Gesetz entschieden wird. Vgl. Bruce Ackerman, *Social Justice in the Liberal State*, New Haven/London 1980, S. 5. Es ist dabei allerdings gemeinsam mit Sagi ein typischer Vertreter der Haltung, die sich weigert, Rechte als etwas ursprünglich Vorgegebenes zu verstehen. Auch für ihn leitet sich der Begriff der Rechte von dem ab, was er als das Prinzip Rationalität bezeichnet. Darin unterscheiden wir uns allerdings erheblich von ihm. Vgl. Anm. 13.

14 Karl R. Popper, *Die offene Gesellschaft und ihre Feinde*, 2 Bde., Tübingen [7]1992. Das Buch widmet sich fast ausschließlich kritischen Bewertungen der sozialen und politischen Philosophien von Plato, Marx und Hegel. Poppers eigene Anschauungen werden zumeist in ausgedehnten Fußnoten entfaltet. Vgl. bes. Bd. 1, S. 289, Anm. 6, S. 293ff., Anm. 18, S. 334, Anm. 6 und S. 365–372, Anm. 6 und 7. Als kurzen, aber nützlichen Überblick über seine Position vgl. seinen Aufsatz „Duldsamkeit und intellektuelle Verantwortlichkeit", in: ders., *Auf der Suche nach einer besseren Welt. Vorträge und Aufsätze aus 30 Jahren*, München [4]1989, S. 213–229.

15 Aus Bruce Ackermans Sicht beruhen der Besitz von Macht oder das Recht auf Macht in der Fähigkeit, Gründe anzuführen, die erklären, warum jemand Anspruch auf die jeweilige Ressource hat (*Social Justice in the Liberal State*, S. 4). „Rechte", behauptet er, „sind erst dann eine Wirklichkeit, *nachdem* Menschen sich mit der Tatsache des Mangels auseinandergesetzt haben und seine normativen Implikationen geltend zu machen beginnen" (S. 5). Gemäß seiner Auffassung bedient man sich rationaler Argumentation, um andere *nicht* am eigenen politischen und kulturellen Freiraum teilhaben zu lassen. Die anderen bekommen genau dann einen Anteil an diesem Freiraum, wenn es denen, welche Macht besitzen, an Rationalität mangelt. Im Gefolge Poppers lässt auch die von mir vertretene Position Rechte in Rationalität begründet sein, allerdings auf ganz andere Weise: Wir gewähren anderen nicht deshalb ein Recht auf Macht, weil wir nicht imstande sind, zu erklären, weshalb wir dies nicht tun sollten, sondern weil wir ein zutiefst rationales Bedürfnis verspüren, sie um uns zu haben, und zwar auf Grund ihrer Fähigkeit, gerade kraft ihres Andersseins unsere politischen und kulturellen Entscheidungen in Frage zu stellen.

16 Rortys Interpretation von Sprache, Erkenntnis und ihrer Bedeutung für die politische Theorie liegt in ihrer bisher reifsten Gestalt vor in seinem Buch *Contingency, Irony, Solidarity*, Cambridge 1989.

17 R. Rorty, *Achieving our Country: Leftist Thought in Twentieth-Century America*, Cambridge, MA 1998.

18 An diesem Punkt weicht mein Ansatz am stärksten von jenem A. Sagis ab, der sich in seinen neuesten Arbeiten für eine kulturelle und religiöse Vielfalt ganz im Sinne Rortys ausspricht. Er tritt für einen dynamischen „aussagekräftigen Pluralismus" der Religionen ein, der die „grundlegende Tatsache" anerkennt, dass „die Bindung eines Menschen an eine konkrete Religion nicht das Ergebnis einer kritischen Überprüfung dieser Religion ist" („Religious Pluralism Assessed" [oben, Anm.1], S. 106). Im Zusammenhang seiner Erörterung religiöser Vielfalt (in die er zu Recht die „Bestreiter von Religion" mit einbezieht, vgl. ebd., S. 108) fehlt der Ansatz Poppers, mit dem er sich in anderen Kontexten auseinandersetzt (und den er als „schwachen Pluralismus" bezeichnet, vgl. Ela wa-Elu [oben, Anm.1], S. 192f.), bei der Behandlung des interreligiösen Pluralismus vollkommen; in seiner allgemeineren Auseinandersetzung mit dem Multikulturalismus streift er Popper nur allzu kurz, um eine ähnliche Position wie die Rortys geltend zu machen. Zu ausdrücklichen Anspielungen auf Rorty vgl. „Zu den Spannungen zwischen Orthodoxen und Säkularen" (oben, Anm.1), S. 424 und 426.

19 Vgl. Michael Williams, *Unnatural Doubts: Epistemological Realism and the Basis of Scepticism*, Princeton 1996, bes. Kapitel 1.2. Obwohl es sich um eine der gründlichsten Erörterungen der Skepsis und der modernen Antworten darauf handelt, wird auch hier die Poppersche Alternative kaum auch nur berührt. Zu weiteren Einzelheiten hinsichtlich der Unterscheidung zwischen der Formulierung totalen Zweifels und teilweisen Zweifels vgl. Menachem Fisch, *Rational Rabbis: Science and Talmudic Culture*, Bloomington 1997, S. 5ff.

20 M. Fisch, „Towards a Rational Theorie of Progress", in: *Synthese* 99 (1994), S. 277–304 und ders., *Rational Rabbis*, S. 3–39.

21 Den Begriff „kritischer Pluralismus" führte Popper ein, um ihn von relativistischen Deutungen des Begriffs „Pluralismus" abzugrenzen. Vgl. K. Popper, Toleranz und intellektuelle Verantwortung", S. 216 und oben, Anm. 17.

22 R. Rorty, *Contingency, Irony, Solidarity*, Kapitel 2 mit Bezug auf Harold Bloom, *The Anxiety of Influence*, Oxford 1973.

23 Als überzeugende Entfaltung dieses Arguments vgl. A. Sagi, „Zu den Spannungen zwischen Orthodoxen und Säkularen" und „Israelisches Recht und israelische Gesellschaft" (oben, Anm.1).

24 Vgl. etwa seine Kommentare zu Exodus 34, 1.27 und Leviticus 18,5, seine einleitenden Bemerkungen zum Deuteronomium und vor allem seinen mit „Der Weg der Tora" überschriebenen einführenden Essay zu *Sche'iltot de-Rav Achai Gaon*, Jerusalem 1986, bes. S. 5–12. Vgl. auch A. Sagi, *Elu wa-Elu* (oben, Anm. 1), S. 43–46.

25 M. Fisch, *Rational Rabbis* (oben, Anm. 1).

26 Zu weiteren Einzelheiten vgl. Ron Shapira/Menachem Fisch „Die Debatten zwischen dem Hause Hillel und dem Hause Schammai: Die meta-halachische Problematik" [hebr.], in: *Ijjunei Mischpat* (juristische Zeitschrift der Universität Tel Aviv) 22 (1999), Heft 3.

27  Babylonischer Talmud, *Eruvin* 13b.

28  A. Sagis umfangreiche Studie über posttalmudische Einstellungen gegenüber halachischen Differenzen lässt ein Bewusstsein für den Popperschen Charakter der von mir als antitraditionalistisch bezeichneten Position erkennen, obwohl er gleichsam in einer nachträglichen Überlegung zwischen monistischen und pluralistischen Deutungen halachischer Differenzen unterscheidet (wobei erstere ihre eigenen Auffassungen als wahr und die der Gegner als falsch betrachten, während letztere bestreiten, dass es eine Lösung für ein vorliegendes Problem gibt, *Elu wa-Elu* [oben, Anm. 1], S. 88f.) und anschließend die gesamte Literatur unter dem Aspekt unterschiedlicher Spielarten beider Positionen klassifiziert – doch keine der beiden postuliert jene Art eines selbstkritischen, bescheidenen Monismus, für den ich eingetreten bin. Dann, im vorletzten Kapitel, führt er den Begriff eines „schwachen Pluralismus" ein, den er mit Popper, Mill und Voltaire assoziiert, und behauptet, es könne gezeigt werden, dass die Haltung zweier Autoren, die er zuvor anders eingeordnet hatte, ebenfalls diesem „schwachen Pluralismus" zuzuordnen sei (ebd., S. 194f.). Doch selbst hier bleibt die gesamte Darstellung auf den innerhalachischen Dissens beschränkt und wird nicht auf Herausforderungen von außerhalb der Gruppe ausgedehnt. Dazu äußert er sich an anderer Stelle: Auf Grund der einem „schwachen Pluralisten" eigenen Selbstkritik ist der Preis, den dieser zu bezahlen hat, hoch, denn er riskiert ständig, dass seine religiösen Überzeugungen widerlegt werden. „Außerdem", fügt Sagi hinzu, „sind dem ‚schwachen Pluralismus' Sprache und Praxis der Halacha nicht angenehm" („Die jüdische Religion: Toleranz und die Möglichkeit des Pluralismus" [oben, Anm. 1] S. 189f.). Was die Haltung der modernen halachisch gebundenen Juden betrifft, hat er offenkundig mit beiden Behauptungen Recht. Was die talmudische Literatur betrifft, möchte ich jedoch entschieden widersprechen. Zu ähnlich enttäuschenden Schlussfolgerungen vgl. Aviezer Ravitzky, „Die Frage nach der Toleranz in der jüdischen Tradition: Zwischen Pluralismus und Paternalismus" [hebr.], in: Avi Sagi/Ze'ev Safrai (Hg.), *Jüdische Tradition zwischen Autorität und Autonomie* [hebr.], Tel Aviv 1997, S. 396–420.

29  Tosefta, *Sanhedrin* 7,1 und Chagiga 2,4, zit. in Babylonischer Talmud, *Sanhedrin* 88b. Vgl. auch Babylonischer Talmud, *Sota* 47b und Talmud Jeruschalmi, *Sanhedrin* i, 19a. Jeruschalmi, Chagiga ii, 77d formuliert den Sachverhalt am eindringlichsten und stellt über die in dem oben zitierten halachischen Streit verwickelten Gruppen fest: „… sie wurden zwei [unterschiedliche] Sekten – die eine erklärte eine Sache als unrein, die andere als rein, und es wird keine Einigkeit bestehen bis der Sohn Davids [das heisst der Messias] kommt!"

# Ernst Ludwig Ehrlich

# Das Judentum und Toleranz

Dieser Beitrag ist historisch angelegt, wobei die innerjüdische Situation der Toleranz von der Antike bis heute nicht berücksichtigt wird, weil dies eines eigenen Vortrags bedürfte. Die Thematik stammt aus der hebräischen Bibel, dem rabbinischen Schrifttum und aus der modernen Religionsphilosphie.

Die hebräische Bibel beginnt nicht mit den Patriarchen, sondern mit Adam, dem ersten Menschen. Er ist das selbstbewusste Geschöpf und der Untertan Gottes. Israel erscheint erst spät auf der Bühne, nach fruchtlosen Experimenten mit vorhergehenden Generationen von Menschen. Das erste Paar, Adam – vielleicht in Verbindung gebracht mit Adama (Erde) – und Eva – vielleicht abgeleitet von Chai (Leben) – brachte die ganze Menschheit hervor. Diese Konzeption ist, da die Geschichte mit Adam beginnt, patriarchalisch. Die Menschheit stammt also von einem einzigen Vater ab, und später bezeichnet man sie in den Psalmen als „Adamiten", das heißt Menschen (Ps 115,16).

Der Glaube, dass der Mensch nach dem Bild Gottes geschaffen ist, dient als Begründung dafür, dass Mord als Kapitalverbrechen betrachtet wird. So heißt es in Gen 9,6:

„Wer Menschenblut vergießt,
dessen Blut soll auch durch Menschen vergossen werden;
denn Gott hat die Menschen nach seinem Bilde gemacht."

Diese Wertschätzung des Menschen erstreckt sich auf alle Menschen; sie ist mit dem Stammvater dieser Menschheit gegeben, nicht etwa erst mit den Israeliten. Später hat der Psalmist diese Menschenschöpfung Gottes so gesehen:

„Was ist doch der Mensch, dass seiner Du gedenkst, und des Menschen Kind, dass Du Dich seiner annimmst?" (Ps 8,5)

In diesem Psalm wird der Mensch mit dem Göttlichen verglichen. Es handelt sich daher nicht um spezifisch israelitische Attribute. Der Mensch ist Gegenstand der besonderen Fürsorge Gottes. Die Erde war zu seiner Heimat bestimmt. Nach der Vertreibung aus Eden und später nach der Flut erneuerte Gott seine gnädige Beziehung zur Menschheit. Er versprach, die Welt niemals mehr zu zerstören und bekräftigte seinen guten Willen durch das Zeichen des Regenbogens. Zu erwähnen ist hier der Bund, den Gott mit allen Lebewesen schließt und der als Symbol im Regenbogen zum Ausdruck kommt (Gen 9,12 ff.). Selbst in späterer Zeit, etwa zur Zeit der Psalmen heißt es:

„Gott ist gütig gegen alle, und sein Erbarrnen waltet über all seinen Werken." (Ps 145,9)

Am schönsten lässt sich dieser Gedanke von Gottes Sorge um die Menschheit im Buch Jona zeigen, das von der Rettung der umkehrwilligen Bewohner der heidnischen Stadt Ninive handelt, die Gott nicht untergehen lassen will, weshalb er Jona als Werkzeug benutzt.

Wir finden in der Bibel viele Menschen, die Zugang zu Gott haben können, ohne dass es sich um Israeliten handelt: Adam, Kam, Enoch, Noah, Melchisedek, ein Zeitgenosse Abrahams, ein Priester, König Abimelech, mit dem Gott im Traum spricht, ferner Jethro, Schwiegervater des Mose und Priester der Midianiter. Diesen Gedanken hat später der Midrasch aufgenommen, wenn es heißt:

„Ich rufe Himmel und Erde zum Zeugnis, dass der heilige Geist auf Jedem entsprechend seinen Taten ruhen wird, sei er nun Nichtjude oder Jude, Mann oder Frau, Sklave oder Magd." (Tanna d. Belijahu 9)

In dem Pirke Avot 3,14 heißt es: „Rabbi Akiba sagte: Geliebt ist der Mensch, denn er ist zum Ebenbilde erschaffen; aus überreicher Liebe wurde ihm bewusst gemacht, dass er zum Ebenbild geschaffen ist, denn es heißt: zum Ebenbilde machte er den Menschen."

Wenn es um Grundsätzliches geht, etwa um die Wahrheit, wurde der Wert *jedes* Menschenwesens unterstrichen. Von Israel ist gar nicht die Rede; deshalb „ist ein einziger Mensch in der Welt erschaffen worden, um zu lehren, dass Gott es Jedem, der einen Menschen vernichtet, so anrechnet, als ob er eine ganze Welt vernichtet hätte und Jedem, der eine Seele erhält, dies so anrechnet, als ob er eine ganze Welt erhalten hätte. Ferner geschah es wegen des Friedens unter den Menschen, damit nicht einer zum anderen sage: Mein Vater ist größer als dein Vater … Ferner um die Größe Gottes zu verkünden, denn ein Mensch kriegt hundert Münzen mit einem Stempel, und alle gleichen einander; Gott aber hat alle Menschen mit dem Stempel des ersten Menschen geprägt, und nicht einer ist von ihnen dem anderen gleich. Deshalb ist jeder einzelne verpflichtet zu sagen: Um meinetwillen ist die Welt erschaffen worden." (Sanhedrin 4,5)

Die Theologie des Menschen ergibt sich also aus der Schöpfungsgeschichte und der Vorstellung, dass jeder Mensch ein Ebenbild Gottes ist, gleich dem Adam, um dessentwillen die Welt entstand. Hieraus ergibt sich zugleich die Würde eines jeden Menschen und die Heiligkeit seines Lebens. Aus dieser Vorstellung von den gemeinsamen Nachkommen Adams folgt, dass kein Mensch und keine Gruppe von Menschen behaupten können, anderen in irgendeiner Weise überlegen zu sein; das gilt auf allen Gebieten. Der Andere ist daher der Mitmensch und nicht der Fremde. Natürlich gibt es individuelle Unterschiede zwischen den Menschen, aber diese werden als Zeichen für die schöpferische Größe Gottes verstanden.

Nach der Flut erhielten Noah und seine Söhne von Gott die Rechtsgrundlage für eine neue Ordnung. Wir haben hier die so genannten noachitischen Gebote vor uns, die für alle Menschen gelten. Sie richten sich gegen Mord, Ehebruch, Raub, Anbetung fremder Götter, Gotteslästerung, Blutschande, Verspeisung des Fleisches von lebenden Wesen sowie die Forderung nach der Errichtung eines Systems der Gerechtigkeit (Sanhedrin 56a). Schon früher war im „Buch der Jubiläen" (zwischen dem 3. und 1. Jahrhundert entstanden) für alle Menschen das Folgende verordnet worden: Gerechtigkeit zu üben, Vater und Mutter zu ehren, den Nächsten zu lieben, sich vor Ungerechtigkeit zu hüten, das Verbot des Mordes und das Verbot, Blut von irgendwelchem Fleische zu essen (Jubil. 20–39). Obwohl in der jüdischen Tradition diese Gebote ausdrücklich Adam und Noah geoffenbart wurden, sollten sie für jeden Menschen gelten, ob Jude oder Nichtjude.

Zwischen Juden und Nichtjuden gab es im hellenistisch-römischen Zeitalter eine Gruppe von Menschen, die zwar keine Juden waren, vom Judentum jedoch angezogen wurden und Bruchstücke jüdischer Glaubenshaltung annahmen. Man nannte sie Gottesfürchtige (Jire Schamaijm). Sie wurden als von Gott Geliebte angesehen, da sie zweifellos den Glauben an den einen Gott angenommen hatten, wenngleich auch noch nicht die ganze Tora. Es herrschte die Vorstellung, dass man auch als Heide gerecht sein kann, und deshalb heißt es im Midrasch: „O ihr, die ihr den

Herrn fürchtet, lobet den Herrn." Hier geht es also um alle, die den Herrn fürchten, obwohl sie keiner jüdischen Familie angehören, sondern von selbst gekommen sind Num.r 8,2).

Diese Ideen wurden in der Vorstellung des ansässigen Fremden zusammengefasst (Ger Toschab). Er wohnt in jüdischem Gebiet, und von ihm wird angenommen, dass er die noachitischen Gebote hält. Die jüdische Tradition anerkennt den Heiden als gerecht, wenn er diese sieben noachitischen Gebote einhält, obwohl er nicht den Sabbat und nicht die Feiertage begeht. So bilden nicht nur alle Menschen als Nachkommen Adams eine einzige Familie, die Gott kostbar ist, sondern durch die Einhaltung der den Noachiten auferlegten universalen sittlichen Gesetze können sie auch in eine geistige Stufe gelangen, die als Gott gefällig angesehen wird. Die Konsequenz dieser klassischen jüdischen Lehre vom Menschen wäre eigentlich, dass zum Erhalt der Welt weder Israel noch die Tora notwendig waren. Die Schwierigkeit dieser Konzeption bestand jedoch darin, dass die Völker diese Voraussetzungen leider nicht akzeptierten und von dem einzigen Gott nichts wussten oder nichts wissen wollten (Aboda Zara 2b).

Die Israeliten als besonderes Volk wurden durch die Gestalt Abrahams verkörpert. Sie dienten dazu, die Welt nach dem Turmbau zu Babel zu erhalten, und sie sorgten nach dem Sprachenwirrwarr und der Götzenverehrung dafür, dass der Glaube an den einen Gott erhalten blieb. Als Mittel gegen einen allgemeinen Abfall wählte Gott Abraham als Stammvater eines besonderen Volkes, und ihm wurde die Aufgabe zuteil, „dass er seinem Hause ... befehle, den Weg Gottes zu beobachten und Gerechtigkeit zu üben." (Gen 18,19)

Von Abraham an gibt es also diese ausdrückliche Gottesvorstellung zuerst der Stammväterfamilien und später auch die Forderung des einen Gottes an das ganze, nun allmählich entstehende Volk Israel: „... So sollt ihr vor allen Völkern mein Eigentum sein, denn mein ist die ganze Erde. Ihr sollt mir ein Königreich von Priestern werden und ein heiliges Volk." (Ex 19,4f.) Israel sollte also ein Bundesvolk werden, das in einer besonderen Beziehung zu Gott steht mit allen von ihm gegebenen Forderungen. Die hebräische Bibel sieht schließlich in dem Volk Israel ein diesem Gott geweihtes Volk. In Levitikus 19 wird dies als knappe Forderung so formuliert: „Ihr sollt heilig sein, denn ich bin heilig, der Ewige euer Gott." Heiligkeit bedeutet Einhaltung der sittlichen und zeremoniellen Vorschriften, wie sie etwa im Dekalog und im Liebesgebot von Lev 19,18 niedergelegt worden sind.

Nun gibt es hier in der hebräischen Bibel eine paradoxe Vorstellung. Die Israeliten werden zwar als Gottes Volk bezeichnet, mit dem er Bünde geschlossen hat; aber wenn es um die Gesetzgebung geht, wird der Fremde gleichgestellt: „Ein und dasselbe Gesetz soll für den Einheimischen und für den Fremden gelten, der unter euch wohnt." (Ex 12,49) Der Schutz des ansässigen Fremden (Ger) wird gemeinsam mit dem einheimischen Schwachen und Bedürftigen in zahlreichen biblischen Gesetzeskodices, in Levitikus und im Deuteronomium gefordert. Zwei Beispiele sollen das zeigen (Lev 19,33):

„Wenn ein Fremdling bei dir wohnt in eurem Lande, so sollte ihn nichts bedrücken. Wie ein Einheimischer aus eurer eigenen Mitte soll der Fremdling gelten, der bei euch wohnt. Und du sollst ihn lieben wie dich selbst, seid ihr doch auch Fremdlinge gewesen im Lande Ägypten; ich bin der Ewige euer Gott." Und in Dtn 10,18f. heißt es: „Denn der Herr euer Gott ist der große starke Gott, der die Person nicht ansieht und nicht Bestechung annimmt, der der Waise und der Witwe Recht schafft und den Fremden lieb hat, so dass er ihm Brot und Kleidung gibt. Und ihr sollt den Fremdling lieben, denn ihr seid auch Fremdlinge gewesen im Lande Ägypten."

Vollends bei den Propheten wird soziales Unrecht an Fremden mit dem an Einheimischen gleichgesetzt (etwa Jer 7,6 etc.). Sicher hat hier im Laufe der Zeit eine Entwicklung stattgefunden, als die Kanaanäer sich allmählich in Israel integrierten. Wir sehen einen solchen Vorgang etwa im Buche Ruth, wenn sie sagt: „Dein Volk ist mein Volk, und dein Gott ist mein Gott." Es fand also zunehmend eine starke Integration der ehemals Fremden in die Israelitengemeinschaft statt. Wir haben im Übrigen auch mit einem bewussten Anschluss von Fremden an diese israelitische Gemeinschaft zu rechnen. Beispiele dafür finden sich in der jüdischen Exilgemeinschaft in Babylonien in Jes 56,2–8. Hier gab es also Menschen, die bereit waren, die Gebote der Tora auf sich zu nehmen. Sie gehörten nunmehr voll zu Israel, und sie konnten an allen rituellen Verrichtungen teilnehmen, selbst wenn der Tempel einst wieder erbaut werden würde. Es ist erstaunlich, dass ein solcher Vorgang ausgerechnet in einer Exilgemeinschaft erfolgte, für die man annehmen sollte, die Juden würden sich eher abschließen.

Israel hat ein tiefes Gefühl für den Bund mit dem einen Gott – einen Bund, den einst die Väter geschlossen hatten. Darin lag zugleich der Wunsch, dass die Welt diesen einen Gott anerkennen und sich von ihren

Götzen abwenden wurde. Der Glaube an diesen Gott sollte sich ausbreiten, was in rabbinischer Terminologie bedeutete, „Gottes Namen zu heiligen". Dieser Gedanke findet sich schon früh in der hebräischen Bibel in 1Kön 8, 41–43, wo von dem Fremden die Rede ist, der im Salomonischen Tempel betet: „Damit alle Völker auf Erden Deinen Namen erkennen und Dich fürchten wie Dein Volk Israel." Die Bibel zeigt die Überlegenheit dieses Gottes, wenn etwa Elisa den Aussatz des Aramäers Naeman heilt und erklärt: „Sieh, jetzt weiß ich, daß es keinen Gott gibt auf der ganzen Welt als in Israel." (2Kön 5,8) Zweierlei ist hier wesentlich: Der Prophet heilt einen Fremden, und dieser anerkennt den Gott Israels, von dem er meint, er verdanke ihm diese Heilung.

Später war das Judentum vor allem in der jüdisch-hellenistischen Welt von großer Aufnahmebereitschaft gegenüber den Anderen. Juden empfanden es als Pflicht, Zeugen Gottes zu sein. Hier herrschte die Grundhaltung, die Hillel bereits in Abot 1,12 niedergelegt hatte: die Menschen zu lieben und sie der Tora nahe zu bringen. Als Beispiel dafür dient der Stammvater Abraham, dem zugeschrieben wurde, dass er die Heiden bekehrt habe. Nicht nur der hellenistische Philosoph Philo ist für diejenigen, die zum Judentum kommen, offen, sondern auch die rabbinische Tradition, die sehr weit in ihrer Zuneigung zu demjenigen geht, der sich Israel anschließt: „Gott wohlgefälliger ist ein Proselyt, der aus eigenem Willen zu Ihm gekommen ist, als die Menge der Israeliten, die am Berg Sinai gestanden haben ... Der Proselyt aber kommt, ohne dass er etwas von diesen Dingen gesehen hat, stellt sich Gott und nimmt das himmlische Joch auf sich. Kann irgend jemand Gott lieber sein, als ein solcher Mensch?" (Tanchuma, Lechlecha 6)

Man geht also weit in der Anerkennung der Konvertiten und meint, sie seien bereits mit Israel gegenwärtig gewesen, als Gott mit ihm den Bund schloss. „Die Tore sind zu jeder Stunde geöffnet, und wer eintreten will, darf eintreten." (Ex.r 19,4) Die Proselyten werden nicht mehr als Menschen fremder Abstammung bezeichnet, sondern als geistliche Verwandte; sie sind Brüder in der Tora und in den Geboten. Diese Auffassung spiegelt eine Konzeption wider, Israel als ein universales Volk anzusehen. Durch einen Willensakt konnte jeder Nichtjude zum Judentum kommen und als Jude betrachtet werden. Damit bekam er Anteil an allen Verheißungen der hebräischen Bibel. Praktisch konnten sich solche Ideen allerdings nur konkretisieren, wo der politische Status der Juden es erlaubte – was weder im heidnischen, noch später im christlichen Rom möglich war. Von daher stammen die gelegentlich recht unfreundlichen

165

Worte gegen die Proselyten – besonders wenn sie wegen der Bedrohung durch den christlichen Staat rückfällig wurden.

Das Bemühen, Nichtjuden unter die Flügel der Schechina zu bringen, nahm ab, als es vom Konstantinischen Christentum verboten wurde. Noch das Neue Testament wusste von dem Bekehrungseifer der Pharisäer. Schon in biblischer Zeit hatte die Toleranz dort aufgehört, wo Götzendienst herrschte – auch innerhalb des israelitischen Bereichs, wo Götzendienst stattfand, wie etwa bei der Königin Isebel oder bei den Königen Ahas und Manasse. Intoleranz gegenüber der Götzenverehrung in den von Juden beherrschten Gebieten kennzeichnete später die Politik der Hasmonäer. Schließlich wurde die Diskussion des Themas akademisch, weil die Juden kaum noch die Möglichkeit hatten, Nichtjuden aufzunehmen.

Theoretisch hat zu einer Zeit, als diese Dinge in der Praxis längst keine Rolle mehr spielten, Maimonides Folgendes festgelegt: „Wenn Juden herrschen, können wir keinen Götzendienst in unserer Mitte dulden. Selbst wenn es ein Durchreisender oder ein fahrender Kaufmann ist, darf er nicht unser Land passieren, bevor er nicht die sieben noachitischen Gebote annimmt. Akzeptiert er sie, dann ist er ein ortsansässiger Fremder." Wir sehen also hier, wie nach mehr als 1000 Jahren diese noachitischen Gebote wenigstens in der Theorie noch eine Rolle spielen.

Auch das mittelalterliche Judentum hat den Begriff des eben erwähnten Ger Toschab durchgehalten, wenn Nachmanides sagt, man solle für ihn sorgen wie für einen Juden. Das Problem veränderte sich natürlich, als Christen und Muslime mit Juden in Berührung kamen. Sie galten nicht mehr als Heiden, weil sie sich ja nicht der Götzenverehrung schuldig machten und ihre Ethik weitgehend auch der biblischen entsprach, selbst wenn es zu Feindseligkeiten zwischen den Religionsgemeinschaften kam. Das herkömmliche Bild des Nichtjuden passte nicht auf Christen und Muslime, so dass gegen Ende des 13. Jahrhunderts in Südfrankreich eine Autorität, Rabbi Menachem Ha Meiri, feststellte, Nichtjuden seiner Zeit seien nicht mehr mit den Nichtjuden von Bibel und Talmud zu vergleichen. Er schreibt: „Die Anordnungen der Bibel und des Talmuds beziehen sich auf diese Zeit und betreffen die Völker, die götzendienerisch in ihren Taten und im Charakter verdorben sind. Andere Völker jedoch, die von der Religion geprägt und von solcher Verderbtheit unbefleckt sind, stehen zweifellos außerhalb des Bereichs solcher Anordnungen." (Kommentar zu Aboda Sara 22) Wenn er von den verderbten Praktiken der Heiden spricht, bezieht er sich auf Lev 18,3. Meiri sieht jeden, der

Gott in irgendeiner Weise verehrt, gleich einem Juden an. Er vergleicht die religiösen Nichtjuden seiner Zeit mit denjenigen, die die noachitischen Gesetze einhielten. Auf der anderen Seite löste er die religiösen Nichtjuden aus jeglicher Abhängigkeit von biblischer Offenbarung heraus und ließ allein ihre spezifisch religiös-ethische Einstellung gelten, woher diese auch stammen mochte. Im Grunde knüpfte er an die alte Vorstellung von den „Gottesfürchtigen" an.

In der Aufklärung und später herrscht natürlich der Versuch, von der hebräischen Bibel her und von dort, wo das Evangelium sich jüdischer Inhalte bedient, den Anderen voll in seinem Anderssein zu respektieren. Dabei werden Vorstellungen des klassischen hebräischen Denkens aufgenommen, welche die Einheit der Menschheit in ihrem Schöpfungsmythos darstellen. Es geht im Judentum dann um eine vereinte Menschheit unter Gott. In dem Gebet, das nach der jüdischen Liturgie dreimal täglich gebetet werden soll, ist in keiner Weise von dem Fremden, von dem Anderen, ja nicht einmal von einem Messias die Rede, obwohl das Judentum sonst den Glauben an einen Messias durchgehalten hat. In diesem Gebet etwa aus dem Jahre 1300 wird all das noch einmal zusammen gefasst, was in unendlich vielen Versuchen – im einzelnen teilweise tastend – gedacht wurde. Und es ist nicht uninteressant, dass so, wie Juden zumindest den Inhalt des Vaterunser akzeptieren können, auch Christen und Muslime mit dem folgenden Gebet übereinstimmen:

„Deshalb hoffen wir auf dich, oh Herr unser Gott,
dass wir bald deine ruhmreiche Macht sehen
wenn du die Gräuel von dieser Erde vertilgst,
und die Götzenbilder verschwinden;
wenn die Welt unter der Königsherrschaft des Allmächtigen
vervollkommnet wird, und alles Fleisch deinen Namen anrufen wird;
wenn alle Verfluchten der Erde dir zugewandt werden.
Dass alle Bewohner der Welt anerkennen und wissen,
dass sich dir jedes Knie beugen muss
und jede Zunge Gefolgschaft schwören;
vor dir, oh Herr, unser Gott, lass sie knien und niederfallen
und deinem ruhmreichen Namen Ehre erweisen.
Lass sie alle das Joch deiner Verwandtschaft annehmen,
und mögest du bald über sie bis in alle Ewigkeit herrschen.
Denn es ist deine Verwandtschaft,
und mögest du in Ruhm bis in alle Ewigkeit herrschen,

wie gesagt ist: „Der Herr wird König sein immer und ewig." (Ex 15,18);

und abermals: „Der Herr wird König sein über alle Lande. Zu der Zeit wird der Herr der Einzige sein und sein Name der Einzige." (Sach 14, 9);

wie gesagt: „Der Herr ist König immer und ewig." (Ex 15,18);

und wiederum: „Und der Herr wird dann König sein über die ganze Erde; an jenem Tage wird der Herr einzig sein und sein Name einzig." (Sach 14,9)."

Das klassische hebräische Denken bestätigte die grundlegende Einheit der Menschheit in seinem Schöpfungsmythos und ergänzte diesen Mythos mit seiner messianischen Vision von einer vereinten Menschheit unter Gott. Es anerkannte einen Zugang zu Gott außerhalb des Judentums, da sein eigener Bund mit Gott nur die Bundesgemeinschaft band. Die übrige Menschheit war gerechtfertigt durch die Einhaltung der noachitischen Gesetze oder die Disziplin der Religion. Was Israel anging, so hatte es die Aufgabe, sich heilig zu halten und Gottes Namen unter den Menschen zu heiligen. Israels Beziehung zu seinen Nachbarn beruhte niemals bloß auf Gegenseitigkeit. Seine Berufung war es, die Wirkung des Wortes Gottes zu bezeugen. Sein messianischer Eifer, der niemals ganz abgekühlt ist, flammt gelegentlich in der einen oder anderen Form wieder auf, wenn sich irgendwo eine Bewegung andeutet, welche die Brüderschaft aller Menschen auf Erden verwirklichen könnte.

Moses Mendelssohn war derjenige, bei dem einerseits die Aufklärung, andererseits seine eigene Glaubenshaltung am deutlichsten aufzuzeigen ist. Das kommt, um nur ein Beispiel zu nennen, in seinem Brief an Lavater in Zürich zum Ausdruck, der Mendelssohn zumuten wollte, die Schrift des Genfer Professors Bonnet „Untersuchung der Beweise für das Christentum" zu widerlegen, oder die Religion seiner Väter zu verlassen und sich zu derjenigen zu bekennen, die Bonnet verteidigte. Mendelssohn schreibt in seinem Brief an Lavater[1] Folgendes: „Ich werde es nicht leugnen, daß ich bey meiner Religion menschliche Zusätze und Misbräuche wahrgenommen, die leider! ihren Glanz nur zu sehr verdunkeln. Welcher Freund der Wahrheit kann sich rühmen, seine Religion von schädlichen Menschensatzungen frey gefunden zu haben? Wir erkennen ihn alle, diesen vergiftenden Hauch der Heucheley und des Aberglaubens, so viel unserer sind, die wir die Warheit suchen, und wünschen, ihn ohne Nachtheil des Wahren und Guten abwischen zu können. Allein von dem Wesentlichen meiner Religion bin ich so fest, so unwiderleglich versichert, als Sie, oder Herr Bonnet nur immer von der Ihrigen seyn können, und ich bezeuge hiermit vor dem Gott der Warheit, Ihrem und meinem Erschöpfer und Erhalter, bey dem Sie mich in Ihrer Zuschrift beschworen haben, daß ich bei meinen Grundsätzen bleiben werde, solange meine Seele nicht eine andere Natur annimmt [...] Nach den Grundsätzen meiner Religion soll ich niemand, der nicht nach unserm Gesetz gebohren ist, zu bekehren suchen. Dieser Geist der Bekehrung, dessen Ursprung einige so gern der jüdischen Religion aufbürden möchten, ist derselben gleichwohl schnurstraks zuwider. Alle unsere Rabbinen lehren einmüthig, daß die schriftlichen und mündlichen Gesetze, in welchen unsere geoffenbarte Religion bestehet, nur für unsere Nation verbindlich seyen. Mose hat uns das Gesetz geboten, es ist ein Erb-theil der Gemeinde Jakob. Alle übrigen Völker der Erde, glauben wir, seyen von Gott angewiesen worden, sich an das Gesetz der Natur und an die Religion der Patriarchen zu halten. Die ihren Lebenswandel nach diesen Gesetzen der Religion der Natur und der Vernunft einrichten, werden tugendhafte Männer von andern Nationen gennet, und diese sind Kinder der ewigen Seligkeit. [...] Wenn unter meinen Zeitgenossen ein Confucius oder Solon lebte; so könnte ich, nach den Grundsätzen meiner Religion, den großen Mann lieben und bewundern, ohne auf den lächerlichen Gedanken zu kommen, einen Confucius oder Solon bekehren zu wollen. Bekehren? wozu? Da er nicht zu der Gemeinde Jacobs gehöret; so verbinden ihn meine Religionsgesetze nicht, und über die Lehren wollten wir uns bald einverstehen. Ob ich glaubte, dass er seelig werden könnte? – O! mich dünkt, wer in diesem Leben die Menschen zur Tugend anführt, kann in jenem nicht verdammt werden [...]"[2]

Diese Ausführungen von Mendelssohn führt der bedeutende jüdische Religionsphilosoph Hermann Cohen weiter, wenn er 1917 in seiner Rede „Was einigt die Konfessionen?"[3] feststellt, dass das sittliche Kriterium der Aufklärung in der Toleranz besteht als einer Potenz der sittlichen Kultur. Die Toleranz muss ein positives Prinzip sein, weshalb sie also nur ein Prinzip der Gerechtigkeit sein kann. Die Toleranz bildet für Cohen ein schwieriges Problem, wenn er fragt: „Wie ist das positive Moment in' der Toleranz zu entdecken?" Er antwortet: „Es kann nur im Zusammenhang mit den positiven Momenten in der Aufklärung liegen."[4] Beispiel dafür ist für ihn Nikolaus von Kues. In der cusanischen Philosophie haben alle ihren Platz, und der Grundgedanke dieser Philosophie findet sich in dem Gebet[5]: „Du kannst, allmächtiger Gott, auf eine erfassbare Weise dich jedem Geiste erkennbar offenbaren. So verbirg dich nicht länger, sei gnädig und zeige dein Antlitz; und Heil widerfährt allen Völkern ... ruhen wird dann das Schwert und der Hass und alle Leiden, und alle werden einsehen, dass nur eine Religion besteht in der Verschiedenheit der Gebräuche." – „Una religio est in rituum varietate."

Selbst die Juden haben hier ihren Platz, wenngleich freilich eingeschränkt. Erst durch die Bezeugung ihres Glaubens im Martyrium erwarten sie dann die ewige Seligkeit. Für Cohen ist es vor allem natürlich die Ethik, die den Religionen zugrunde liegt und mit ihr die vereinigten Prinzipien der Aufklärung und der Toleranz. Es heißt bei ihm: „Was ist der Inbegriff aller Religion und die letzte Probe der Gotteslehre selbst? Liebe deinen Anderen, und du bezeugst, dass du Gott liebst. So hat Hillel die Quintessenz der Religion einem Heiden gegenüber bezeichnet, und so auch Jesus auf die Frage der Schriftgelehrten."

Menschenliebe, die Losreißung des Ich von der Selbstsucht, die Humanität ist das höchste Ideal. Cohen findet sie im Judentum und in anderen Religionen. Er schließt seinen Aufsatz mit den Worten: „Wir halten fest an der Hoffnung, dass die Verschwisterung von Aufklärung und Toleranz, welche die Humanität erzeugt, das messianische Ziel der Menschheit erreichen wird." Es ist hier unerheblich, dass Cohen diese Worte am 9. Juni 1917 sprach, also inmitten des Ersten Weltkrieges, und sie haben sicher damals und später keine Wirkung gehabt. Gleichwohl gelten sie auch heute noch, obwohl wir weniger zuversichtlich sind, was das Gelingen angeht.

Franz Rosenzweig hat in seinem Grundbuch „Der Stern der Erlösung"[6] versucht, dem Christentum gerecht zu werden trotz aller Unterschiede auch institutioneller Art, da das Judentum den heilsgeschichtlichen Begriff der Kirche nicht kennt. Der einzigartige Charakter des jüdischen Volkes hindert Rosenzweig jedoch nicht daran, das Christentum als wesentliche Ergänzung des Judentums im geschichtlichen Raum zu sehen, während am Ende der Weltzeit Christentum und Judentum bis hin zur Identität konvergieren. Wenn wir von Toleranz sprechen, so geht Rosenzweig bis an die Grenze des ihm Möglichen, wenn er schreibt, dass es dem Juden obliegt, die lebendige Wahrheit der Christen zu ehren und sie neben dem Judentum gelten zu lassen, wenngleich sie die nicht weniger lebendige Wahrheit nur ergänzen, nicht ersetzen kann. Im übrigen weiß auch die Kirche, dass Israel bis auf den letzten Tag aufbewahrt wird, bis der Erntetag der Hoffnung anbricht. Schließlich hat Paulus schon gesehen, dass dann sich auch der Sohn dem unterwerfen wird, der ihm alles unterworfen hat (vgl. 1Kor 15,28) „An diesem Punkt, wo Christus aufhört, der Herr zu sein, hört Israel auf, erwählt zu sein."

Natürlich bleibt Rosenzweig nicht bei der Auffassung von Mendelssohn und Lessing stehen. Er meint, sie hätten sich auf der Grundlage der gemeinsamen Abstraktion von ihren positiven Religionen getroffen. Er plädiert gegen das Nebeneinander zweier Statuen, das gleichgültige Durcheinander, und wünscht einen organischen Zusammenhang, ein organisches Neben-, Gegen- und Miteinander. Gegeneinander muss Toleranz nicht ausschließen, wenn das Grundsätzliche stimmt, denn schließlich bleibt bei einem Juden ja ohnehin die Frage nach Jesus als Messias so lange offen, bis deutlich wird, wer der Messias war, wenn er dereinst kommen wird.

Die Toleranz vor allem zwischen Judentum und Christentum birgt eine Reihe von Problemen in sich. Wir leben in einer immer mehr säkularisierten Welt, wo religiöse Gegensätze in den Hintergrund treten. Das ist eine Tatsache, die aber nicht außer Acht lassen darf, dass es zwischen Juden und Christen eine gemeinsame Geschichte gibt, die ihr Verhältnis stets belastet. Aus dieser Geschichte können wir nicht aussteigen, wir können sie nur kritisch betrachten und versuchen, aus einem Zirkel auszubrechen, um miteinander allmählich zu einer besseren Zukunft zu gelangen. Bei aller Annäherung wird es in der Theologie immer eine Grenze geben, wobei wir dahin gelangen sollten, dass nicht nur Toleranz zwischen uns herrscht, sondern gegenseitige Akzeptanz auf dem Hintergrund gegenseitigen Respekts. Das ist das Beste, was als Ziel vor uns steht. Was die Theologie angeht, so können wir unsere Hoffnung erst in die eschatologische Zeit verlegen, wenn die Hoffnungen, die Juden und Christen hegen, Wirklichkeit werden. Heute sollten wir, da wir ja noch nicht am Ende der Zeit stehen, uns an dem freuen, was wir gemeinsam haben und wo wir im Kampf um Gerechtigkeit, Frieden und Bewahrung der Schöpfung zusammen stehen können.

Die Theologie kann uns trotz vieler Gemeinsamkeiten nicht zusammen bringen; Religion jedoch vermag es, denn Religion in ihrer höchsten Erscheinung ist mehr als Theologie. Sie ist der Versuch des Menschen, der Liebe Gottes nachzueifern. Toleranz begleitet die Liebe zu Gott.

## Anmerkungen

1 Moses Mendelssohn, Schreiben an den Herrn Diaconus Lavater zu Zürich, Berlin und Stettin 1770, in: Ders., Gesammelte Schriften, JubA VII, 5–17.

2 Ebd., 9–12 (Sperrungen im Text).

3 Hermann Cohen, Was einigt die Konfessionen? Vortrag, gehalten in der Freien Wissenschaftlichen Vereinigung zu Berlin am 9. Juni 1917, in: Ders., Jüdische Schriften. Bd. 1: Ethische und religiöse Grundfragen, Berlin 1924, 66–86.

4 A.a.O., 74.

5 Vgl. Nikolaus von Kues, De pace fidei, cap. 1. Vgl. zu Nikolaus von Kues auch Hermann Cohen, Was einigt die Konfessionen?, a.a.O., 75f.

6 Vgl. Franz Rosenzweig, Der Stern der Erlösung, Heidelberg 3. Aufl. 1954. Vgl. zum Folgenden besonders: Dritter Teil, Drittes Buch: Der Stern oder die ewige Wahrheit, 155–211.

Rusmir Mahmutćehajić

# Hochmut der Toleranz
# und Toleranz aus Demut

Angesichts sich zuspitzender Spannungen in der heutigen Gesellschaft wird das Thema Toleranz immer brennender. Dafür gibt es drei gängige Erklärungen. Die erste lautet, daß das Andere und Differente in einer mehrheitlichen Umgebung einzig und allein deshalb existiert, weil es keine Möglichkeit gibt, es loszuwerden. Spannungen mit dem Anderen können aber schnell zu Beschimpfungen und Erniedrigungen, zu Verfolgung und sogar Mord führen.

Bei der zweiten Erklärung der Toleranz ist die Kultur des Anderen ohne Bedeutung, und die Einstellung gegenüber dem Anderen enthält kein Werturteil. Was die Minderheit von der Mehrheit unterscheidet, ist für die Mehrheit unwichtig. Doch der Nihilismus und Relativismus dieser engen Sicht der Unterschiede kann leicht in Gewalt schlimmster Sorte umschlagen. Unter solchen Umständen gibt es keine Vorliebe für bestimmte Werte und Bedeutungen; und denjenigen, die eine Neigung dafür hätten, fehlt es an Voraussetzungen zum Dialog und Umsicht, die zu einer Neuorientierung und Verbesserung der Situation führen könnte. Dies hängt mit selbstbezogenen, nach innen gerichteten Vorstellungen von Identität und Konflikt zusammen und einer Auffassung von Unterschiedlichkeit, die schließlich zu Degeneration und Zerfall führen können. Das liberale autonome Ich, dieses Geschöpf der Aufklärung, fordert in Verbindung mit der cartesianischen Begründung des freien Urteils sein Recht auf uneingeschränkte Entscheidungsfreiheit: Sein *cogito ergo sum* verlangt Schutz und pocht auf sein Recht der Differenz, hält jedoch nicht jede Besonderheit, die daraus hervorgeht, für gleichwertig. Die Tatsache, daß ein Individuum dank eigener Verstandeskraft und Objektivität etwas Anderes wählen kann als ein anderes schließt nicht unbedingt eine Wertschätzung der Wahl des Anderen mit ein. Nach moderner Ansicht gelten Werte als sekundär. Und es ist nicht auszuschließen, wie in der modernen Welt nur allzu oft geschehen, daß die Mehrheit von ihrem umfassenden Recht ein „Recht" ableitet, Gewalt gegen den Anderen anzuwenden, der etwas gewählt hat, das der Mehrheit nicht genehm ist. Wenn heteronome Autorität ausgeschlossen wird,

herrscht das Recht der Quantität: Die Wahl der Mehrheit ist stets von
größerem Wert.

Unter der Voraussetzung, daß jede Tradition eine Mannigfaltigkeit
des Seienden in sich birgt und daß das höchste Prinzip innerhalb der To-
talität der Stufen des Seins nur abgeschwächt zum Tragen kommt, ist heteronome Autorität das Prinzip der Relativität der Existenz. Die Menschheit ist durch ihre geschaffenen wie ungeschaffenen Anteile und ihre
Ausrichtung auf das Vollkommene ein Abbild dieser Mannigfaltigkeit alles Seienden. Was in dieser Welt von der Erde über den Himmel in die
Ewigkeit weist, spiegelt sich bei den Menschen in der Stufenfolge vom
Körperlichen über die Vernunft bis zum Geistigen wider. Davon leiten
sich zwei Anthropologien ab: Die evolutionäre, in der das Größere und
Höhere durch das Minderwertigere und Niedrigere begründet wird, und
die der Schöpfung, in der umgekehrt das Minderwertigere und Niedrigere
durch das Größere und Höhere begründet ist. Im ersten Fall ist die
Menschheit Höhepunkt der Entwicklung und die menschliche Vernunft
das Grundprinzip alles Seienden. Im zweiten Fall ist die Menschheit gefallen, doch immer noch in Verbindung mit dem Vollkommenen, das an
ihrem Ursprung steht und ihre letzte Zuflucht ist. Von diesen zwei Anschauungen leiten sich die beiden Positionen der Moderne her: die Position des Hochmuts mit dem Konzept des autonomen Ichs und die Position der Demut mit dem Konzept der heteronomen Autorität. Und da
beide in der modernen Welt vorkommen – obwohl nicht unerheblich ist,
daß die zweite wahrscheinlich die Mehrheit der Menschheit betrifft – ist
die Frage von Bedeutung, wie die Diskussion zu führen und wie Vertrauen in die unterschiedlichen Formen der Tradition herzustellen wäre.

Wenn die Menschheit die höchste Errungenschaft der Evolution und
der Geschichte darstellt, dann muß sie auch deren höchster Wert sein. Daraus folgt, daß Selbsterhöhung und Selbstüberschätzung zum Menschen
gehören. Die Welt ist dementsprechend der uneingeschränkten Herrschaft des Menschen, der Veränderung durch ihn und all seinem Sinnen
und Trachten unterworfen. Dies bedeutet nach traditioneller Lehre
Hochmut im wahrsten Sinn des Wortes. Hochmut ist nicht mehr außergewöhnlich, sondern der normale Ausdruck moderner Weltanschauung.
Dieser Hochmut kann als die moderne Entzauberung der Welt oder ihre
Transformation in ein „entzaubertes Paradies", wie Max Weber meint, angesehen werden – oder, mit Nietzsches Worten, als der Tod der „wahren
Welt".

Hannah Arendt meint:

„Unterdessen haben uns mit immer grellerer Stimme die wenigen Verteidiger der Metaphysik vor den Gefahren des Nihilismus in dieser Entwicklung gewarnt; und sie haben ein gewichtiges Argument für sich, obwohl sie selbst es selten anführen; es ist gewiß wahr, daß, wenn der übersinnliche Bereich erst einmal aufgegeben ist, die Welt der Erscheinungen, so wie sie über Jahrhunderte verstanden wurde, auch zunichte ist. Das Sinnliche, so wie es immer noch von den Positivisten verstanden wird, kann den Tod des Übersinnlichen nicht überleben. Niemand wußte dies besser als Nietzsche, der mit seiner poetischen und metaphorischen Beschreibung der Ermordung Gottes im Zarathustra eine solche Verwirrung in dieser Sache angerichtet hat. In einer bezeichnenden Textstelle der *Götzen-Dämmerung* stellt er klar, was im Zarathustra das Wort Gott meint. Es war nur ein Symbol für den von der Metaphysik als übersinnlich verstandenen Bereich; er gebraucht nun anstelle von Gott das Wort „wahre Welt" und sagt: „Die wahre Welt haben wir abgeschafft: welche Welt blieb übrig? die scheinbare vielleicht? ... Aber nein! *mit der wahren Welt haben wir auch die scheinbare abgeschafft!*"[1]

Wenn die vorherrschenden modernen Interpretationen der Toleranz sich so darstellen, dann ist klar, daß Hochmut – oder die uneingeschränkte Selbsterhöhung des Ichs durch die Behauptung seiner Fähigkeit, das Höchste zu erreichen – ihr wesentlicher Bestandteil ist. Es ist dies ein normales, durchaus verständliches Phänomen, das in der eigentlichen Natur der Evolutionstheorie begründet liegt.

Aus der Sicht der Tradition (in ihrer westlichen Ausprägung als Judentum, Christentum und Islam) funktioniert Anthropologie in umgekehrter Weise. Der Mensch ist Symbol des Höchsten, dem er sich in seinem Innersten öffnet. Deshalb ist Demut sein Weg der Befreiung des Ichs von der Illusion der Unabhängigkeit angesichts des vollkommenen Wesens. Nur durch Demut in allen ihren Manifestationen wie Reue, Gebet, Andacht, Unterwerfung, Buße, Enthaltung, Verzeihung etc. öffnet sich das Ich der Vielfalt, die von der Einheit und der Einzigartigkeit des Logos, der ersten Beglaubigung des Unaussprechlichen zeugt. Nichts an der inneren und äußeren Welt gibt der Menschheit Anlaß zur Überheblichkeit, denn alles ist Zeichen von Gottes Einzigartigkeit und vollkommener Größe. Alle Besonderheiten sind von Gott. Toleranz ist daher die unabdingbare Form der Existenz, die aus Demut vor dem vollkommenen Sein herrührt, das besagt, daß es keine Wahrheit außer der Wahrheit gibt.

Die beiden Gesichter der Toleranz – das eine, das sich vom Hochmut als dem natürlichen Ausdruck moderner Auffassung von der Autonomie des Ichs herleitet, und das andere vom Ich als dem Symbol oder Zeugnis des Göttlichen – können mit zwei *ayat*, kleineren Teilen von Koransuren, stellvertretend für mehrere andere Koranstellen belegt werden:

> „Ich werde diejenigen, die auf der Erde unberechtigterweise die Hochmütigen spielen, von meinen Zeichen abwenden. Wenn sie auch jedes Zeichen sehen, glauben sie nicht daran. Und wenn sie den richtigen Weg sehen, nehmen sie ihn nicht zum Weg. Wenn sie aber den Weg der Verirrung sehen, nehmen sie ihn sich zum Weg."
> (Koran 7.146)[2]

Dagegen:

> „Wird es für diejenigen, die glauben, nicht Zeit, daß ihr Herz sich vor der Mahnung Gottes und vor der Wahrheit, die herabgekommen ist, demütigt …?"
> (Koran 57.16)

Werden die Begriffe Hochmut und Demut in die Welt des Wissens und seiner Wirklichkeit übersetzt, dann wird klar, daß die Erfahrung der modernen Welt in ihrer Brüchigkeit, mit ihrem Zerstörerischen und dem Leiden, das von ihr kommt, epistemische Bescheidenheit verlangt. Dies ist allerdings nur durch Vermeiden des Hochmuts möglich. Aber auch wenn schwerwiegende Gründe dafür sprechen, kann diese Vermeidung nicht zum Prinzip gemacht werden; demzufolge kann auch Toleranz nicht zum Prinzip erhoben werden, so vernünftig und wohlbegründet sie auch sein mag. Eine andere Antwort jedoch ist möglich: aktive und unbedingte Demut vor der einzigen und alleinigen großen Wahrheit. Tolerieren des Unterschiedlichen ist dann Prinzip und die Rede über die Wahrheit ist auf alle Formen übertragbar; dies ist das Gegenteil von Relativismus und Nihilismus, dafür aber durchtränkt von epistemischer Demut im Wissen. Dies führt nun zu einer Debatte über unterschiedliche Ansichten des Ichs und der Autorität.

## Die Kontroverse über die Namen

Muslime, Christen und Juden haben alle zur Entstehung der komplexen bosnischen Identität in der Geschichte beigetragen. Aus diesen religiösen Verbindungen stammen in moderner Zeit die verschiedenen politischen und nationalen Identitäten. Die heutigen Bosniaken sind daher historisch eng mit dem Islam verbunden, die bosnischen Serben mit dem orthodoxen Christentum und die bosnischen Kroaten mit dem römischen Katholizismus. Diese religiösen Verbindungen waren ein Element bei der Entstehung der unterschiedlichen politischen und nationalen Identitäten, ein Prozeß, der vom Wandel der Rolle der Religion und des Religionsverständnisses von der Renaissance bis heute begleitet wurde. Die Gesamtheit der religiösen, nationalen und politischen Identitäten umfaßt ein ganzes Spektrum ideologischer bis traditioneller Verbindungen, die sich häufig mischen und untereinander austauschen. Es ist daher möglich, bei der Rechtfertigung moderner Konzepte von Toleranz (beziehungsweise Intoleranz) auf eine Typologie der Religionen und der religiösen Sprache zu stoßen. Unsere Thesen hier beziehen sich auf die religiöse Sicht dieses Themas, seine Voraussetzungen sind jedoch in einer traditionsgestützten Herangehensweise zu finden, die sich von der modernen wesentlich unterscheidet.[3]

In jeder religiösen Gemeinschaft, ob sie einer nationalen oder politischen Ideologie unterworfen ist oder nicht, können zwei Arten der Affiliation unterschieden werden. Bei der ersten bestimmen Sprache, Bedeutung und Symbol die Identität, ohne von der authentischen, ursprünglichen Tradition getrennt zu sein. Vielfalt und Unterschiedlichkeit der Sprache, der Bedeutungen und Symbole schließen individuelle Kontakte mit einer immerwährenden Einheit und ihrem lebendigen Wesen nicht aus. Im Falle des Islam, des Christentums und des Judentums besteht Übereinstimmung hinsichtlich der Einheit Gottes, des jüngsten Gerichts und der guten Taten als Bestätigung des Glaubens an die ersten zwei Prinzipien. Die Vollendung der Menschheit ist demnach nur der Einheit Gottes untergeordnet, denn es gibt keine Wahrheit außer *der* Wahrheit und keine Wirklichkeit außer *der* Wirklichkeit.[4] Dies allein ist die erste und letzte Bestimmung von allem und jedem. Sie zurückzuweisen ist Leugnung, Heuchlerei und Assoziationismus, d. h. das Nebenordnen anderer Dinge neben den *einen* Gott. Jede Erscheinung – ob Gefühl oder Gedanke, ob individuell, gruppenbestimmt oder strukturell – wird für eine Gottheit gehalten, sobald sie der Berührung mit dem Unaussprechlichen, dem höchsten Wesen verlustig geht. Die Erscheinungswelt selbst wird für Gott gehalten, was zu Idolatrie führt. Im Islam, Christentum und Judentum ist dies die größte Sünde, da sie die in Vollendung und für die Vollendung geschaffene Natur des Menschen leugnet. Eine derartige Leugnung ist der Kern der Desillusionierung und Entheiligung der Welt, da diese auf einen Zustand reduziert wird, wo nur noch Zufälligkeit und Unbeständigkeit herrscht.

Unmittelbare und unbewußte Verbindung mit einer Religion bedeutet nicht, *a priori* die ewigen Inhalte ihrer Überlieferung zu glauben und Zeugnis davon abzulegen. Glaube und Zeugnis ablegen sind Ausdruck einer individuellen Beziehung zwischen dem Menschen und Gott; dazu gehört sowohl das Bewußtsein als auch das Sein. Aus religiöser Sicht bestimmt die Art dieser Beziehung die letzte Vollendung des Individuums. Die größte Differenz trennt es von den Namen Gottes. Ausrichtung auf das Wirkliche, das höher und größer als jede Einzelerscheinung und alle Erscheinungen zusammen ist, bedeutet Wissen um alles, was äußerlich und was verborgen ist, d. h. das Wissen um die Namen: „Und Gott stehen die schönen Namen zu. Ruft ihn damit an und laßt diejenigen, die seine Namen in Verruf bringen. Ihnen wird vergolten werden für das, was sie getan haben." (Koran 7.180). Die Leugnung von Gottes Einheit zeigt sich in der Schmähung seiner Namen, was zu Verzerrungen der Vorstellungen von Gerechtigkeit und der Bedeutung der guten Taten führt. Leben wird somit in Sprache, Bedeutung und Symbolen Phantasmen unterworfen, die weder mit dem Ursprung noch mit dem Ziel zu tun haben: „Wenn ihr zu ihnen betet, hören sie es nicht. Und wenn sie es hörten, würden sie euch kein Gehör schenken. Und am Tag der Auferstehung werden sie bestreiten, daß ihr euch ihnen beigesellt habt" (Koran 35.14).

Im Koran begegnet uns Verdammung wie Lobpreisung der Juden und Christen. Es lohnt sich, die Gründe für beides zu untersuchen, um den Ursprung der Toleranz bis ins Zentrum der Tradition zurückzuverfolgen, wo klar gesagt wird:

„Diejenigen, die glauben und diejenigen, die dem Judentum angehören, und die Christen und die Sabäer, – die, die an Gott und den jüngsten Tag glauben und tun, was recht ist – denen steht bei ihrem Herrn ihr Lohn zu, und sie brauchen nicht traurig sein." (2.62)

In einer solchen religiösen Perspektive hängt die Stellung eines jeden Individuums von seinem Glauben an Gott und das jüngste Gericht ab und von deren Bekräftigung durch das Verrichten guter Taten. Das Lob der Juden basiert auf der Anerkennung einer solchen Verbindung:

„Und unter dem Volk Moses gab es eine Gemeinschaft, die nach der Wahrheit trachteten und danach Gerechtigkeit übten." (7.159)

„Wir haben (…) ihnen gute Dinge beschert, sie vor den Menschen in aller Welt ausgezeichnet und ihnen (…) klare Beweise gegeben. Und sie wurden – in gegenseitiger Auflehnung – erst uneins, nachdem das Wissen zu ihnen gekommen war." (45.16–17)

„Uneins" bedeutet, die Wahl zu haben zwischen Standhaftigkeit in den wesentlichen und ewigen Elementen der Tradition (Glauben an Gott und an das jüngste Gericht und Verrichten guter Taten) und Zwist, Heuchlerei oder Indifferenz, was ein Festhalten an Göttern ohne Gott ist. Beide Haltungen kommen bei allen Völkern vor, bei Juden, Christen und Muslimen, und Lob wie Verdammung beziehen sich in gleicher Weise auf sie alle. Diese Verbindung mit der Einheit Gottes wird von allen Gesandten Gottes verkündet. Doch in jeder Generation nehmen deren Anhänger sie an oder weisen sie zurück, legen Zeugnis ab oder heucheln, künden davon oder legen falsches Zeugnis ab. Am Ende halten Muslime, Christen und Juden ihre Verbindung mit der Einheit durch ihre Sprache, die Bedeutungen und Symbole ihrer Glaubensgemeinschaften aufrecht und sehen und hören die Stimme des Friedens in den Zeichen der Welt und in ihrem Inneren. Diejenigen Muslime, Christen und Juden hingegen, die dem äußeren Anschein nach dieselbe Sprache, dieselben Bedeutungen und Symbole gebrauchen, jedoch ohne jede Verbindung zu dem Einen, sind Komplizen derer, die „seine Namen in Verruf bringen", was zum „Festhalten an Göttern ohne Gott" gehört.

Der Mensch hängt von dem *einen* Gott ab und nicht umgekehrt. Er legt Zeugnis von ihm ab, ist aber selbst nicht Einheit. Unterwerfung und Demut bedeuten, Gott näher zu sein, und das Gegenteil bedeutet Entfernung von Gott und eine Verbiegung der menschlichen Natur. Die wahren Namen der Erscheinungen sind jene, die vom unaussprechbaren Namen sprechen. Und wenn sie sich davon lösen, haben die Namen der Erscheinungen Teil an der Verwandlung der Welt in tote Phantasmen und unversöhnliche Auseinandersetzungen über Namen.

Rusmir Mahmutćehajić

## Das gemeinsame Wort

Zehn Jahre nach der Auswanderung Muhammads und seiner Anhänger aus Mekka debattierten in Medina Muslime und Christen in Gegenwart von Juden über die Überlieferung und deren unterschiedliche Formen.[5] Im Laufe der Debatte wurden mehr als achtzig Verse der dritten Sure des Korans offenbart, die sich mit dem Verhältnis verschiedener Phänomene in der Überlieferung befaßten. In diesen Versen macht die Heilige Offenbarung die Grundprinzipien der Verständigung und der Toleranz zwischen den Anhängern unterschiedlicher Überlieferungen deutlich:

> „Sprich: Ihr Leute der Schrift! Kommt her zu einem Wort des Ausgleichs zwischen uns und euch! Daß wir Gott allein dienen und ihm nichts beigesellen, und daß wir uns nicht untereinander an Gottes Statt zu Herren nehmen." (Koran 3.64)

Jeder Teilnehmer an der Debatte geht als Anhänger des Buches davon aus, daß es wahr und echt ist. Ebenso bezeugt er die Existenz anderer mit derselben Überzeugung: Erfolgt keine Erwiderung, mag er sie ablehnen und unter Umständen ausschließen, denn was außerhalb der Wahrheit liegt, ist falsch. Wenn dieser Standpunkt sich mit der Forderung konfrontiert sieht, daß jeder für seine Überzeugung einsteht und jene, die in der Debatte im Unrecht sind, verabscheut, dann wird einer, der die Debatte aufmerksam verfolgt, leicht erkennen, daß kein Individuum im Besitz der gesamten Wahrheit sein kann. Die Antwort ist in der Tatsache begründet, daß jede Erscheinung in der Welt, die verschiedenen Traditionen miteingeschlossen, nicht nur unterschiedlich und vielfältig sein kann, sondern auch wahr sein kann, insofern sie von dem einem und einzigen Wort Zeugnis ablegt. Da sie sich voneinander unterscheiden und doch alle dieselbe Anschauung von der Vollkommenheit dessen haben, an das sie glauben, verlangen diese Differenzen nach einer prinzipiellen Übereinstimmung: Diese Übereinstimmung besteht darin, daß das, was sie haben von Gott kommt, daß aber keiner sagen kann, es sei Gott. Weder ihr Wissen noch ihre Erkenntnis ist solcherart, denn, wenn sie annähmen, sie wären vollkommen, dann würden sie Gott eine andere Wirklichkeit als diejenige Gottes beigesellen (Assoziationismus). Alles, was sie haben, sind Zeichen des einzigen und alleinigen Gottes. Die Debatte kann ihnen helfen, dies deutlicher zu sehen und zu verstehen. Es ist daher nicht verwunderlich, daß der „Anerkennungsvertrag", der das Übereinkommen zwischen dem osmanischen Sultan Mehmed el-Fatih und dem bosnischen Franziskaner-mönch Andeo Zvizdovic 1463 über Teile Bosniens besiegelte, eine Auf-forderung in einem ähnlichen Vertrag aus dem Jahr 10 der Hidschra (630 n. Chr.) zum Vorbild haben soll:

> „Der Schutz Gottes und die Sicherheit des Propheten Muhammad, des Gesandten Gottes, umfaßt Nadschran und seine Umgebung, das heißt seine Besitzungen, seine Bewohner, die Ausübung ihrer Gottes-dienste, diejenigen von ihnen, die abwesend, und diejenigen von ih-nen, die anwesend sind, ihre Familien, ihre Heiligtümer und alles, was sie an Kleinem und Großem besitzen. Kein Bischof soll von sei-nem bischöflichen Sitz vertrieben werden noch irgendein Mönch aus seinem Kloster noch irgendein Priester aus seinem Sprengel."[6]

Beide Beispiele weisen auf die Verpflichtung des Mächtigeren hin, die Grundsätze der Toleranz zu achten und verpflichten ihn zu dem vertrag-lich zugesicherten Schutz des Schwächeren.

### Anmerkungen

1 Hannah Arendt, „Thinking and moral consideration", in: Social Research, 38, 3, 1971, S. 417–446; Friedrich Nietzsche, Götzen-Dämmerung. „Wie die ,wahre Welt' endlich zur Fabel wurde".

2 Der Koran, übers. v. Rudi Paret, Stuttgart usw.

3 Zum Verständnis des Verhältnisses von traditionell und modern, siehe Marco Pallis, The Way and the Mountain, London 1960; Frithjof Schuon, Das Ewige im Vergänglichen, Weilheim 1970; ders., Logic and Transcendence, London 1984; Huston Smith, Forgotten Truth: The Common Vision of World's Religions, San Francisco 1992; ders., Beyond the Post-Modern Mind, Wheaton 1989; Martin Lings, The Eleventh Hour: The Spiritual Crisis of the Modern world in the Light of Tradition and Prophecy, Cambridge 1987; ders., Symbol & Archetype: A Study of the Meaning of Existence, Cambridge 1991.

4 Dies ist eine bekannte Stellungnahme zur göttlichen Offenbarung in semitischen Sprachen, die keinen Kompromiß hinsichtlich der Einheit und Einzigkeit Gottes zulassen und jede Assoziierung Gottes mit irgend etwas anderem ablehnen: „Ich bin der Erste und der Letzte, und außer mir ist kein Gott. Wer ist wie ich …" Jes 44,6–7); „Wem wollt ihr mich vergleichen, daß ich wäre wie er?" (Jes 40,25); „Ihr könnt nicht Gott dienen und dem Mammon" (Mt 6,24). Diese Fragen, die sich selbst die Antwort geben, klingen auch in den koranischen Offenbarungen an: „Gott. Es gibt keinen Gott außer ihm" (Koran 2.255); „Er ist der Erste und der

Letzte, erkennbar und verborgen. Er weiß über alles Bescheid" (57.3); „Es gibt nichts, was ihm gleichkommen würde" (42.11); „und keiner ist ihm ebenbürtig" (112.4).

5 Siehe Muhammad Hamidullah, Muhammad a.s., Bd. 1, übers. v. Nerkez Smailagić, Sarajevo 1983 (hier wird Smailagićs Übersetzung von 1983 herangezogen) und insbesondere Ibn Išaq, Sirat Rasul Allah (vgl. Guillaumes Übersetzung von 1980, S. 270–277).

6 Muhammad Hamidullah, Le prophète de l'Islam: Sa vie et son œuvre, Bd. 1, Paris 1998.

(Aus dem Englischen von Gennaro Ghirardelli)

# Shlomo Fischer

# Intoleranz und Toleranz in der jüdischen Tradition und im Israel der Gegenwart

Dieser Vortrag unternimmt den Versuch, die Beziehung zwischen kulturellen Potentialen und strukturellen gesellschaftlichen Beziehungen mit Blick auf die Frage nach der Toleranz in der jüdischen Tradition zu erkunden. Diese Thematik soll zugleich mit Bezug auf die gegenwärtige israelische Gesellschaft analysiert werden. Mein Ziel besteht darin, die Strategien der Toleranz zu untersuchen, welche die jüdischen kulturellen und geschichtlichen Traditionen nahelegen, und zu versuchen zu verstehen, weshalb bestimmte Toleranzstrategien zu bestimmten Zeiten in der orthodoxen Gemeinschaft in Israel besondere Bedeutung gewonnen haben. Am Schluss dieser Analyse vertrete ich die These, dass die orthodoxe Gemeinschaft in Israel, in gewissem Maße auch die israelische Gesellschaft insgesamt, dabei ist, ein Toleranzmodell zu entwickeln, das sich auf die jüdische kulturelle Tradition beruft und sich in seiner inneren Struktur von westlichen – insbesondere protestantischen – Modellen unterscheidet.

Jede echte Diskussion über Toleranz setzt Macht auf der Seite der Gruppe voraus, die zur Toleranz aufgefordert wird. Ein Kontext, der diese Bedingung heute erfüllt, ist jener Israels, wo Juden über politische Macht verfügen, so dass sich dort das Problem der Toleranz auch tatsächlich stellen kann. Der Kontext der Diskussion in Israel ist der einer politischen Situation, in der eine orthodoxe Minderheit erhebliche politische Macht ausübt. Somit kann man über die Möglichkeit nachdenken, religiöse Konformität mit Hilfe der Zwangsgewalt durchzusetzen – eine Überlegung, die durchaus angestellt wird. Obwohl diese Option angesichts der gegenwärtigen politischen und gesellschaftlichen Machtkonstellation nicht unmittelbar in Betracht kommt, gilt eine solche Entwicklung – zumindest theoretisch – als denkbar und beeinflusst daher auch die *soziale* Toleranz – das heißt das Maß, in dem die orthodoxe Bevölkerung die Legitimität nichtorthodoxer Lebensstile und Praktiken (einschließlich familiärer und sexueller Praktiken) zugesteht.

Es gilt hervorzuheben, dass sich die Toleranzdiskussion innerhalb der israelischen Bevölkerung weitgehend auf den Umgang mit nichtorthodoxen Juden beschränkt. Auf Grund des partikularen Charakters des Judentums sind Religionsfreiheit und Lebensstil (monotheistischer) Nichtjuden kein Thema, allerdings mit zwei Ausnahmen: Strittig sind missionarische Aktivitäten und Situationen, in denen der Kultus anderer Religionen – wie auf dem Tempelberg – eindeutige politische Implikationen birgt.

Ich möchte betonen, dass es sich bei der Toleranzproblematik, die ich ansprechen möchte, um Verhaltensweisen handelt, die orthodoxem Recht zuwider laufen. Es geht mir nicht um Fragen des Verhältnisses von Staat und Religion, die damit zusammenhängen, dass das orthodoxe Judentum die Religion ist, deren Stellung der Staat Israel am meisten begünstigt. Dabei handelt es sich im wesentlichen um politische Fragen, welche die staatliche Anerkennung und Finanzierung der nichtorthodoxen jüdischen Strömungen und der mit ihnen verbundenen Institutionen betreffen.

Bevor ich mit meiner Argumentation fortfahre, möchte ich zunächst meine Darstellung der Thematik von Toleranz und Intoleranz genauer umreißen. Sie nimmt ihren Ausgang von zwei Fragestellungen: 1) Der Frage nach dem Zwang bei der Durchsetzung religiös vorgeschriebenen Verhaltens und 2) der Frage nach der Anwendung extremer Sanktionen gegen Menschen, die von der orthodoxen religiösen Norm abweichen.

## Jüdische kulturelle Traditionen als Grundlage für Intoleranz und Toleranz

Im Folgenden stelle ich die breiten kulturellen Orientierungen dar, die historisch eine bedeutende Rolle bei der Prägung der institutionellen Gestalt jüdischer Gemeinschaften gespielt haben. Danach werde ich beschreiben, auf welche Weise diese Prämissen zur Herausbildung von Intoleranz in jüdischen normativen Systemen geführt haben, insbesondere im wichtigen religiösen Rechtssystem der Halacha. Schließlich möchte ich aufzeigen, wie diese Grundorientierungen zugleich auch Strategien der Toleranz bereitstellen können, die im Mittelalter und in der Moderne von Rabbinern und jüdischen Rechtsgelehrten entfaltet worden sind.

Die grundlegende kulturelle Vorstellung der jüdischen Zivilisation ist die Idee des Bundes. Diese Vorstellung, die in der Bibel wiederholt begegnet, bezeichnet einen Bund zwischen den hebräischen Stämmen und einem Schöpfergott, mit dem Ziel, dass erstere Gottes Gesetze und Gebote annehmen und auf diese Weise eine Gesellschaft bilden, welche die biblischen Ideen von Heiligkeit, Gerechtigkeit und Rechtschaffenheit verkörpert. Der Akzent dieser Idee liegt auf der Vorstellung einer *Gesellschaft* oder einer Gesamtheit. Die bekannten Verse, welche die Einsetzung des Bundes in Exodus 19, 5–6 einführen, betonen den nationalen, kollektiven Aspekt: „Wenn ihr nun auf meine Stimme hört und meinen Bund haltet, dann sollt ihr unter allen Völkern mein besonderes Eigentum sein, denn mir gehört die ganze Erde. Ihr sollt mir ein Königreich von Priestern und ein heiliges Volk sein." Der Bund schuf eine Gemeinschaft, die auf pragmatisches Handeln ausgerichtet war – Siedlung, Krieg und politische Institutionen –, und es war das organisierte Leben der Gemeinschaft, in dem diese biblischen Ideale der Heiligkeit und Gerechtigkeit verwirklicht werden sollten.

Diese überaus einflussreiche Vorstellung birgt in sich sowohl einige der grundlegenden Orientierungskonstanten des jüdischen Gemeinschaftslebens als auch die Spannungen und Widersprüche, die zwischen ihnen bestehen. Das jüdische Gemeinschaftsleben enthält eine stark partikularistische Orientierung. Der Bund wurde zwischen Gott und sehr spezifischen Geschlechtern geschlossen – den Nachfahren Abrahams, Isaaks und Jakobs. Diese Orientierung erfuhr in der Spätantike (gegen Ende der Epoche des Zweiten Tempels) eine weitere Klärung und Stärkung. Zu jener Zeit betonte das Judentum, dem die Rabbinen Gestalt gaben, im Gegensatz zu den Orientierungen, die sich im sozialen und intellektuellen Umfeld der Sekte(n) vom Toten Meer und im Frühchristentum entwickelten, dass nicht irgendein Israel des Geistes, sondern weiterhin das „fleischliche Israel", das heißt das sozial verfasste biologische Israel, das Israel des Bundes sei.[1]

In einer Spannung zu dieser Orientierung, die eine Art biologischen oder metabiologischen Determinismus impliziert, steht die Betonung der *freiwilligen* Teilhabe am Bund. Der Bund wird nicht rein mechanisch beachtet, sondern auf der Grundlage der Identifikation mit dem grundlegenden Wertesystem. Das kommt deutlich in den folgenden Versen aus dem Buch Josua zum Ausdruck: „Und nun fürchtet den Herrn und dient ihm vollkommen und treu! Entfernt die Götter, denen eure Väter jenseits des Flusses und in *mizrajim* [Ägypten] dienten, und dient dem Herrn! Wenn ihr aber dem Herrn nicht dienen mögt, so wählt heute, wem ihr dienen wollt, den Göttern, denen eure Väter jenseits des Flusses dienten, oder den Göttern der Amoriter, deren Land ihr jetzt bewohnt. Ich und mein Haus, wir wollen dem Herrn dienen" (Josua 24, 14–15).

Der Bund existiert auch innerhalb der Zeit. Die Anfänge des Bundes liegen bei Abraham und dem „Bund der zerteilten Hälften" (Genesis 15), und er wird in der Wüste und im Zusammenhang der Besiedlung des Landes erneuert. Somit wird er stets als Verheißung ausgesagt, deren Erfüllung in der Zukunft liegt. Die Frage, wann und auf welche Weise er erfüllt werden wird, stellt ein grundlegendes Thema der biblischen und der jüdischen Geschichte dar.

## Die Bundesgesellschaft als Grundlage der Intoleranz

Mir scheint, dass die Grundlage für Intoleranz mit dem Wesen des Bundes zusammenhängt, insofern dieser eine Gesellschaft der Heiligkeit und Gerechtigkeit schafft. Intoleranz richtet sich gegen Individuen oder Gruppen, welche die Bundesprinzipien der biblischen oder jüdischen Gesellschaft verletzen und auf diese Weise verhindern, dass diese den Charakter annimmt, den Gott für sie vorgesehen hat. In der Bibel ist die Bundesgesellschaft allumfassend; sie erkennt den Unterschied nicht an, den wir zwischen öffentlichem Bereich und Privatsphäre zu machen gewohnt sind:

> „Wenn dein Bruder, deines Vaters Sohn oder deiner Mutter Sohn, oder dein Sohn oder deine Tochter oder dein innigst geliebtes Weib oder dein Freund, den du wie dein eigenes Leben liebst, dich heimlich verlocken will und spricht: Wohlan! Laßt uns anderen Göttern dienen – solchen, die weder du noch deine Väter bisher kannten, von den Gottheiten der Völker, die rings um euch her wohnen, [...] so sollst du ihm nicht zu Willen sein und nicht auf ihn hören, auch nicht mitleidige Nachsicht mit ihm üben, seiner schonen und seine Schuld geheimhalten, sondern du mußt ihn unbedingt anzeigen. Deine Hand erhebe sich zuerst gegen ihn, um ihn zu töten, danach die des ganzen Volkes [...], weil er darauf ausging, dich vom Herrn, deinem Gott, abzubringen, der dich aus dem Ägypterlande, dem Sklavenhause, wegführte. Und ganz Israel soll es erfahren, daß sie sich fürchten und fernerhin nicht mehr etwas derart Böses in deiner Mitte tun" (Dtn 13, 7–12).

Zwar redet die Passage davon, dass der Götzendienst im Geheimen vollzogen wird, doch es ist klar, dass es sich um eine Angelegenheit handelt, welche die gesamte Gemeinschaft betrifft. Das Gesetz, um das es geht, ist ein paradigmatisches Beispiel für ein repressives Gesetz im Durkheim'schen Sinne. Der Akt wird bestraft, weil er die Normen und Werte der Gemeinschaft verletzt, die daher als ganze an der Exekution beteiligt wird. Die Passage endet mit der Ermahnung, ganz Israel solle hören und sich fürchten „und fernerhin nicht mehr etwas derart Böses in deiner Mitte tun".

Der alles umfassende Charakter der Bundesgemeinschaft bildet die Grundlage des jüdischen religiösen Strafrechts. Gemäß diesem Recht, das erstmals in der Bibel formuliert und in der rabbinischen Literatur ausgeführt wurde, werden Vergehen gegen das jüdische Religionsgesetz – etwa der Verzehr des Fleisches unreiner Tiere, Ehebruch oder Götzendienst – mit Peitschenhieben oder mit dem Tode bestraft. Auch hier wird keine Unterscheidung zwischen privatem und öffentlichem oder zwischen dem strafrechtlichen und dem religiösen Bereich anerkannt. Dennoch nehmen die strafrechtlichen Elemente der rabbinischen Rechtsprechung innerhalb der rabbinischen Literatur – selbst in den frühesten Schichten, die wir mit Sicherheit identifizieren können – einen theoretischen Charakter an, die Frage der praktischen Anwendung der Bestimmungen tritt ganz in den Hintergrund. Dafür gibt es zwei Gründe. Erstens wurden die Anforderungen an das Zeugenrecht bei den Rabbinen so streng formuliert, dass es praktisch unmöglich war, einen Verbrecher zu verurteilen. Laut Auffassung einer Stelle in der Mischna ist ein Gericht, das einmal im Verlaufe von siebzig Jahren ein Todesurteil verhängt, ein blutrünstiges Gericht. Zweitens stellten sich die rabbinischen Gerichte etwa seit der Zeit der mittleren amoraitischen Stufe der rabbinischen Literatur (welche die Diskussion von Gelehrten aus der Zeit um die Mitte des 4. Jahrhunderts u.Z. widerspiegelt) auf den Standpunkt, sie seien für die Strafgerichtsbarkeit nicht zuständig. Über Straftäter und Menschen, die das religiöse Recht verletzten, so meinte man, könnten nur diejenigen richten, deren Autorität sich unmittelbar auf Mose selbst zurückführen lasse. „Heute", das heißt in der Zeit des „Exils" und vor allem der Diaspora, sei die Kette dieser Autorität zerrissen (*Tur Schulchan Aruch, Choschen Mischpat* 1,1 auf der Grundlage von *Sanhedrin* 14a und *Gittin* 88a). Hier entwickelte sich also eine Zurückhaltung der Rechtsinstitutionen oder der Gemeinschaft, die auf dem tief empfundenen religiösen Bewusstsein beruhte, dass die Offenbarung, welche die Verwirklichung der vom Bund mit Gott bestimmten Gesellschaft sicherstellen kann, verloren gegangen war. Somit wird ein Abweichen vom religiösen Recht auf Grund des Verlustes der Verbindung zur göttlichen Wahrheit und Autorität, mit der allein eine von Heiligkeit und Gerechtigkeit geprägte Gesellschaft errichtet und durchgesetzt werden kann, in gewissem Maße faktisch toleriert. Dieses Gefühl, die Verbindung zur göttlichen Wahrheit und Autorität verloren zu haben, wurde, wie wir sehen werden, bei einigen Autoritäten zur Grundlage für weitergehende Formen der Toleranz. So konnte sich der zeitliche Aspekt des Bundes – nämlich die Frage, wann er seine Erfüllung und Verwirklichung finden werde, und die erzwungene Verzögerung durch das Exil – potentiell stark auf die Bereitschaft auswirken, abweichendes religiöses Verhalten zu tolerieren.

Trotz der Zurückhaltung des Gerichtssystems seit dem Beginn des Exils übernahm die Halacha, das jüdische religiöse Recht, Maßnahmen, die wir als intolerant bezeichnen würden. Sie beziehen sich hauptsächlich auf den Ausschluss von Abweichlern aus dem Bereich des jüdischen Kollektivs, in extremen Fällen auch auf die Todesstrafe – sogar ohne vorschriftsmäßigen Gerichtsprozess. Im allgemeinen gelten die entsprechenden Gesetze für die schwersten Verbrechen, welche die grundlegendsten Werte der jüdischen Gemeinschaft untergraben, etwa für Götzendienst. Außerdem konzentrieren sie sich auf Verhaltensweisen, die einen Mangel an Identifikation mit der Gemeinschaft verraten und eine öffentliche Verletzung ihrer Normen darstellen. Eine solche öffentliche Normverletzung gehört nicht nur in den Bereich des Verhaltens, sondern in erster Linie in den Bereich der *Kommunikation*. Jemand, der eine Übertretung begeht, wird als Mensch wahrgenommen, der sich gegen die grundlegenden Werte der Gemeinschaft ausspricht. Im jüdischen Rechtsdenken ist somit der Bereich der Öffentlichkeit (wie wir ihn bezeichnen würden) der Bereich der Kommunikation, in dem die Bedeutung des Handelns in seiner – zuletzt nur die Form von Bejahung oder Verneinung kennenden – Beziehung zu den grundlegenden Werten der jüdischen Gemeinschaft besteht. Die Grundlage von Intoleranz bleibt ein Verhalten, das dem heiligen Charakter der Gemeinschaft zuwider läuft und sie verletzt. Auch ohne ein allumfassendes System der Durchsetzung von Normen führt ein Verhalten, das einen bewussten Angriff gegen die Werte der Gemeinschaft darstellt, zu schwerwiegenden Sanktionen. Die bloße Verletzung von Normen auf Grund von Schwäche oder Begierde bietet dagegen keinen hinreichenden Grund für Sanktionen wie den totalen Ausschluss aus der Gemeinschaft oder die Todesstrafe. Voraussetzung hierfür ist eine bewusste, überlegte Ablehnung von Normen. In diesem Sinne entwickelte sich das jüdische Recht in eine explizit Durkheim'sche Richtung – von Bedeutung ist das Festhalten an der Geltung des Wertesystems als solchem (d. h. selbst wenn das konkrete Verhalten gerade einmal nicht normgemäß ausfällt). Das Handeln oder das Verhalten gewinnen ihre Bedeutung anhand der

Frage, ob sie sich innerhalb des Rahmens der Beachtung der zentralen Werte der Gemeinschaft vollziehen und ein Festhalten an eben diesen Werten zum Ausdruck bringen. Ich möchte daher als These formulieren, dass Intoleranz im jüdischen Recht in unmittelbarer Beziehung zu diesem Charakter der jüdischen Gesellschaft als einer Gesellschaft der „mechanischen Solidarität" steht.[2] Das „heilige Volk" verlangt Uniformität im Festhalten an den zentralen Werten und wird dieses Festhalten erzwingen und jede Abweichung auf der Grundlage repressiver Gesetze bestrafen.

Alle Gesetze, die schwerwiegende soziale oder körperliche Sanktionen für Abweichungen verordnen, legen daher einen starken Akzent auf das, was wir als öffentliche Dimension der Verletzung gemeinschaftlicher Normen bezeichnen würden. So verweigert man etwa jenen, „die die Wege der Gemeinschaft verlassen", nach ihrem Tod die familiären und öffentlichen Trauerriten: „Diejenigen, welche die Wege der Gemeinschaft verlassen, die das Joch der Gebote, das auf ihnen liegt, zerbrochen haben und [sich] in ihrem Handeln nicht in die Gesamtheit Israels einfügen, indem sie die Feiertage beachten oder die Synagogen und Lehrhäuser besuchen, sondern nur sich selbst gehorchen, wie die übrigen Völker, aber auch solche, die ihre Religion gewechselt haben oder Spitzel [für nichtjüdische Behörden] sind – für sie alle gilt, dass man für sie nicht die Trauerriten vor und nach der Beerdigung vollzieht. Vielmehr bekleiden sich ihre Brüder und ihre übrige Verwandtschaft in weiß und hüllen sich in weiße Gewänder und essen und trinken und sind fröhlich [über ihren Tod]" (*Schulchan Aruch, Jore De'a*, 345, 5). (Die Glosse von R. Moses Isserles bemerkt, dieses Gesetz gelte nur für Menschen, die von religiösen Normen abweichen. Jemand, der gemeindliche oder politische Normen übertreten hat, etwa ein Steuersünder, darf zwar nicht von der Gemeinde, aber von seiner Familie betrauert werden.)

Die wichtige Rechtskategorie der *parhessia* bezieht sich präzise auf den kommunikativen Aspekt des Handelns. Handlungen, die „in der *parhessia*" vollzogen werden, das heißt dort, wo sie von der Öffentlichkeit wahrgenommen und bemerkt werden können, bejahen oder verneinen die Werte der Gemeinschaft. Der Begriff stammt von dem griechischen Wort *parhessia*, das „freimütige Rede" bedeutet, und der *parhesstes* ist gemäß der griechischen politischen Theorie jener, welcher „der Macht die Wahrheit sagt" (unabhängig davon, ob die Macht vom Monarchen oder von der Versammlung der Bürger verkörpert wird).[3] Normverletzungen, die von der Öffentlichkeit wahrgenommen und bemerkt werden können, also in der *parhessia* geschehen, werden als bewusste Negation der Werte der Gemeinschaft betrachtet und ziehen extreme Sanktionen nach sich. Die Verletzung des Schabbat in der *parhessia* etwa führt zum vollständigen Ausschluss aus der Gemeinschaft: „Der Schabbat ist ein ewiges Zeichen zwischen dem Heiligen Einen, er sei gesegnet, und uns. Wer daher alle übrigen Gebote überträte, gehörte zur Kategorie der Gottlosen in Israel, aber jemand, der den Schabbat in der *parhessia* verletzt, ist wie jemand, der Götzendienst treibt, und beide gelten in allem, was sie betrifft, als Nichtjuden" (Maimonides, *Mischne Tora, Hilchot Schabbat* 30,16). Wer also den Schabbat in der *parhessia* verletzt, kann keinerlei rituelle oder rechtliche Handlung vollziehen, etwa einen Scheidebrief ausstellen oder eine rituelle Schlachtung vornehmen.

Die öffentliche Dimension der Abweichung spielt selbst bei der Verhängung der schrecklichsten aller Sanktionen eine Rolle. Der *Schulchan Aruch* des Rabbi Josef Karo (der Standardkodex jüdischen Rechts) schreibt vor, Götzendiener und Ungläubige zum Tode zu verurteilen, was sogar durch wachsame Einzelpersonen geschehen kann, sofern das Rechtssystem für ein solches Verfahren nicht existiert. Über diese Beispiele eines grundsätzlichen Abweichens hinaus dehnt er die Vorschrift jedoch auch auf solche aus, die auf schamlose und provozierende Weise (zumindest) ein spezifisches Gebot verletzen (*Jore De'a* 158,2). Die kommunikative Dimension auch dieser Gesetzesübertretung wird in einer parallelen Passage im Rechtskodex des Maimonides (*Mischne Tora, Hilchot Tschuva* 3,9) hervorgehoben, die betont, solche Verbrecher verdienten derart extreme Strafen nur dann, wenn sie „öffentlich bekannte Gewohnheitsverbrecher" seien.

Zusammenfassend gesagt machen all diese Rechtsbestimmungen und Details deutlich, dass es sich bei Verbrechen, die „intolerante" Sanktionen nach sich ziehen, um Verbrechen handelt, die sich gegen das Bestreben der jüdischen Gesellschaft *als Gesellschaft* richten, ihr Leben gemäß den Bundesvorschriften zu gestalten.

Ein weiterer Aspekt der Intoleranz ist die Erzwingung religiöser Praxis. Haben rabbinische Gerichte oder sogar Privatpersonen das Recht, andere mit Gewalt zur Beachtung der religiösen Gesetze zu zwingen oder sie davon abzuhalten, diese zu übertreten? Auch in dieser Frage erfordert die gemeinschaftliche Verantwortung aller Juden füreinander und für die jüdische Gemeinschaft den Einsatz von Zwang. Der Babylonische Talmud sagt ausdrücklich: „Es wird gelehrt […] Dies [dass die Übertretung durch eine Geldzahlung gesühnt ist] gilt nur von einem Verbot, wegen eines Gebotes aber, wenn man beispielsweise einen auffordert, eine Festhütte [für das Laubhüttenfest] zu errichten, und er sich weigert, oder einen *lulav* [Feststrauß] zu machen, und er sich weigert, geißele man ihn, bis er seine Seele aushaucht" (*Ketubbot* 86a-b). Wie aus der Sprache der *baraita* (einer tannaitischen Tradition, die nicht in die Mischna aufgenommen wurde) erkennbar wird, bestand die Rechtsauffassung, dass sich der gewaltsame Zwang allgemein auf alle Gebote ausdehnen lässt, unabhängig davon, ob sie biblischer oder rabbinischer Herkunft sind. Tatsächlich entschied Maimonides in mehreren Fällen, man dürfe die Einhaltung der Gebote mit Gewalt erzwingen (*Maase Ha-Korbanot* 14,15–17; *G'naiva* 8,20; *Mamrim* 5,15).[4] Eine andere *baraita* dehnt den Gebrauch von gewaltsamem Zwang sogar auf Handlungen aus, die freiwillig, auf der Grundlage eines echten Willensakts ausgeübt werden müssen. Dabei handelt es sich etwa um die Darbringung eines freiwilligen Opfers oder um die Gewährung eines Scheidebriefs. „*Soll er es darbringen* [Lev 1, 3], dies lehrt, dass man ihn dazu zwinge [seine Verpflichtung zu erfüllen, das Opfer darzubringen]. Man könnte glauben, man wende Gewalt an, so heißt es: *nach seinem Wunsche*. Wie mache man es? Man nötige ihn, bis er sagt, er wünsche es […] Ebenso verhält es sich bei der Scheidung einer Frau[5] (und der Freilassung von Sklaven[6]). Man nötige ihn, bis er sagt, er wünsche" (Babylonischer Talmud, *Bava Batra* 48a und *Kidduschin* 50a). Nach der üblichen Auslegung dieses Gesetzes besteht der „wahre Wunsch" eines Menschen, der „ein Jude sein will", darin, seine religiösen Pflichten zu erfüllen, und nur die Versuchungen des bösen Triebs verführen ihn dazu, die Normen zu missachten. Selbst wenn er also nur unter Zwang sagt: „Ich wünsche es", verleiht er seinem echten Willen Ausdruck.[7]

Maimonides fasst diese Vorschrift der Zwangsausübung in seinem Mischnakommentar in Form einer allgemeinen Regel zusammen: „Es ist bekannt, dass der Richter [des rabbinischen Gerichts] einen Menschen zwingen soll, Almosen zu geben, weil es sich um eines der positiven Gebote handelt. Denn man muss einen Menschen schlagen, bis er das Gebot erfüllt, das er zu dieser Zeit erfüllen muss, selbst wenn man ihn dabei fast totschlägt. *Und das gilt für alle positiven Gebote*." (Kommentar zur Mischna, *Ketubbot* 4,6)[8] Die Wurzel der Vorschrift, Zwang auszuüben, liegt in der Vorstellung der wechselseitigen Verantwortung aller Juden für die Gewährleistung einer heiligen und gerechten Gesellschaft. So vertritt ein wichtiger Lehrer sogar die Auffassung, ein Einzelner dürfe Gewalt ausüben, um einen anderen von einer Übertretung der Gebote abzuhalten.[9] Die gängigere Meinung, die dieses Recht einzig und allein den Richtern zuspricht, besagt, dass – aus rechtlicher Perspektive – alle Juden diese Verpflichtung dem rabbinischen Gericht überlassen hätten. R. Moses Sofer (Pressburg/Bratislava, erste Hälfte des 19. Jahrhunderts) schreibt ausdrücklich: „Die rabbinischen Gerichte handeln als Stellvertreter ganz Israels, denn sie wurden zu Stellvertretern Israels ernannt. Dadurch ist jeder einzelne Jude von seiner Pflicht befreit, zu beaufsichtigen [dass andere das Gesetz beachten]."[10] Entsprechend dieser Argumentation beriefen sich einige Autoren in diesem Kontext auf die Rechtsformel: „Alle Juden sind füreinander verantwortlich [wörtlich: bürgen füreinander]". So haften alle Juden für die Sünde eines Juden (wie auch ein Bürge für die Schulden eines anderen haftet). Diese Lehrer vertraten die Auffassung, auf Grund dieser Vorschrift dürften Juden einem anderen Juden nicht dabei helfen, das Gesetz zu übertreten. Sie müssten protestieren, ihn sogar daran hindern und einschränkende Gesetze (über die Verbote der Tora hinaus) in Kraft setzen. Sie erwähnen jedoch nicht ausdrücklich, man solle Zwang oder Gewalt ausüben, um dieses Ziel zu erreichen.[11]

Auf der Grundlage dieser Fülle von Gesetzeswerken, Rechtsentscheidungen und *responsa* hielt man in der orthodoxen jüdischen Gemeinschaft in Israel noch bis vor kurzem allgemein die Erzwingung des jüdischen religiösen Rechts für sinnvoll und wünschenswert.[12] So formulierte etwa der damalige Oberrabbiner R. Avraham Shapira 1989 in einer Fragestunde mit orthodoxen Jugendlichen freimütig: „Religiöse Gesetzgebung bedeutet, dass die jüdische Halacha in der Knesset [dem israelischen Parlament] Gesetzeskraft erhalten sollte, so dass das gesamte Volk ihr entsprechend handeln muss. Wir können nicht sagen, eine solche Gesetzgebung sei nicht notwendig, denn wir sind am Berg Sinai eidlich verpflichtet worden, die Tora zu erfüllen. Hätten wir die Macht dazu, würden wir gewiss so handeln müssen. Das Problem besteht nicht darin, dass wir dies nicht wollen, sondern darin, dass uns die Macht dazu fehlt."[13]

### Strategien der Toleranz

Trotz der Rechtsentscheidungen und Responsen, die extreme Sanktionen gegen Abweichler und die Durchsetzung der religiösen Praxis verlangten, haben unterschiedliche Autoritäten im Spätmittelalter, in der Moderne und in der Gegenwart Rechtsgrundsätze formuliert, die einem Abweichen von orthodoxen Glaubensüberzeugungen und Bräuchen mit größerer Toleranz begegnen. Diese Grundsätze sind in eine zweifache Richtung fortentwickelt worden: zum einen dahingehend, die Implikationen einer Gesellschaft der mechanischen Solidarität mit Blick auf den sinn- und wertepluralistischen Zustand der modernen Gesellschaft abzubauen; zum anderen wurde die primordial-partikularistische Dimension des Bundes neu ins Spiel gebracht.

## Der Bund und die Pluralität des modernen Lebens

Der erste Neuansatz beruht auf der Prämisse, dass die Aufrechterhaltung einer vom Bundesdenken bestimmten Gesellschaft darin besteht, dass ihre Mitglieder an ihren grundlegenden Werten festhalten. Auf dieser Grundlage werden die Bedingungen erkundet, unter denen dabei Zwang eine bedeutsame Rolle spielen kann. Die ausdrückliche Antwort auf diese Frage lautet, dass unter den gesellschaftlichen Bedingungen der Pluralität von Vorstellungen die Zugehörigkeit zu einem alternativen Wertesystem nicht durch Zwang verändert werden kann. Oder positiv und stärker soziologisch ausgedrückt: Gemäß dieser Auffassung setzen die kodifizierten Gesetze der Intoleranz die Existenz eines einheitlichen Vorstellungsbereichs in der Gesellschaft voraus, der keinerlei Alternativen innerhalb der konzeptionellen Ordnung zulässt. Diese Deutung erweitert und vertieft also das Verständnis der halachischen jüdischen Gesellschaft als einer Gesellschaft der mechanischen Solidarität. Die halachische Gesellschaft verlangt – so die neue Erkenntnis – gemäß ihrer Auffassung nicht nur ein uniformes Festhalten an ihren grundlegenden Wert- und Sinndeutungssystemen – diese sind auch die einzig verfügbaren. In dieser Form von Gesellschaft, die Pierre Bourdieu als Gesellschaft der „doxa" bezeichnet hat, geht es nicht darum, dass starke Alternativen zu den herrschenden Vorstellungen normativ verboten sind, sondern sie stehen dem Denken gar nicht erst zur Verfügung. Unter derartigen Bedingungen kann man die bewusste öffentliche Verletzung grundlegender Werte nur auf moralische Pflichtvergessenheit zurückführen und entsprechend bestrafen. Auch hat der Zwang, dem religiösen Recht zu gehorchen, einen Sinn, denn dieses ist dazu da, das Verhalten der Menschen mit den allgemein anerkannten Werten in Einklang zu bringen, die letztlich sogar der Sünder selbst akzeptiert. Unter den Bedingungen der Vielfalt von Vorstellungen und der Wertepluralität dagegen,[14] wenn jede Perspektive sich gesellschaftlicher und kultureller Bedingungen erfreut, die ihre Plausibilität ermöglichen, kann jemand, der sich öffentlich mit Werten identifiziert, die der rabbinischen orthodoxen Version des Bundes widersprechen, nicht als moralisch schuldig gelten. Menschen, die Gemeinschaften angehören, welche die grundlegenden Werte des Bundes bestreiten, können daher nicht bestraft werden. Zudem hat es keinen Sinn, sie zu zwingen, sich entsprechend den orthodoxen Normen zu verhalten.

Der *locus classicus* für diese Argumentation ist eine bekannte Rechtsentscheidung von Maimonides, die über Jahrhunderte hinweg Widerhall fand und nachgesprochen wurde:

> „Die Kinder derjenigen jedoch, die [in ihrem Verhalten] verloren sind, und ihre Nachkommen, deren Väter sie angestiftet haben, nämlich jene, die unter den Karäern geboren wurden und unter dem Einfluss ihrer Auffassungen aufwuchsen, sind wie ein Knabe, der von Nichtjuden gefangen und aufgezogen wurde, und er lebt nicht ein Leben gemäß den *mizwot*, denn er ist wie jemand, der unter Zwang steht. Und selbst wenn er später erfahren hat, dass er Jude ist, und Juden und ihre Religion gesehen hat, ist er [dennoch] wie jemand, der unter Zwang steht, denn sie [die Nichtjuden] haben ihn mit ihrem eigenen Irrtum aufgezogen. Das gilt auch für jene, die an den Wegen ihrer Väter, der Karäer, festhielten, die irrten. Daher ist es angemessen, dass man sie zur Umkehr bewegt und mit Worten des Friedens an sich zieht, bis sie zur Tora der Kraft und des Lebens zurückkehren." (*Hilchot Mamrim* 3,3)

Maimonides' Haltung und die Argumentationsweise, die sie verkörpert, sind in einer Vielzahl moderner Auffassungen mit Blick auf die säkularen Juden in Israel zitiert und neu fruchtbar gemacht worden. Verschiedene Stimmen behandelten die Frage der Anwendbarkeit extremer Sanktionen auf jüdische Apostaten. So machte Rabbi Abraham I. Kook, der Oberrabbiner von Palästina (1922–1935, gest. 1935), in einem frühen Brief geltend,[15] angesichts der sozialen und kulturellen Bedingungen der Moderne sei es unvermeidlich, dass viele junge Menschen ihren orthodoxen Glauben verlören und säkular würden. Er verglich die Moderne und ihre Versuchungen mit der „bösen Dienerin" im Talmud, die die jungen Männer verlockt und verführt. So wie der Talmud urteile, diese jungen Männer könnten auf Grund der Verlockungen der Dienerin nicht zur Verantwortung gezogen werden, so dürfe man auch die zeitgenössische Jugend (Rabbi Kook schrieb zu Beginn des 20. Jahrhunderts) nicht für ihren Abfall verantwortlich machen.

Einer seiner Schüler, R. Schaul Jisraeli (Richter des obersten rabbinischen Gerichts in Israel, Vorsitzender der *Merkas Harav Jeschiva*, gest. 1996), zog ausdrücklich eine Parallele zwischen den modernen säkularen Israelis in den frühen fünfziger Jahren und den Karäern. Dabei verglich er sie explizit mit Kindern, die von Nichtjuden gefangen und aufgezogen wurden und daher nicht strafbar sind, ja er behauptete darüber hinaus, die moderne Bildung und die Einflüsse der Umwelt ließen sie noch weniger als diese „gefangenen Kinder" für ihr Verhalten verantwortlich sein. Daher dürfe man die säkularen Israelis, auch wenn sie die grundlegenden Werte des Bundes verletzten, nicht, wie das Gesetz verlange, töten, und erst recht dürfe man dies nicht ohne ordentlichen Gerichtsprozess.[16]

Eine höchst interessante Variante dieser Deutung vertrat R. Avraham Jeschija Karelitz (allgemein bekannt unter dem Titel seiner Kommentare als Chason Isch, gest. 1958 in Bnei Brak), der als wichtigster ideologischer Anreger der ultraorthodoxen *charedi*-Strömung der israelischen Orthodoxie gilt. Die hier angewandte Toleranzstrategie hat etwas mit der Zeitdimension des Bundes zu tun. Wir haben oben gesehen, dass die Rabbinen in der Spätantike eine Politik der juristischen Zurückhaltung formulierten, indem sie erklärten, sie seien für die Entscheidung in Strafsachen und in Fällen der Verletzung religiösen Rechts nicht zuständig. Sie nahmen diese Haltung auf Grund des Empfindens ein, von den Quellen der Offenbarung abgeschnitten zu sein und daher nicht über das Wissen und die Autorität zu verfügen, die vom Bund mit Gott bestimmte Gesellschaft in ihrem wahren Sinn durchzusetzen. Dieses allgegenwärtige Gefühl, von Gottes Offenbarung und von der menschlich erkennbaren Vorsehung abgeschnitten zu sein, ist – in der jüdischen wie in anderen Traditionen – die Essenz der religiösen Phänomenologie des Exils. Der *Chason Isch* machte dieses Bewusstsein zur Grundlage einer faktischen Politik weitreichender Toleranz.

In einer bemerkenswerten Passage seines Kommentars zu *Jore De'a* weitete er das vom Exil bestimmte Bewusstsein auch auf die Gesetze aus, welche die schwersten Sanktionen vorschreiben, einschließlich der Todesstrafe für Ungläubige, Häretiker und Götzendiener, und erklärte diese Gesetze damit für – außer in der Zeit der biblischen und der messianischen Offenbarung – nicht anwendbar: „Es scheint, dass das Gesetz der Todesstrafe [gegen Ungläubige und Häretiker] nur in der Zeit anwendbar ist, in der Seine Vorsehung offenbar ist, so wie in der Zeit, in der die Wunder geschahen und himmlische Stimmen zu hören waren […] Damals waren die Ungläubigen besonders lasterhaft und richteten ihr Wollen auf Begierden und Böswilligkeit. Damals bedurfte es der Vernichtung der Bösen um der Bewahrung der Welt willen, denn jeder wusste, dass die Verführung dieses Geschlechts zur Sünde für die Welt zur Katastrophe führte […] Doch in der Zeit, in der die [Wege der] Vorsehung verborgen sind und der Glaube des Großteils des gewöhnlichen Volks abgeschnitten ist, heilt der Akt der Tötung von Ungläubigen den Bruch nicht, sondern erweitert ihn noch."

Diese Passage enthält das bemerkenswerte Zugeständnis, dass während der Zeit, in der „die Wege der Vorsehung" verborgen sind, d. h. während der gewöhnlichen menschlichen Geschichte, Ungewissheit über die letzte Wahrheit Teil der *conditio humana* ist. Der Ungläubige ist daher nicht an sich lasterhaft und böse. Trifft dies zu, so kann man die vom Bund mit Gott bestimmte Gesellschaft nicht erzwingen, weil dies der großen Masse des Volkes als unmoralisch erschiene. Rabbi Karelitz meint, dass nicht nur in der Moderne, sondern während der gewöhnlichen menschlichen Geschichte überhaupt die Bedingungen der Erkenntnis den Unglauben begünstigten. Man könne die Ungläubigen daher nicht für schuldig erachten. Es ist gut möglich, dass Rabbi Karelitz unter dem Eindruck des in seiner eigenen Zeit vorherrschenden Unglaubens stand und dieser Wirklichkeit in seiner Rechtsauffassung Ausdruck verlieh. Er scheint jedoch in erster Linie ein theologisches Bewusstsein zur Sprache gebracht zu haben. Im Gegensatz zum religiösen Zionismus geht die klassische *charedi*-Auffassung nicht davon aus, dass Gott seinen Bund durch die Schaffung des Staates Israel verwirklicht und so sein Volk erlöst. Vielmehr beharrt sie darauf, dass das Exil fortdauert und sich mit der zionistischen Bewegung und der Schaffung des Staates sogar noch verschärft. Ein tief im Exilsbewusstsein wurzelndes Empfinden der Verborgenheit Gottes bewirkt die Einsicht, dass die vom Bund mit Gott bestimmte Gesellschaft sich auf keinerlei Weise erzwingen lässt.

Die Behauptung, in der modernen Gesellschaft könnten Abweichler nicht für ihr Verhalten verantwortlich gemacht werden, wurde vielfach auch auf den oben erörterten anderen wichtigen Fall einer grundsätzlichen Übertretung der Gebote angewandt – die öffentliche Verletzung des Schabbat. Seit dem frühen und mittleren 19. Jahrhundert begannen prominente Rabbiner diejenigen, die den Schabbat öffentlich missachteten, als von Nichtjuden gefangene und aufgezogene Kinder zu bewerten, die nicht als schuldig gelten könnten. Ein überaus bedeutender Kommentator, R. David Zvi Hoffmann aus Berlin, behauptete sogar, in der Moderne habe sich die soziologische und somit auch die halachische Bedeutung der öffentlichen Entweihung des Schabbat verändert. In der traditionellen Gesellschaft sei die öffentliche Entweihung des Schabbat ein bewusster Angriff gegen die zentralen Werte der Gemeinschaft und ein Akt der Lossagung von ihr gewesen. In der modernen Gesellschaft dagegen, in der die überwiegende Zahl der Juden den Schabbat nicht beachteten, könne die Verletzung des Schabbat durch den Einzelnen nicht auf diese Weise gedeutet werden. Daher dürften auch keine extremen Sanktionen gegen ihn verhängt werden.[17]

Jene Argumentation, die behauptet, die Gesetze der Intoleranz seien in einer pluralistischen Gesellschaft nicht anwendbar, hat sich auch auf die Behandlung der Frage ausgewirkt, ob man Juden dazu zwingen dürfe, das religiöse Recht zu beachten. Als einer der ersten hat R. Schabbtai Cohen (17. Jahrhundert), der maßgeblichste aller halachischen Kommentatoren, dem neuen Verständnis in einer Rechtsentscheidung Ausdruck verliehen. In seinem Kommentar zum *Schulchan Aruch* (*Siftei Cohen* = SCHaCH) urteilte er, man könne jemanden nur dann zwingen, von der Übertretung eines halachischen Verbots abzulassen, wenn deutlich sei, dass der Missetäter auf Grund dieses Eingreifens für alle Zeit von seinem Verbrechen ablassen werde. Mit anderen Worten, man muss die freiwillige Bindung des Missetäters an das halachische System, das heisst an seine grundlegenden Werte sicher stellen. Eine gewaltsame Intervention, die allenfalls sicher stellt, dass der Missetäter sein Verbrechen zu einer bestimmten Zeit nicht begeht, ist wertlos. Der Zweck der strengen Durchsetzung der vom Bund mit Gott geforderten Gebote ist die Bindung an das System des Bundes selbst.

Eine neuere Stimme versucht dieses Prinzip auf weit umfassendere Weise anzuwenden. 1996 stellte Eliav Shochatman in einem Artikel über religiöse Gesetzgebung[18] die oben angeführte Passage des Maimonides ins Zentrum seiner Argumentation. Obwohl der Abschnitt sich mit der Bestrafung von Übertretungen und nicht mit der Durchsetzung des religiösen Rechts durch Zwang beschäftigt (eine Unterscheidung, die Shochatman selbst in seinem Aufsatz vornimmt), leitet der Verfasser daraus den entscheidenden Punkt her, dass Zwang unter den Bedingungen konzeptioneller und axiologischer Pluralität (Wertepluralität), die dazu führen, dass abweichende Auffassungen über eine breite kulturelle und gesellschaftliche Basis verfügen, nicht wirksam sei. Shochatman meint, bloße Verhaltenskonformität gegenüber den halachischen Normen sei ohne eine Bindung an das gesamte Wertesystem der Halacha wertlos. Unter den Bedingungen der Moderne und der mit ihr einhergehenden Vielfalt von Vorstellungen und Wertepluralität könne man diese Bindung durch

Zwang nicht erreichen. Daher sollte, so folgert er, eine Gesetzgebung, welche die Durchsetzung orthodoxer Normen vorschreibe, der Vergangenheit angehören, und die Ausübung von Zwang zu diesem Zweck sei vermutlich sogar verboten.

R. Schaul Jisraeli gelangte zu einer ähnlichen Schlussfolgerung auf Grund einer bei Maimonides gefundenen Interpretation der oben aufgeführten Fassung des Gesetzes über die Durchsetzung einer Ehescheidung durch Zwang: „Weil jemand ein Jude sein will und dieser die Gebote erfüllen und sich von Übertretungen fernhalten will, aber sein böser Trieb hat ihn bedrängt, und da er geschlagen wurde, bis sein Trieb nachließ und er sagte, er wolle – gewährte er die Scheidung aus freiem Willen" (Mischne Tora, *Hilchot Geruschin* 2,20). R. Schaul Jisraeli schloss aus den Worten „Weil jemand ein Jude sein will und dieser die Gebote erfüllen und sich von Übertretungen fernhalten will", dass für den Fall, dass jemand sich nicht an das orthodoxe System gebunden fühlt (etwa ein säkularer oder ein Reformjude), kein Zwang ausgeübt werden darf. R. Jisraeli erhob dies zu einer allgemeinen Vorschrift und deutete die oben angeführte Tradition aus dem Traktat *Ketubbot* in ihrem Licht.[19]

Schließlich hat R. Elischa Aviner eine höchst interessante Variante dieser Argumentation vorgelegt.[20] Er sprach den Umstand an, dass Zwang nicht nur unwirksam sei, sondern vielleicht sogar der Beziehung der nicht-orthodoxen Bevölkerung zur jüdischen Religion schaden könne. Aviner geht von einer weithin anerkannten, auf einer Passage im Babylonischen Talmud (*Kidduschin* 72b) beruhenden Rechtsentscheidung aus, wonach ein Rabbinatsgericht selbst auf die Gefahr hin, dass die Durchsetzung religiöser Normen mit Hilfe von Zwang einen Menschen zum Apostaten werden lässt, diesen Zwang ausüben soll. Auf der Grundlage eines früheren *responsum* von R. Jair Bacharach (Deutschland, 18. Jahrhundert)[21] erklärt Aviner, dass hier der Abfall eines Einzelnen riskiert werde, um die Normen der Öffentlichkeit zu bewahren und zu stärken. Diese Begründung wird zur Basis seiner Argumentation gegen die Erzwingung der Beachtung religiöser Normen unter den Bedingungen der Moderne. Grundsätzlich ist es zwar legitim, den Einzelnen um der moralischen Gesundheit der Gemeinschaft willen zu opfern. Ist es jedoch die Gemeinschaft selbst (oder ein bedeutender Teil von ihr), die abfallen könnte, so verliert die Durchsetzung des religiösen Rechts ihr Ziel und damit ihre Legitimität.

Aviner bezieht diese Argumentation auf die Frage nach einer Gesetzgebung in Israel, welche die Halacha durchsetzen würde. Er behauptet (mit vielen anderen), eine solche Gesetzgebung werde die säkularen israelischen Juden dem Judentum entfremden[22] und dazu veranlassen, „sich mit einer bösen Kultur zu identifizieren". Ihrer Struktur nach ähnelt Aviners Argumentation den Überlegungen Shochatmans, Jisraelis und anderer. Letztlich vertritt er die Auffassung, Gesetze, die Zwang sanktionierten, gälten lediglich für eine monistische kulturelle und soziale Wirklichkeit. In einer Situation der Ideen- und Wertepluralität wie der der Moderne, wo etwa eine zahlenmäßig ins Gewicht fallende Subgruppe der Gemeinschaft ihre eigene nichtorthodoxe Glaubensüberzeugung und Lebensweise aufrecht erhält, führt Zwang nicht zur Stärkung der moralischen Gesundheit der Gemeinschaft, sondern zu ihrer weiteren Schädigung.

Als zusammenfassende Charakterisierung dieser Auffassung ließe sich sagen, dass es die „gegen sich selbst gewandte" Vorstellung des – im Sinne der „mechanischen Solidarität" verstandenen – Bundes ist, die für diese toleranten Entscheidungen verantwortlich ist. Diese Entscheidungen sind Ausdruck einer Reflexion über das den intoleranten Gesetzen der Halacha inhärente System der mechanischen Solidarität. Ein solches Nachdenken erweitert den Charakter dieses Systems und deutet es so, als ziele es auf eine konzeptionelle Uniformität (und nicht nur auf eine Uniformität der Werte). Infolge dieser Überlegungen könnte durch „tolerante Entscheidungen" letztlich auch das traditionelle Verständnis, wonach der Bund eine Gesellschaft der mechanischen Solidarität konstituiert, dekonstruiert werden. Sie zeigen, dass die ursprünglichen biblischen und halachischen Texte, die den Bundesgedanken widerspiegeln, zwar selbstverständlich davon ausgehen, die Gesellschaft des Bundes mit Gott existiere in einem einheitlichen Sinn- und Wertekosmos, dass diese Situation selbst aber kontingent und historisch bedingt ist. Besteht die Situation des einheitlichen Sinn- und Wertekosmos nicht, so kann man den Bund nicht mit Hilfe von Zwang durchsetzen.

## Strategien der Toleranz auf der Grundlage des primordial-nationalistischen Aspekts des Bundes

Die zweite Strategie betont den primordial-nationalistischen Aspekt des Bundes. Diese Deutung wurde zwar bereits von Denkern des Mittelalters entwickelt, jedoch möchte ich sie am Beispiel des Werkes von R. Abraham Kook erörtern, dessen Denken sich als zukunftsweisend für die religiös-zionistische Gemeinschaft in Israel erweisen sollte. Wie oben gezeigt, sprach R. Kook bei zahlreichen Gelegenheiten den Charakter und die religiöse Stellung von Juden an, die in der Moderne unter dem Einfluss von Bewegungen wie der Aufklärung, des Zionismus oder des Sozialismus die traditionelle orthodoxe Lebensweise aufgegeben hatten. Zwei kurze Werke aus seiner Feder, die für die religiös-zionistische Gemeinschaft kanonisch geworden sind (wie ein Großteil seines reichen œuvres), behandeln diese Thematik aus einer primordial-nationalen Perspektive.

Als erstes ist ein Artikel mit dem Titel „Erschlagen auf unseren Höhen"[23] (vgl. 2Samuel 1,19) zu nennen, der als Antwort auf eine öffentlich an Rabbi Kook gerichtete Anfrage des zionistischen Publizisten und Schriftstellers Alexander Ziskind Rabinovitch (AzaR) entstand, ob er die Totenrede auf die von arabischen Aufrührern erschlagenen nichtreligiösen Arbeiterzionisten-Pioniere halten könne. R. Kook formulierte das Problem im Sinne des oben angeführten Gesetzes, wonach es verboten ist, über jene zu trauern, „die sich von den Wegen der Gemeinschaft getrennt haben". Er vermied bewusst die einfache formale Lösung des Dilemmas, die darauf hinausgelaufen wäre, ausschließlich auf jenes Gesetz zurückzugreifen, wonach alle, die von Nichtjuden umgebracht worden sind, als Märtyrer gelten müssten. Statt dessen wollte er eine umfassende Darstellung des religiösen Status der nichtreligiösen zionistischen Aktivisten vorlegen. In seinen Überlegungen kam er zu dem Ergebnis, dass selbst radikal säkulare zionistische Pioniere auf Grund ihrer Identifikation mit den „Nöten der Gemeinschaft" und der Hingabe und Leidenschaft, mit der sie ihre nationalistische Aktivität entfalteten, um solche gemeinschaftlichen Nöte und Probleme zu lösen, nicht als solche zu betrachten seien, „die sich von der Gemeinschaft trennen". Mit anderen Worten, trotz der Irreligiosität der zionistischen Pioniere sollten diese auf Grund ihrer nationalistischen Hingabe nicht aus dem jüdischen Kollektiv ausgeschlossen werden.

In einem Brief an R. Jaakov David Rizbad, den Rabbiner von Safed, seinen wichtigsten rabbinischen Gegner in Palästina, betonte R. Kook den „primordialen" Faktor, d. h. das Element des Eingestiftetseins, noch weit stärker (1912).[24] Er rechtfertigte darin seine Bindung und Hingabe an die „Avantgarde" der zionistischen Aktivisten, Siedler und Arbeiter. R. Kook erklärte, diese Aktivisten widmeten sich der Sache des Landes Israel und des jüdischen Nationalismus auf Grund meta-genetischer Kennzeichen, die jedem Juden angeboren seien. Während diese Pioniere auf der oberflächlichen Ebene des freien Willens und der freiwilligen Erfüllung der Gebote große, hässliche Sünder seien, gäben sie auf der grundlegenden ontologischen Ebene dem jedem Juden eingestifteten Wesen – Liebe zum

Land Israel und zum jüdischen Volk – auf großartige Weise Ausdruck. Gemäß der Theologie, die er in seinem Brief zur Sprache bringt, sind alle Juden, selbst diejenigen, die radikal säkular sind, gesellschaftlich und religiös annehmbar, sofern sie zulassen, dass ihre ontologische Natur der Liebe zum Land und zum jüdischen Volk zum Ausdruck gelangt.

Es gilt deutlich zu machen, dass die beiden hier aufgeführten Toleranzstrategien – die sich auf den Pluralismus des modernen Lebens berufende und die mit dem „primordialen" Faktor, d. h. mit der Denkfigur des eingestiftet-Ureigenen (d. h. Jüdischen) argumentierende – nicht vollständig miteinander vereinbar sind. So sollten gemäß ersterer Auffassung (dem „Pluralitäts"-Ansatz) solche Juden, die das System der Gebote nicht annehmen, hierzu auch nicht gezwungen werden, weil sie in einem gewissen Sinne keine vollen Mitglieder der jüdischen Gemeinschaft sind. Im Gegensatz dazu neigt die letztere Auffassung (auf die Figur der „Primordialität" des Jüdischseins gestützt) mit ihrer inklusiven Stoßkraft dazu, solche Juden als vollgültige Mitglieder der Gemeinschaft und somit vielleicht als mögliche Adressaten von Zwangsmaßnahmen zu betrachten. Genau auf Grund solcher Überlegungen zögerte R. Jisraeli in dem oben (vgl. Anm.16) erwähnten Aufsatz, sich den pluralistischen Ansatz zu eigen zu machen.

## Strategien der Toleranz im gegenwärtigen Israel

Beide dargestellten Strategien haben mit der Zeit in Israel ihre Anhänger gefunden. Historisch betrachtet beruhten tolerante Auffassungen in der orthodoxen Öffentlichkeit, soweit sie überhaupt vertreten wurden, bis in die Mitte der neunziger Jahre auf einem Gefühl primordial-nationaler Einheit. Obwohl die orthodoxen Parteien und die rabbinische Elite, wie wir gesehen haben, danach strebten, Gesetze zur Durchsetzung der Beachtung religiöser Normen in Kraft zu setzen, betrachtete man innerhalb der religiös-zionistischen Gemeinschaft Kooperation und Solidarität mit der nichtorthodoxen zionistischen Öffentlichkeit als selbstverständlich. Die Grundlage dafür bildete weithin eine von nationalistischen Empfindungen motivierte Toleranz. In den vergangenen zehn Jahren, vor allem aber seit der Ermordung von Premierminister Jizchak Rabin im November 1995, hat eine wachsende Anerkennung der Pluralität der modernen Gesellschaft überhaupt und der israelischen Gesellschaft im besonderen für Entwicklungen hin zu mehr Toleranz gesorgt. In der Praxis hat die

Übernahme beider Strategien jedoch, vor allem hinsichtlich der Situation in Israel, schwerwiegende Probleme verursacht.

Um diese Entwicklungen verständlich zu machen, werde ich kurz die Säkularisierungsprozesse innerhalb der israelischen Gesellschaft skizzieren. Im Gefolge des theoretischen Ansatzes von David Martin[25] möchte ich die These vertreten, dass in Israel auf der Ebene der Institutionen mannigfaltige Säkularisierungsprozesse ablaufen, wie sie für katholische Gesellschaften charakteristisch sind. Diejenigen, die mit der israelischen Gesellschaft – vor allem der letzten dreißig Jahre – vertraut sind, dürfte diese Charakterisierung nicht überraschen. Die jüdische israelische Gesellschaft ist durch die Existenz zweier Subgesellschaften gekennzeichnet, die zwei „Gegengesellschaften" bilden und miteinander um Politik, Kultur sowie das Wesen und die Definition des Staates Israels ringen. Die eine Subgesellschaft ist säkular, liberal (ehemals dirigistisch-sozialdemokratisch), „links", was den arabisch-israelischen Konflikt betrifft, überwiegend europäischer Herkunft, zeichnet sich durch einen hohen Bildungsstand und hohes Einkommen aus und besetzt die Berufe, die einen hohen Status versprechen. Die andere ist traditionell-orthodox, rechtsgerichtet, besteht zu einem großen Teil aus Juden nordafrikanischer oder nahöstlicher Herkunft, besitzt weniger Bildung, übt weniger geachtete Berufe aus und verfügt über ein etwas niedrigeres Einkommen.

Die Wurzeln dieses Konflikts liegen letztlich in dem für die Juden Osteuropas und ihre Nachkommen in Palästina charakteristischen Säkularisierungsmodell begründet. Wie Martin gezeigt hat, wurzelt das katholische Säkularisierungsmodell im monopolistischen, hierarchischen Charakter der römisch-katholischen Kirche und ihrer historischen Verbindung mit den autokratischen Regimen der katholischen Königs- und Kaiserreiche.[26] Ich möchte die Hypothese aufstellen, dass im Judentum die ideologisch konstruierte „monistische" Gesellschaft oder Gesellschaft der „mechanischen Solidarität", die der Bund konstituiert, die gleiche funktionale Rolle spielt wie die genannten Kennzeichen der katholischen Kirche. Die Tatsache, dass die traditionelle halachische jüdische Gesellschaft keine Gedankenvielfalt zulässt und auf das Angebot von Wertalternativen mit repressiven Gesetzen reagiert, hat zur Folge, dass Bemühungen um Veränderung oder gar Pluralismus konflikthafte, kontroverse Formen annehmen mussten.

Nach Durkheims berühmter Analyse ist die „mechanische Solidarität" Ausdruck eines geringen Maßes an sozialer Differenzierung.[27] Ich möchte hierzu ergänzend feststellen, dass die ideologische Vision der heiligen Gesellschaft, die den Kern der Bundesvorstellung ausmacht, tatsächlich eine uniforme Zugehörigkeit zu einem einzigen Werte-, Normen- und Sinnsystem impliziert.[28] Die wirtschaftlichen, sozialen und politischen Umstände und die Organisation der vormodernen jüdischen Gesellschaft machten dies zu einem plausiblen Vorbild für die tatsächliche Gestaltung der jüdischen Gesellschaft. Erst die anbrechende Moderne und die mit ihr einhergehende unvermeidliche Pluralisierung der Lebenswelten und Begriffssysteme[29] stellten, wie gesehen, diesen Monismus ernsthaft in Frage.

Auch das jüdische Leben in Osteuropa im 19. Jahrhundert verlieh dem von der Bundesvorstellung bestimmten „monistischen" Paradigma jüdischer Existenz weiterhin Plausibilität, insbesondere auf der Ebene des Alltags. Als verarmte Minorität wiesen die Juden eine verhältnismäßig geringe soziale Differenzierung auf.[30] Dennoch veranlassten die politischen, geistigen und sozio-ökonomischen Herausforderungen, Bedrängnisse und Chancen der Moderne die Intellektuellen, die weitere Realisierbarkeit der traditionellen halachischen Lebensweise in Frage zu stellen und unterschiedliche Re-Konstruktionen der jüdischen Kultur vorzuschlagen. Eine der weitreichendsten Neudeutungen war der revolutionäre, „säkulare" Zionismus. Auf diese Weise wurde eine sich wechselseitig verstärkende Dynamik der Konfrontation in Bewegung gesetzt. In Palästina gelang es dem revolutionären Zionismus, einen jüdischen Nationalstaat – Israel – zu schaffen und bis 1977 ein säkulares Monopol der Linken (in einem mehr oder weniger demokratischen Gemeinwesen) aufrecht zu erhalten. Infolgedessen nahm die Orthodoxie eine defensive, konservative Form an.

Der Zionismus zeichnete sich jedoch durch eine Doppelnatur aus. Er zielte nicht bloß auf eine sozio-kulturelle Revolution des jüdischen Lebens, sondern fungierte auch als Nationalbewegung, welche die Integrität der jüdischen Gemeinschaft zu verteidigen und jüdische nationale Interessen gegen äußere Feinde, seien es Antisemiten oder antizionistische Araber, zu fördern sucht. Wie im Falle Polens und Irlands greifen hier Religion und Nationalismus ineinander. Der Zionismus (in seiner eng nationalistischen Gestalt) erfreut sich daher in großen Teilen der traditionalistisch-orthodoxen Öffentlichkeit wachsender religiöser und nationalistischer Akzeptanz. In dieser Doppelnatur des Zionismus liegt somit die bereits angesprochene, zwiespältige Haltung begründet, welche orthodoxe Kreise der Gesellschaft ihm gegenüber einnehmen. Auf Grund des von innen heraus konflikthaften bipolaren Charakters der israelischen Gesellschaft ist die Religion in Israel defensiv, konservativ und von hohen, undurchlässigen Grenzmauern umgeben. Gleichzeitig sind große Teile der Orthodoxie auf Grund des fortdauernden Konflikts mit äußeren Feinden bereit, dem nationalistischen Aktivismus auch dann ein Existenzrecht einzuräumen, wenn er säkulare Elemente beinhaltet. Aus dem Repertoire denkbarer Strategien der Toleranz wurde deshalb die Strategie der Betonung der primordial-national(istisch)en Identität der jüdischen Gemeinschaft ausgewählt und institutionalisiert.

Die Grenzen dieser Toleranz standen 1992 mit den Oslo-Verträgen auf dem Prüfstand. Als die religiöse Öffentlichkeit erkannte, dass die säkularen zionistischen Eliten nicht mehr ihre Auffassung von der Verteidigung vitaler nationaler Interessen teilten, ließ ihre Toleranz ihnen gegenüber und insbesondere gegenüber der säkular-linken Regierung Jizchak Rabins deutlich nach. In der Folge kam es deshalb zu einem präzedenzlosen nationalen Dissens und zur Wiedereinführung des Diskurses über extreme Sanktionen gegen Abweichler. Tatsächlich wurde die oben aufgeführte Rechtsbestimmung, die den Tod der Ungläubigen, Häretiker und ein Vorgehen *der Gemeinschaft gegen illoyale Elemente (mosrim)* anordnete, aufs neue in die öffentliche Diskussion eingeführt.[31] Der Höhepunkt dieser Entwicklung war die Ermordung Jizchak Rabins im November 1995.

Die Intensität des bipolaren Konflikts in den Jahren 1992 bis 1996 war so stark, dass sie als Bedrohung der Lebensfähigkeit des gesamten Systems wahrgenommen wurde. Nach der Ermordung Rabins begannen die religiösen und säkularen Eliten nach Wegen zu suchen, um die Intensität des Konflikts zu dämpfen. Eine der dabei eingeschlagenen Richtungen bestand in der Suche nach einer alternativen Toleranzstrategie. Wie bereits ausgeführt, hat sich in den vergangenen fünf Jahren eine bedeutsame Anzahl von Autoren (darunter Shochatman und Aviner) gegen eine religiöse Zwangsgesetzgebung ausgesprochen, und zwar mit der Begründung, sie sei aus halachischer Sicht dem Pluralismus einer modernen demokratischen Gesellschaft nicht angemessen. Auf diese Weise begann an Stelle der traditionellen primordial-nationalen Begründung der Toleranz gegenüber nichtorthodoxen Juden erstmals jene Auffassung an Bedeutung zu gewinnen, die betonte, man könne in dieser Frage in einer pluralistischen Gesellschaft keine Zwangsmaßnahmen anwenden.

Auch hier traten jedoch Schwierigkeiten auf. Das wichtigste Problem hing mit der Grundlage der nationalen Integration zusammen. Das von der Bundesvorstellung geprägte System der mechanischen Solidarität hatte bis dahin eine Begründung für die Integration der jüdischen Gesellschaft geliefert. Als einheitliches Wertesystem und Gesamt normativer Erwartungen, das die ganze Gesellschaft und ihre Mitglieder umfasste, hatte es ein festes Bewusstsein kollektiver Grenzen und wechselseitiger Erwartungen geschaffen, welches den Umgang miteinander harmonisch zu gestalten erlaubte. Die Anerkennung von Abweichlern, die sich außerhalb der Grenzen der Orthodoxie bewegen und nicht gezwungen werden können, ihrem System beizutreten, gegen die aber auch keine Strafmaßnahmen ergriffen werden können, warf mit großer Intensität die Frage nach der kollektiven Identität und Integration auf. Eine Antwortmöglichkeit besteht natürlich darin, die israelische Identität mittels liberaler demokratischer Überzeugungen zu re-konstruieren. Dies würde erfordern, einen religiös und (hinsichtlich der bereits besprochenen „Primordialität") neutralen liberalen Individualismus zum grundlegenden Wert der israelischen Gesellschaft zu erheben. Für die überwältigende Mehrheit der orthodoxen Öffentlichkeit wäre das jedoch eine unannehmbare Lösung. Aus ihrer Sicht ist Israel sowohl kulturell als auch hinsichtlich der Dimension des „eingestiftet-Ureigenen" ein jüdischer Staat und muss es bleiben.[32]

Dies ist wohl der Grund dafür, dass sowohl Shochatman als auch Aviner in ihren Artikeln über die Unzulässigkeit religiösen Zwangs mittels staatlichen Rechts dennoch die kulturelle und soziale Bedeutung einer Gesetzgebung zur Durchsetzung halachischer Normen geltend machen. Vor allem Shochatman arbeitete die kulturelle und grundlegende Bedeutung von Gesetzen heraus, welche die Kontrolle der rabbinischen Gerichte über Eheschließung und Scheidung gewährleisten sowie die Öffnung von Läden und Geschäften am Schabbat und den Verkauf von *chamez* (gesäuertem Brot) verbieten.

Es lohnt sich, auf die Einzelheiten seiner Argumentation zu achten. Shochatman behauptet tatsächlich, es sei nicht wünschenswert, dass der Staat *den Einzelnen* dazu zwinge, den religiösen Normen zu gehorchen. „Man sollte jedoch nicht die Gesetzgebung aufheben, deren Zweck in der Bewahrung des jüdischen Charakters des Staates Israel und in der Bewahrung seiner Existenz als jüdischer Staat liegt." Er weist daraufhin, dass sich „die Stellvertreter der religiösen Öffentlichkeit bei ihrem Versuch, bestimmte Gesetze zu erlassen, die auf religiöser Weltanschauung beruhen", von der Absicht leiten ließen, „dem *öffentlichen* Leben des jüdischen Staates einen jüdischen Charakter zu verleihen" (Hervorhebung im Original).

Mit anderen Worten, Shochatman interpretiert (gemeinsam mit anderen) die religiöse Gesetzgebung neu, insofern sie nicht dazu diente, Einzelne zu zwingen, sich religiösen Normen anzupassen, sondern statt dessen dafür sorgen solle, dass wichtige Aspekte des öffentlichen Lebens auf jüdischen religiösen Werten beruhen. Es ist interessant, dass diese Interpretation zwar, wie Shochatman behauptet, eine Abkehr von den traditionellen Zwangsvorschriften darstellt, aber dennoch die zugrunde liegenden Codes oder Tiefenstrukturen des Bundesdenkens bewahrt. Dessen Betonung der heiligen Gesellschaft bedeutete, dass der traditionellen halachischen jüdischen Gesellschaft in erster Linie an den zugrunde liegenden übergeordneten Werten der Gesellschaft lag. Wurden diese verletzt oder in Frage gestellt, so reagierte die Halacha mit extremen Sanktionen. Die Deutung, für die Shochatman und Aviner stehen, schreibt diese Betonung der *parhessia* als des öffentlichen Bereichs, in dem Werte kommuniziert, gestärkt und in Frage gestellt werden, fort. In Übereinstimmung mit traditionellen jüdischen kulturellen Codes wird nicht der Aspekt der Konformität oder des Abweichens des Einzelnen betont, sondern der Charakter des öffentlichen Lebens.

Neben der gerade vorgestellten Deutung des jüdischen Charakters des Staates hat eine andere Initiative an Stoßkraft gewonnen. Sie wurde von mehreren prominenten liberalen orthodoxen Intellektuellen und Politikern gemeinsam mit wichtigen Persönlichkeiten der Arbeiterpartei[33] ins Leben gerufen und war vor kurzem Ausgangspunkt der Gesetzesinitiative eines Abgeordneten der konservativen nationalreligiösen Partei.[34] Diese Initiative möchte einen neuen „Vertrag" schließen, der die Beziehungen zwischen der jüdischen Religion und dem Staat regeln soll. Das Wesen dieses neuen „Vertrags" drückt sich in der Bereitschaft der Religion aus, neue Vereinbarungen mit dem Staat zu treffen, welche die offizielle Duldung von Verstößen gegen die Halacha beinhalten sollen, wofür im Gegenzug intensivierte religiöse (nicht notwendigerweise orthodoxe) Bildungs- und Kulturprogramme in staatlichen Schulen und vom Staat geförderten Kontexten eingeführt werden sollten. Der „neue Vertrag" soll also etwa den öffentlichen Verkehr am Schabbat in allen israelischen Städten und die Zivilehe erlauben, zugleich aber die der Bibel und der jüdischen Tradition gewidmeten Unterrichtsstunden im allgemeinen öffentlichen Schulsystem in ihrer Zahl erhöhen.

Auch diese neue Initiative stellt den öffentlichen Bereich und den jüdischen Charakter des Staates ins Zentrum ihrer Bemühungen. Eines der Dokumente, die diesen neuen „Vertrag" erläutern und befürworten, hält ausdrücklich fest: „Selbst wenn aus halachischer Perspektive keine Möglichkeit besteht, die Beachtung der Gebote zu erzwingen, ist es angemessen, einen ‚öffentlichen Bereich‘ zu schaffen, der den jüdischen Charakter des Staates widerspiegelt. Der Staat Israel ist unausweichlich ein jüdischer Staat, der nicht behaupten kann, das Judentum sei ‚lediglich eine Privatangelegenheit‘. Die Tatsache, dass der Staat Israel ein jüdischer Staat ist, muss in wertbezogenen, symbolischen und öffentlichen Bereichen zum Ausdruck kommen." Der „Vertrag" selbst bezeichnet den Staat als „den Staat des jüdischen Volkes" und als „jüdischen und demokratischen Staat".

Der neue „Vertrag" unterscheidet sich in seinen grundlegenden Prämissen nicht von dem alt-neuen Ansatz Shochatmans und Aviners. Beide Deutungen halten an der traditionellen Betonung der Qualität und der Werte des öffentlichen Bereichs fest. Sie unterscheiden sich allerdings in ihrer Einschätzung dessen, auf welche Weise der öffentliche Bereich am ehesten eine jüdische Färbung erhalten kann. Vor allem Shochatman beharrt noch auf dem traditionellen Modell religiöser Gesetzgebung – rabbinische Aufsicht über Eheschließung und Scheidung, ausgedehnte Verbote am Schabbat, Vorschriften gegen nichtkoschere Speisen und so weiter. Die Befürworter des neuen „Vertrags" dagegen vertreten einen anspruchsvolleren, moderneren Ansatz. Sie bedienen sich der Argumente Shochatmans, Aviners und anderer, vertreten aber die Auffassung, eine solche Gesetzgebung werde die Menschen der jüdischen Tradition nur noch weiter entfremden und schade daher langfristig den Interessen „des jüdischen Charakters des Staates". Deshalb sind sie bereit, als Gegenleistung für eine stärkere Kontrolle im Bereich des Symbolischen, der Bildung und der Kultur bestimmte individuelle Freiheiten zuzulassen (etwa die Zivilehe oder den öffentlichen Verkehr am Schabbat). Hinzuzufügen wäre noch, dass die Vertreter des „neuen Vertrags" nicht nur darin „moderner" sind, dass sie individuelle Freiheit gestatten, sondern auch in ihrer Einstellung zu den Kennzeichen, die wir seit Michel Foucault mit der Moderne verbinden. Das traditionelle Verständnis der Halacha beschränkte zwar das Verhalten in stärkerem Maße, befasste sich aber nicht mit dem inneren Funktionieren des Denkens und der Kultur. Der Ansatz des „neuen Vertrags" dagegen ist zwar liberaler, was das Verhalten betrifft, stellt aber größere (und vielleicht Besorgnis erregendere) Ansprüche hinsichtlich der Kontrolle des Denkens, der Kultur und des Erlebens.

## Schluss: Die Konstruktion der Toleranz in einer jüdischen Kultur

Das für westliche – insbesondere protestantische – Gesellschaften kennzeichnende Toleranzmodell beruht auf einer grundsätzlichen Unterscheidung zwischen dem öffentlichen oder staatlichen Bereich und dem Privatbereich. In diesen Gesellschaften ist der öffentliche Bereich religiös neutral geworden, während der Privatbereich des Einzelnen zum Ort wurde, an dem Religion angemessenerweise ihren Ausdruck findet. Meiner Auffassung nach zeigen historische und soziologische Untersuchungen sehr deutlich, dass die Grundlage dieses Arrangements in dem protestantischen kulturellen Code zu finden ist, der die innere Erfahrung als würdigsten und geeignetsten Ort für den Ausdruck des Religiösen bevorzugt.[35]

In der israelischen Gesellschaft können wir die Entstehung eines Toleranzverständnisses beobachten, das gleichfalls auf einer Unterscheidung zwischen öffentlichem und privatem Bereich beruht, allerdings in einem anderen, möglicherweise umgekehrten Sinne. Auf Grund des kulturellen Codes des Judentums mit seinem Akzent auf der „heiligen Gesellschaft" wird der öffentliche Bereich zum wichtigsten Ort jüdischen kulturellen und religiösen Ausdrucks. Der Privatbereich, die Sphäre des Verhaltens und Handelns des Einzelnen, wird zum Ort säkularer oder nichtreligiöser Aktivität. Der öffentliche Bereich wird durch religiöse Symbole und Vorschriften gestaltet. Allerdings besteht zunehmende Übereinstimmung darin, dass der Staat individuelle Freiheiten zulassen und ihren Gebrauch sogar erleichtern sollte, insbesondere wenn es um Fragen der Gleichheit und Gerechtigkeit geht (so kann etwa ein Wohlhabender am Schabbat mit dem Privatauto reisen, was einem Armen verwehrt bleibt). Israel entwickelt sich also immer stärker auf ein Modell der Toleranz zu,[36] wenn auch nicht im protestantischen und speziell im amerikanischen Sinne. Natürlich wird die „israelische Lösung" institutionelle und symbolische Implikationen aufweisen. So ist zu erwarten, dass der Staat vermutlich niemals alle Religionen und Glaubenssysteme gleich behandeln wird, und vielleicht werden bestimmte individuelle Freiheiten auf eine Weise beschränkt, wie sie in den Vereinigten Staaten nicht üblich ist. Andererseits lassen sich republikanische oder kommunitarische Formen des Vertrauens und der Solidarität in Israel möglicherweise leichter aufrecht erhalten. Jedes Systems schließt seine eigenen Kompromisse.

Schließlich scheint Israel mit Blick auf die Frage der Toleranz ein interessantes Beispiel für ein „interaktives" Modell der Entwicklung und Modernisierung zu sein.[37] Gewiss hat die orthodoxe Gemeinschaft ihr

Verständnis von Toleranz auf Grund des Drucks und der Vorbilder der Moderne formuliert. Zugleich war sie jedoch imstande, Potentiale der eigenen Tradition anzupassen und zu entwickeln, so dass sie positiv auf diesen Druck reagieren, eine ihrer Überlieferung entsprechende Legitimation verwenden und ein Toleranzmodell entwickeln konnte, das die wichtigsten Orientierungen der traditionellen jüdischen Kultur fortschreibt.

### Anmerkungen

1  Daniel Boyarin, *Carnal Israel: Reading Sex in the Talmud*, Berkeley/Los Angeles 1993.

2  Emile Durkheim, *Über soziale Arbeitsteilung: Studie über die Organisation höherer Gesellschaften*, Frankfurt a.M. [2]1988. Durkheim selbst führte den Pentateuch als grundlegendes Beispiel für eine solche mechanische Solidarität an (vgl. ebd., S. 25f.).

3  Michel Foucault, *Diskurs und Wahrheit. Die Problematisierung der Parrhessia* (6 Vorlesungen, gehalten im Herbst 1983 an der Universität von Berkeley, Kalifornien), Berlin 1996.

4  Eliav Shochatman, „Religiöse Rechtsprechung in einer säkularen Gesellschaft" [hebr.], in: *Machanajim* (1996).

5  Nach jüdischem Recht kann eine Frau unter bestimmten Umständen (etwa wenn ein Mann sich eine gefährliche und stark ansteckende Krankheit zugezogen hat) die Scheidung verlangen, und ein rabbinisches Gericht wird den Mann zwingen, ihr diese zu gewähren. Vgl. Benzion Schereschewsky, *Das Familienrecht*, Jerusalem o.J. [1958], S. 285–300.

6  Nur im Traktat Kidduschin.

7  E. Shochatman, ebd. (Anm. 4).

8  Hervorhebung bei E. Shochatman, ebd.

9  R. Jaakov aus Lissa, *Netivot Hamischpat, ad. Choschen Mischpat*, 13,1.

10  R. Moses Sofer, *Chatam Sofer (Responsa), Choschen Mischpat*, S. 177.

11  Babylonischer Talmud, Sanhedrin 27b; R. Jom Tov ibn Iblis, *Novellae, Avoda Sara* 6b; R. Moses Sofer, *Chatam Sofer* (Responsa), *Jore De'a* 19; *Sefer Chassidim* 93. Vgl. auch Avraham Sherman, „Religiöse Rechtsprechung und ihre Anwendung in der Halacha" [hebr.], in: *Techumin* 5 (1984).

12  Peri Kedem, „Dimensions of Jewish Religiosity", in: Shlomo Deshen/Charles S. Leibman/Moshe Shokeid (Hg.), *Israeli Judaism* (Studies of Israeli Society Bd. 7), New Brunswick/London 1995. Zu den Aktivitäten der religiösen Parteien vgl. Zalman Abramov, *Perpetual Dilemma: Jewish Religion in the Jewish State*, Cranberry, N.J. 1979.

Shlomo Fischer

13  Chaim Arje Kahane/Eliahu Moshe Meirman, *The Torah of Life: Conversations with Rabbi A. Shapira*, Jerusalem o.J. Vgl. A. Sherman, ebd. (Anm. 11, ich danke Kalman Neuman für den Hinweis auf diese Stelle).

14  Ich betone den Begriff *Pluralität*, denn der hier vorgestellte Neuansatz bedeutet keineswegs zwangsläufig, dass die Vielfalt der Weltanschauungen als legitim betrachtet wird. Er erkennt dies lediglich als den gegenwärtigen Stand der Dinge an.

15  *Correspondence of Rabbi A. I. Kook* [hebr.], Jerusalem 1964, Bd. 1, S. 171.

16  R. Schaul Jisraeli, „Religiöser Zwang in der Halacha" [hebr.], in: R. Jisrael Rosen (Hg.), *Wo Tora und Staat aufeinandertreffen* [hebr.], Alon Shvut, Israel ²1996.

17  *Melamed l'ho'il* (Responsa), ad. Orach Chajim, Teil I, 29. Vgl. E. Shochatman, ebd. (Anm. 4).

18  E. Shochatman, ebd.

19  R. Schaul Jisraeli, „Religiöser Zwang in der Halacha" a.a.O. (Anm. 16).

20  R. Elischa Aviner, „Langfristige öffentliche Überlegungen über die Durchsetzung der Beachtung der Mizwot" [hebr.]. in: *Mili M'aalajuta* 8 (1998).

21  *Responsa Chavot Ja'ir*, 141.

22  Shmuel Faust (Hg.) [hebr.], *Friede innerhalb Israels. Auf dem Weg zu einem Bundesschluss*, Jerusalem 1998; Kalman Neuman [hebr.], *Wahrheit und Bund. Eine Tora-geleitete Perspektive auf den Gottesbund mit Blick auf die Frage nach dem Verhältnis von Religion und Staat*, Jerusalem 2000.

23  R. Shlomo Aviner (Hg.), *Essays of Rabbi A. I. Kook*, Jerusalem 1984.

24  Korrespondenz von Rabbi. A. I. Kook, [hebr.], Jerusalem 1964, Bd. 2, S. 555.

25  David Martin, *A General Theory of Secularization*, Oxford 1978.

26  Ebd., S. 1–55.

27  E. Durkheim, *Über soziale Arbeitsteilung* (vgl. oben Anm. 2).

28  Das antike Israel bildete, um mit Shmuel N. Eisenstadt zu sprechen, natürlich eine „Kultur der Achsenzeit" (Karl Jaspers; vgl. auch die Werke von Erich Voegelin). Als solche war es durch das Vorhandensein intellektueller oder geistiger Eliten mit offenen und nicht festlegenden Zugehörigkeitskriterien und durch eine Differenzierung zwischen Zentrum und Peripherie sowie zwischen einer „großen Tradition" und „kleinen Traditionen" gekennzeichnet. In Israel bedeutete der „Achsenbruch", dass das Ideal einer monistischen Gesellschaft ideologisiert und zum Heilsmittel erhoben wurde. Wie Eisenstadt gezeigt hat, brachte die Dynamik des antiken Israel als Kultur der Achsenzeit eine Vielfalt konkreter religiöser Visionen mit sich, wobei sich jedoch alle Träger dieser unterschiedlichen Visionen eine monistische Gesellschaft vorstellten, die ausschließlich die jeweils eigene Vision widerspiegelte.

29  Peter L. Berger/Brigitte Berger/Hansfried Kellner, *Das Unbehagen in der Modernität*, Frankfurt a. M. 1975.

30  Eine sehr erhellende Studie dazu bietet Ezra Mendelsohn, *Class Struggle in the Pale. The Formative Years of the Jewish Workers' Movement in Tsarist Russia*, Cambridge 1970.

31 Vgl. etwa den Artikel, den R. Nachum Rabinowitz, der Vorsitzende der Chesder Jeschiva in Maale Adumim, in der Jerusalem Post veröffentlichte.

32 Daher beharrten die religiösen Parteien darauf, dass in die „Absichtsklausel" der Grundrechtsbestimmungen: „Menschenwürde und menschliche Freiheiten" (1992) und „Berufsfreiheit" (1992) die Wendung aufgenommen wurde: „um die Werte des Staates Israel als eines *jüdischen* und demokratischen Staates zu verankern."

33 Vgl. Sh. Faust, *Friede innerhalb Israels,* vgl. Anm. 22 und K. Neuman, *Wahrheit und Bund* (ebd.).

34 *Kol Ha'ir* 3. März 2000, S. 82.

35 Vgl. etwa Adam B. Seligman, *Innerworldly Individualism: Charismatic Community and its Institutionalization*, New Brunswick, N.J. 1994.

36 Es ist selbstverständlich, dass Israel (innerhalb der grünen Grenze) eine entwickelte Demokratie mit einer kräftigen politischen Opposition, ordentlichen Regierungswechseln und der Garantie der meisten politischen Freiheiten ist. Ich rede hier von den (relativ wenigen) Einschränkungen, die auf religiösen oder halachischen Überlegungen beruhen.

37 Vgl. Robert W. Heffner, „On the History and Cross-Cultural Possibility of a Democratic Ideal", in: ders. (Hg.), *Democratic Civility: The History and Cross-Cultural Possibility of a Modern Political Ideal*, New Brunswick/London 1998, S. 19f.

Rainer Kampling

# Intoleranz in der Bibel – Toleranz aus der Bibel

Zur biblischen Begründung der Toleranzpraxis – ein Versuch

## Vorbemerkung

Es gehört zu den Beobachtungen, die sich bei der Beschäftigung mit der Geschichte des Christentums in seinen vielfältigen, auf der Basis des Evangeliums unterschiedlich geprägten Konfessionen einstellen, dass sie in den verschiedenen Epochen ihrer Entwicklung auch ganz unterschiedlich mit dem umgegangen sind, was gemeinhin mit Toleranz bezeichnet wird.

Dabei ist es vielleicht nicht so verwunderlich, dass Christen, solange sie selbst einer stigmatisierten Minderheit angehörten, Duldung erwarteten. Wenn sie aber dann im Besitz von Macht waren oder Teilhabe daran hatten, konnte es zu unnachsichtiger Intoleranz gegenüber Andersgläubigen oder kirchlichen Abweichlern kommen.

Diese Feststellung gilt für die Zeit der Alten Kirche, für das Mittelalter, die Zeit der Reformation und die Zeit der religiösen Umbrüche in Großbritannien und seinen Kolonien in Amerika. Bisweilen geht der Riss durch die theologische Position eines einzelnen: Was dem späten Augustinus die Donatisten, waren dem alten Luther die Schwärmer und Juden. Erasmus, der gebildete und feinsinnige Humanist, war ohne Hemmungen Antijudaist. Und Friedrich von Spee, der sich der verfolgten Hexen annahm und glühende Worte zu ihrer Verteidigung fand, scheint vom elenden Schicksal der Protestanten völlig ungerührt gewesen zu sein. In der römisch-katholischen Kirche sind erst mit dem Zweiten Vatikanischen Konzil die Menschenrechte und damit auch die Religionsfreiheit endgültig vom Odor des Irrtums befreit und der Syllabus des Pius IX. dem gnädigen Vergessen anheim gegeben worden. Freilich ereignete sich nicht zuletzt wegen dieser Wandlung das jüngste Schisma in der römisch-katholischen Kirche, weil einige Traditionalisten damit die einzige Wahrheit in Gefahr sahen.

Gleichwohl gilt auch, dass das Christentum in seinen verschiedenen Erscheinungsformen den Gedanken und die Zielsetzung des neuzeitlichen Toleranzverständnisses maßgeblich gefördert und geprägt hat. Mag sich der Toleranzgedanke gerade auch im Konflikt mit kirchlichen Positionen geschärft und durchgesetzt haben, so ist er doch gewiss nicht frei von einer den christlichen Traditionen verpflichteten Prägung.

Toleranz als notwendige Grundlage einer demokratischen und pluralen Gesellschaft, als Signum des aufgeklärten Bürgers und als ein einzuforderndes Recht von Minderheiten ist ein Kind des westlichen, sich christlich definierenden Europas, auch wenn es von manchen kirchlichen Vertretern zunächst und über lange Zeit als illegitimes angesehen wurde.

Sofern man sich nicht mit der wohlfeilen Erklärung zufrieden geben will, die ablehnende Position von Christen gegen den Toleranzgedanken und seine Praxis sei immer nur ein Produkt kirchlicher Machtgier gewesen, wird man vielleicht doch fragen müssen, ob es Elemente im Christentum und seinen Traditionen gibt, die dem Toleranzgedanken widerständig sind.

Zugleich aber, wenn man es nicht für einen launigen Einfall der Geschichte und ihrer Abläufe halten will, dass die Toleranz gerade im christlichen Kontinuum gefordert und eingeklagt wurde, wird man ebenso zu fragen haben, ob es etwas am oder im Christentum und seinen Traditionen gibt, das den Toleranzgedanken fördert.

Dabei soll es hier nicht um einen historischen oder theologiegeschichtlichen Abriss gehen. Wiewohl solche Untersuchungen notwendig und interessant sind, so tragen sie doch nicht unbedingt etwas aus zur theologischen Begründung und Legitimation der sozialen Tugend der Toleranz für Menschen, die dem Evangelium glauben. Denn diese Untersuchungen können wiederum nur die ambivalente Haltung von Christen darlegen, wobei es durchaus zu befürchten steht, dass die negativen die positiven Beispiele übertreffen. Die geschichtliche Erinnerung diente dann eher als Warnung, denn als Ermutigung.

Begründung und Legitimation müssen vielmehr aus der Mitte des christlichen Glaubens gewonnen werden, damit Toleranz als etwas dem Christlichen Eigenes und nicht Fremdes erwiesen werden kann. Dann kann Toleranz freilich nicht reduziert werden auf ein Dulden oder Hinnehmen. Eher müsste damit eine anerkennende und beteiligte Haltung bezeichnet werden, die – von Achtung des anderen getragen – zu einer Konvivenz befähigt.

Es sei zugestanden, dass diese Argumentation in ihrer Struktur ihren Bezug *nach innen hat, um dann zu einer Struktur auch extra ecclesiam* zu werden. Näherhin zielt sie darauf ab, Toleranz nicht nur als eine unverzichtbare Komponente zivilisatorischen Lebens, die eben diesem Leben eine Chance zum Überleben gibt, sondern Toleranz als eine Form der Praxis des christlichen Glaubens, die ihn unmittelbar angeht, aufzuzeigen. In aller Deutlichkeit meldet sich hier das Interesse des Nachweises an, dass das Christentum nicht zwingend als ein Hort der Intoleranz gelten müsse.

Erste Erinnerung: „Denn der HERR, dein Gott, ist ein verzehrendes Feuer und ein eifernder Gott" (5Mose 4,24)

Spätestens seit dem 19. Jahrhundert entwickelte sich im Christentum eine neomarcionitische Strömung, die den Gott des Alten Testaments als Gott der Rache gegen den Gott des Neuen Testaments als Gott der Liebe ausspielte. Wie willkürlich und willfährig diese behauptete Unterscheidung war, mag man daran sehen, dass manche Theologen auch den Gott der Liebe als Kriegsgott im Ersten Weltkrieg bemühen konnten. Sie machten Gott zu einem Nationalgott, taten mithin das, was sie den Theologen und Schreibern des Alten Testaments simplifizierend vorwarfen.

Hier ist nicht der Ort, sich mit diesem antijüdischen Topos der Theologie auseinanderzusetzen; er verrät freilich ein gewisses Maß an Intoleranz, und zwar im Wortsinn selbst: Der eifernde Gott Israels schien dem der religiösen Apathie ergebenen bürgerlichen Christentum unerträglich. Dieser Gott wurde wie ein Relikt längst vergangener Zeiten empfunden, der zu den vorgeblich modernen sich nicht fügen wollte.

Tatsächlich tritt in den Heiligen Schriften ein Gott entgegen, der den Menschen und Israel, das Volk seiner Erwählung, mit einer Wucht fordert, dass einem der Atem stocken könnte. In seiner Selbstmitteilung an Israel ist der Anspruch unüberhörbar, dass sein Volk nur ihm allein zu eigen sein soll:

„Ich bin der HERR, dein Gott, der ich dich aus Ägyptenland, aus der Knechtschaft, geführt habe. Du sollst keine anderen Götter haben neben mir." (2Mose 20,2f.)

Dass diese Konzentration auf den Einzigen auch eine rigide Ablehnung und Ausgrenzung von Andersgläubigen mit sich brachte, wobei die Differenz zeitweilig mitten durch das Volk gehen konnte, steht außer Frage. Wohl wissend um die historisch schwierige Verwendung des Begriffes, könnte man hier von Intoleranz sprechen.

Dessen ungeachtet, dass zahlreiche Erzählungen des Alten Testaments von Heiligen Kriegen nachgetragene Phantasien über ein heiliges

und reines Volk sind, das die fremde Religion und die Fremden nicht dul-
dete, kann man nicht abstreiten, dass dieser Rigorismus in Schichten des
Glaubens Israels zu finden ist und fernerhin nach dem großen babylonischen Exil nicht verstummte. Um der historischen Redlichkeit willen
wird man gewiss daran zu erinnern haben, dass sich hier ein kleines relativ
machtloses Volk, oftmals Spielball seiner mächtigen Nachbarn, in Bezug
auf den identitätsstiftenden Glauben, dass der eine Gott es schuf, indem
er es aus der Knechtschaft führte, artikuliert, genauer: Luft schafft, um
die widersprechende Wirklichkeit zu ertragen.

Gleichwohl zeigt ein so kurzer Text wie die Erzählung vom Priester
Pineahs, für wie groß die Bedrohung durch andere Religionen angenommen wurde: *„Als das Pinhas sah ... stand er auf aus der Gemeinde und
nahm einen Spieß in seine Hand und ging dem israelitischen Mann nach
in die Kammer und durchstach sie beide, den israelitischen Mann und die
Frau, durch ihren Leib. Da hörte die Plage auf unter den Israeliten."*
(4Mose 25,7f.)

Dass Pineahs in Zeiten politisch-religiöser Unterdrückung, etwa zu
der Zeit der Makkabäer, eine Art Nationalheld wurde, belegt zunächst
einmal, dass Unterdrückung nicht nur aus Intoleranz geschieht, sondern
diese auf Seiten der Opfer produziert. Dann aber kann man daran auch
ablesen, wie sehr Intoleranz, also im konkreten Fall das Nicht-ertragen-
Wollen fremder Religionen und deren Gläubigen, zu einem Identifika-
tionsmerkmal werden kann.

Im letzten Buch der christlichen Bibel, der Offenbarung des Johannes, wiederholt sich dieser Vorgang. Der Seher von Patmos erfährt in teilweise schauerlichen Visionen, wie die von ihm als widergöttlich interpre-
tierte Welt des Imperium Romanum, dem Gericht verfallen, ihrem
Untergang entgegengeht. Auf die gesellschaftlichen und politischen Pres-
sionen reagiert er mit einer basalen Negation: Aus der Verworfenheit der
Welt schließt er auf ihr sicheres gerechtes Ende, das in Blut getränkt ist:
*„Und der Engel schlug an mit seiner Hippe an die Erde und schnitt die
Trauben der Erde und warf sie in die große Kelter des Zorns Gottes. Und
die Kelter ward draußen vor der Stadt getreten; und das Blut ging von der
Kelter bis an die Zäume der Pferde durch tausend sechshundert Feld
Wegs."* (Offb 14,19f.)

Die Wahrnehmung der Bedrohung führt beim Seher ferner zu einer
gruppeninternen Intoleranz: Mitglieder christlicher Gemeinden, die seine
Sicht der Wirklichkeit und die daraus folgende Praxis der Separation nicht
teilen, gehören nach ihm nicht mehr zur Kirche. Die Prophetin Isebel ist

ihm nicht weniger eine Bedrohung als das „Tier" des kaiserlichen Roms: *„Siehe, ich werfe sie in ein Bett, und die mit ihr die Ehe gebrochen haben, in große Trübsal, wo sie nicht Buße tun für ihre Werke, und ihre Kinder will ich zu Tode schlagen."* (Offb 2,22f.)

Auch für die Offenbarung des Johannes gilt, dass die erfahrene oder wahrgenommene Bedrohung zu einer Verhärtung gegenüber der anders glaubenden und lebenden Welt führt. Läse man allerdings die Offenbarung als eine Anweisung zu einem Vernichtungskrieg, würde man Text, konstruierte Wirklichkeit und politisches Machtgefüge völlig verwischen. Sie ist, mag es auch paradox klingen, eine Schrift zum Trost und zur Vermahnung: Das Böse wird nicht bleiben und daher eignet der Welt auch nichts von Wert, was Christen veranlassen könnte, sich ihr wieder anheim zu geben.

An diesem Punkt ist zumindest für die Zeit des Neuen Testaments, der Alten Kirche und wohl auch des Frühen Mittelalters auf ein Phänomen zu verweisen, das in religionssoziologischer Literatur wenig freundlich bisweilen als Konvertitensyndrom bezeichnet wird.

Darunter ist ein durativer Prozess zu verstehen, in dem sich Menschen je neu versichern, dass ihre einmal getroffene Entscheidung, hier die zur Annahme der Taufe, richtig und wahr gewesen ist und bleibt. Da diese Entscheidung mit der krisenhaften Abwendung und Negation des vorgängigen Lebensentwurfes und der stattgehabten Praxis einherging, ereignet sich in der permanenten Verwerfung und Abwertung jener Praxis eine Bestätigung der neuen. Zweifelsohne hat dieser Prozess auch etwas Mechanisches an sich; dieses Abtun geschieht nicht in einem Akt der Reflexion, sondern aus der Gewissheit dessen, der sich aus dem früheren Übel befreit weiß. Wie eine solche Verwerfung aussehen kann, zeigt der 1. Petrusbrief: *„Denn es ist genug, daß wir die vergangene Zeit des Lebens zugebracht haben nach heidnischem Willen, da wir wandelten in Unzucht, Lüsten, Trunkenheit, Fresserei, Sauferei und greulichen Abgöttereien."* (1Petr 4,3) Paulus beweist dagegen ein höheres Reflexionsniveau, wenn er den subjektiven Faktor seiner Wahrnehmung immerhin benennt: *„Aber was mir Gewinn war, das habe ich um Christi willen für Schaden geachtet. Ja, ich achte es noch alles für Schaden gegen die überschwängliche Erkenntnis Christi Jesu, meines HERRN, um welches willen ich alles habe für Schaden gerechnet, und achte es für Kot, auf daß ich Christum gewinne."* (Phil 3,7f.)

Sofern man sich vergegenwärtigt, unter welchen Pressionen, Bedrängungen und Krisen sich dieser Schritt vollzog, wird man u.U. bereit sein, den Vorwurf der Intoleranz zurückhaltender zu formulieren, und geneigt sein, die historischen und subjektiven Momente dieser Menschen wahrzunehmen.

Indes stellt sich aber dann, wenn man den subjektiven Faktor für die Individuen berücksichtigt, die Frage nach der strukturellen Intoleranz, also einer Form von Intoleranz, die dem Christentum gleichsam als Geburtsschaden eigen ist, sei es, weil man annimmt, dass ihre Traditionen durch und durch intolerant sind, sei es, weil man meint, eine Offenbarungsreligion müsse wesensgemäß andere Glaubens- und Lebensformen außerhalb ihrer selbst negieren, weil sie sonst den Anspruch auf Wahrheit verlöre. Schlussendlich steht damit die These Ludwig Feuerbachs im Raum, die jedenfalls durch die neuere Geschichte der Kirchen nicht einfach als erledigt anzusehen ist.

Dennoch bleibt es fragwürdig anzunehmen, man müsse oder könne aus dem Glauben, die Wahrheit des Glaubens erlangt zu haben, zwingend folgern, jeder andere Glaube und dessen Praxis habe nicht teil an Wahrheit. Religiöse Wahrheiten verhalten sich nicht zueinander wie Zahlen in einer mathematischen Aufgabe, in der man eine Zahl von der anderen subtrahieren kann, um zu einem schlüssigen Ergebnis zu gelangen. Gerade weil ihnen ein Überschuss der Antwort auf menschliches Fragen innewohnt, ist ihr inneres Beziehungsgeflecht nicht das der Konkurrenz, sondern das der Kongruenz und Komplementarität. Sie verweisen in diesem Zugeordnetsein über das menschliche Fürwahrhalten auf das Größere Gottes, das im religiösen Sinne erst eine Antwort des Glaubens ermöglicht. Eine solche Betrachtung macht das eigene Geglaubte keineswegs fraglich oder fragwürdig, sondern begründet eine Befragbarkeit, die im gelungenen Fall wieder zur Entdeckung des eigenen Glaubens führt. Zugleich nimmt sie gerade im Rahmen einer auf Offenbarung gründenden Religion die letzte Unverfügbarkeit dieses Geschehens sehr ernst.

Dass die Bibel um diese Dimension weiß, kann man daran ablesen, dass den „intoleranten" Partien solche ganz anderer Prägung gegenübergestellt werden können. Wenn die Erzählung von Pineahs als ein Ausdruck der Xenophobie gelesen werden kann, so kann man ihr leicht die Erzählung „Ruth" entgegensetzen, die von der glücklichen Verbindung einer Ausländerin mit einem Israeliten handelt, die zur Stammmutter des Hauses Davids wird. Und ebenso ist hier der weitgehende Schutz der Fremden in Israel zu nennen: *„Wenn ein Fremdling bei dir in eurem Lande wohnen wird, den sollt ihr nicht schinden. Er soll bei euch wohnen wie ein Einheimischer unter euch, und sollst ihn lieben wie dich selbst;*

*denn ihr seid auch Fremdlinge gewesen in Ägyptenland. Ich bin der HERR, euer Gott.“* (3Mose 19,33f.).

Die theologische Begründung ist freilich nicht durch diese ausgleichende Entgegensetzung zu gewinnen, sondern aus einer basalen Aussage der Schrift über Gott selber, nämlich als der Schöpfer des Seienden. Die Aussage über Gott als Schöpfer impliziert nicht nur den Gedanken der menschlichen Verwiesenheit auf die außer seiner selbst liegende Ursprünglichkeit, sondern ermöglicht die Welt in ihrer Gesamtheit als ein Gutes anzunehmen. Die Bejahung der Schöpfung und der Geschöpfe orientiert sich in diesem theologischen Argumentationszusammenhang an der Sicht Gottes. Im Schöpfungsbericht heißt es: *„Und Gott sah alles an, was er gemacht hatte; und siehe da, es war sehr gut.“* (1Mose 1,31).

In Hinblick auf das Ja Gottes kann Toleranz als Bejahung des Guten durch den Menschen begriffen werden, wobei Toleranz dann zugegeben nur die Vorstufe der Konvivenz sein kann. Dabei geht es eben nicht nur um eine rein zwischenmenschliche Beziehung und auch nicht um eine, die sich ereignet, weil im Sinne der Schöpfungsgemeinschaft Geschöpfe des Einen aufeinandertreffen, sondern es geht um eine zwischenmenschliche Beziehung, die sich – zumindest für den Glaubenden – auf Gott hin öffnet.

Das Aushalten und die Annahme des Fremden, Unbekannten birgt in sich die Möglichkeit einer nachgängigen Zustimmung zur erstergehenden Annahme seiner selbst und des anderen durch Gott. Dabei ist es theologisch wenig sinnvoll, von einer Begegnung mit Gott im anderen zu sprechen, da damit das Gegenüber instrumentalisiert und das Zusammenkommen mit anderen theologisch überfrachtet wird, wobei von der autoritären Struktur dieses Arguments einmal abgesehen werden kann. Im anderen begegne ich nicht Gott, sondern dem anderen und mir selbst vor Gott.

Daher kann von einem Verweischarakter gesprochen werden, der dieser Konstellation eignet. Indem die Zusage Gottes zu seiner Schöpfung durch den je anderen erinnert wird, verweist er desgleichen auf die eigene erfahrene Zuwendung. Die Praxis der Toleranz ist ein Verhalten, das aus der Einsicht in die eigene Geschichte geschieht. Als Praxis von Annahme und Bejahung vergegenwärtigt Toleranz eben diese geglaubte und erfahrene Zuwendung da, wo es Menschen möglich ist: in der Begegnung mit anderen Menschen. Der Dank, von dem der Glaube weiß, dass er ihn Gott schuldig ist und dass er zugleich immer hinter dem Grund der Dankbarkeit zurückbleiben wird, findet darin einen Weg der Verwirklichung.

Eine so begründete Toleranz ist unvermeidlich nicht selbstlos, da sie als Tun aus dem Glauben je stetig neu das eigene Selbst als Glaubendes vergegenwärtigt. Damit ermangelt ihr von vornherein jeder Schein von eigener Leistung, aber auch wohlfeilen Mitleids. Im Glauben weiß der die Toleranz Praktizierende wahrhaftig darum, dass der ihm gegebene Ermöglichungsgrund außerhalb seiner Verfügung liegt. Eine Toleranz aus dem Glauben ist als Praxis am Menschen Dank an Gott. In letzter Konsequenz ist diese Praxis ein Weg der imitatio Dei: „... *auf daß ihr Kinder seid eures Vaters im Himmel; denn er läßt seine Sonne aufgehen über die Bösen und über die Guten und läßt regnen über Gerechte und Ungerechte.*" (Mt 5,45)

In der christlichen Tradition, die auf der Israels aufruht und von ihr lebt, ist dieser Gedanke, in dem Transzendenz und Immanenz beigeordnet werden, mit Jesus Christus verbunden.

Im Prolog des Johannesevangeliums wird über das Wort Gottes, also über Christus, gesagt: „*Alle Dinge sind durch dasselbe gemacht, und ohne dasselbe ist nichts gemacht, was gemacht ist. In ihm war das Leben, und das Leben war das Licht der Menschen.*" (Joh 1,3f.) Das Seiende, und zwar in seiner Gesamtheit, ist durchdrungen vom Logos, dem Wort Gottes. Damit kommt das Seiende dem Glauben nicht als das Fremde, Abzuweisende entgegen, sondern es ist Ort der Erfahrung der gegenwärtigen Wirksamkeit des Logos und enträt damit kategorial der absoluten Fremdheit. Von der johanneischen Aussage her ist das oder der Fremde und Andere das, dessen Partizipation an der Wirklichkeit Christi noch nicht erkannt ist. Toleranz ist dann der erste suchende Schritt auf dem Weg im Glauben, diese darin zu entdecken.

Dass diese Suche eigens in der Begegnung mit anderen Glaubensweisen greifen muss, ist sinnfällig: Es ist Ausdruck berechtigter Hoffnung, dass sich der Logos gerade da in seiner Wirkmächtigkeit erspüren lässt, wo Menschen sich dem Göttlichen anheim geben. Damit ist weder gemeint, dass andere Glaubensweisen vereinnahmt, gleichsam getauft, werden sollen, noch wird damit das spezifisch Christliche mit seinem Wahrheitsanspruch im Glauben aufgelöst. Vielmehr ergibt sich auf Grund der christlichen Aussage über die Schöpfungsmittlerschaft und Gegenwart des Logos in der Vorfindlichkeit die Bestimmung, dieser in anderen Religionen nachzugehen, weil sie in der Hoffnung wahrgenommen werden, dass sie je verschieden das Geheimnis des Logos in sich tragen. Es ist keineswegs von anderen auszusagen oder zu erweisen, dass sie in dieser Teilhabe stehen, sondern es ist im christlichen Glauben um seiner selbst vorgängig anzuerkennen. Wenn Religionen als Ausdruck menschlicher Lebenswirklichkeit schon Würde zukommt, so gilt das um so mehr in christlicher Sicht, die hier an das sie tragende Mysterium verwiesen wird.

Toleranz nur als Aushalten und Ertragen des anderen zu verstehen wäre in diesem Fall fraglos zu wenig. Es müsste das interessierte Fragen und das Angerührtsein vom Verborgenen notwendigerweise hinzutreten, um zu verstehen, zu begreifen und zu sehen, wie das Eigene im Anderen gegenwärtig ist. Die biblisch angemessene Reaktion auf eine solche Begegnung ist nicht Verneinung, sondern Freude.

Zweite Erinnerung: „... und mich sollte nicht jammern Ninives, solcher großen Stadt, in welcher sind mehr denn hundert und zwanzigtausend Menschen, die nicht wissen Unterschied, was rechts oder links ist, dazu auch viele Tiere?" (Jona 4,11)

Das Buch Jona erzählt eine wunderschöne Geschichte von einem Propheten, der nicht prophezeien will, weil er befürchtet, dass „die große Stadt Ninive", die Stadt der Heiden, seinen Ruf hört und von ihren Sünden lässt. Der Prophet flieht sogar vor Gott, um dann endlich doch nach manchen Widrigkeiten, etwa einer Begegnung mit einem Wal, zu predigen. Und gegen seinen Willen bekehrt sich Ninive: *Da glaubten die Leute zu Ninive an Gott und ließen predigen, man sollte fasten, und zogen Säcke an, beide, groß und klein.* (Jona 3,5) Und nun geschieht das, was Jona nicht wollte, nämlich Gott zeigt sich barmherzig gegen die Stadt: *Da aber Gott sah ihre Werke, daß sie sich bekehrten von ihrem bösen Wege, reute ihn des Übels, das er geredet hatte ihnen zu tun, und tat's nicht. Das verdroß Jona gar sehr, und er ward zornig.* (Jona 3,10– 4,1) Jona zürnt Gott, weil der kein Rigorist und Fundamentalist ist, sondern Barmherzigkeit in sein Handeln legt.

Die Erzählung von Jona ist auch eine Erzählung von der Versuchung der Glaubenden, strenger als Gott zu sein und besser als er zu wissen, wann und wo Güte und Menschenfreundlichkeit sich zeigen sollen. In dieser Haltung scheint sich geradezu eine religiöse Habsucht, als könne man Gott für sich allein beanspruchen, auszudrücken.

Auch in den Schriften des Apostels Paulus – in seinem ältesten Brief, dem 1. Thessalonicherbrief – findet sich ein Beleg für diese Haltung, obschon die paulinische Theologie immer wieder darauf abhebt, dass die Freiheit Gottes unverfügbar und unverrechenbar ist.

Am Ende eines polemischen Ausfalls gegen die Juden Judäas, in dem Paulus deren vermeintliche Vergehen aneinander reiht, spricht er ihnen in einer traditionellen Gerichtsformel das endgültige Urteil zu, nämlich dass Gottes eschatologischer Zorn über sie gekommen ist (1Thess 2,14–16).

Es handelt sich, wie die Formel, die Stellung im Kontext und der Inhalt selbst anzeigen, um eine Gerichtsaussage, die für sich in Anspruch nimmt, eine Aussage über Gottes endgültiges Handeln zu tun. Es wird ein finales Handeln behauptet, das in Worten das Tun Gottes bindet. Das Absolute wird damit dem Verborgenen entzogen.

Die von Paulus angewandte Sprachform ist nicht einfach mit dem Verweis auf das Prophetische zu erklären. Es ist eben nicht „Gottesrede", sondern eine aus menschlicher Einschätzung gewonnene vermeintliche Einsicht in Gottes Tun, die eine „menschliche" Konsequenz in das göttliche Handeln überträgt. Wer freilich meint, er könne ähnlich wie Paulus sprechen, sollte zumindest seinen Kopf hinhalten, wenn es darauf ankommt. Doch ändert auch das Martyrium nichts an der Unangemessenheit dieser Rede. Paulus selbst hat diese Aussage nicht wiederholt. Sie hat sich ihm selber als theologisch defizitär erwiesen. Die Aussage der Unrettbarkeit der Juden musste revidiert werden, nicht nur um der Juden willen, sondern um derer willen, die Gott trauen sollen. Diese Revision und theologische Reflexion legte Paulus in Röm 9–11 vor, indem er sich dem Geheimnis Gottes stellt: *„Denn wer hat des HERRN Sinn erkannt, oder wer ist sein Ratgeber gewesen?"* (Röm 11,34)

Es ist vielleicht eine Versuchung und dazu Elend des Glaubens, dass die Gläubigen eben dies versuchen: Ratgeber Gottes zu sein. Das drückt sich nicht zuletzt darin aus, dass sie meinen, anderen die Gottesnähe absprechen und die Verwerfung durch Gott zusprechen zu können. Doch ist diese Haltung angesichts der eigenen Glaubensgeschichte keineswegs zwingend, denn die Erinnerung an die erfahrene und zuteilgewordene Gnade ohne eigenen Verdienst kann genau zu der gegensätzlichen Erkenntnis führen, nämlich auf die Spur der unendlichen Barmherzigkeit Gottes, der man selbst nicht als exklusiver innegeworden ist, sondern als unbegrenzter.

Mithin ist religiöse Intoleranz durchaus eine Frage des Glaubens. Denn wem die Vorstellung unerträglich ist, dass Wahrheit auch anders und andererorten widerfährt, wird erklären können müssen, aus welchen Gründen er meint, darum zu wissen, dass die Barmherzigkeit Gottes beschränkt ist. Und er wird sich fragen lassen müssen, ob es sein kann, dass er die eigene Gnadenmitteilung im Glauben als Privileg erfährt. Das

Christentum glaubt, in Aufnahme einer Tradition des jüdischen Glaubens, an den universalen Heilswillen Gottes. Entspricht dieser Vorstellung nicht eher die Annahme, dass dieser sich auch da bezeugt, wo man den Namen nicht zu nennen weiß, aber sehr wohl darum weiß, dass man in der menschlichen Existenz auf ihn verwiesen ist?

Wiederum gilt, dass Toleranz als Spurensuche zur Entdeckung seiner selbst führt. Toleranz kann eine Reisebegleiterin in ein unbekanntes Land sein, in dem man hoffen darf, Bekanntes und Vertrautes zu finden. Es bedeutet keineswegs, den eigenen Glauben in Frage zu stellen, wenn man sich auf diese Suche begibt, da sie in Hoffnung und Vertrauen geschehen kann. Während Intoleranz immer von Angst und Verzagtheit begleitet wird, ist die Praxis der auf Konvivenz angelegten Toleranz Ausdruck von Zuversicht und Mut. Eine im Glauben begründete Toleranz will nicht einfach aushalten und ertragen können, sondern zu einer Praxis führen, deren Ziel es ist, sagen zu können: *„Siehe, wie fein und lieblich ist's, daß Brüder einträchtig beieinander wohnen!"* (Ps 133,1)

> Dritte Erinnerung: „Siehe, ich richte mit euch einen Bund auf und mit eurem Samen nach euch und mit allem lebendigen Getier bei euch, an Vögeln, an Vieh und an allen Tieren auf Erden bei euch ..." (1Mose 9,9f.)

Glaube lebt von der Gewissheit und der Hoffnung, dass Gott sich nicht verbirgt, sondern mit den Menschen, seinen Geschöpfen, seiner ganzen Schöpfung ist. Wenn dies wahrhaftig gelebt und erlebt wird, ist die Begründung für Toleranz kurz und doch wahr: Wenn Gott die Menschen aushält und es mit ihnen aushält, woher nimmt ein Mensch das Recht, andere Menschen nicht zu ertragen und mit ihnen zu leben?

So einfach ist das? Ja so einfach ist das. *„... denn Gott ist im Himmel, und du auf Erden; darum laß deiner Worte wenig sein."* (Prediger 5,1)

# Dorothee von Tippelskirch

# Von göttlicher Geduld und gebotener Toleranz

Die Rede von einer „gebotenen Toleranz" impliziert die These, Gott gebiete uns Menschen Toleranz. Sollte dies so sein, dann wäre es nicht allein möglich, sondern notwendig, die Frage der Toleranz als Theologin und theologisch zu behandeln. Von dem Gott, der sich christlicher Tradition gemäß in den Schriften der Hebräischen Bibel und in dem in Griechisch verfaßten Neuen Testament offenbart, könnte demnach nur gesprochen werden, wenn der daraus abgeleiteten Verpflichtung zu einer toleranten Beziehung des Menschen zu seinem Nächsten Rechnung getragen wird. Theologische Rede von Gott bedeutete, die Menschlichkeit des Menschen zu bestimmen.

Dazu muß der Kontext mitgenannt werden, dessen es zu unserer Schande anscheinend „bedurfte", um ein solches theologisches Lernen im Sinne der Toleranz allererst in Gang zu setzen. Wir sprechen heute von Toleranz, nachdem die lange Tradition der Intoleranz unter dem christlichen Signum in Verfolgung und Ermordung der Juden in Europa, einschließlich des Versuchs, das Judentum auszulöschen, zuletzt ihren vermutlich innersten Kern gezeigt hat: den mörderischen Beseitigungswillen gerichtet gegen jeden Anderen, der nicht ist, wie ich bin, und nicht glaubt, woran ich glaube. Mit diesem Scheitern am Gebot der Toleranz könnte eine bislang ungeahnte Ungewißheit verbunden sein: Können wir denn noch hoffen, es gebe einen Gott, der zu uns spreche, und sei es, um uns Toleranz zu gebieten, ein Gebot, das wir – wenn überhaupt – zu spät vernehmen?

## 1. Welche Toleranz?

Wenn wir theologisch von Toleranz sprechen, so gilt es zu klären, von welcher Toleranz zu sprechen uns geboten ist. Der Schweizer protestantische Theologe Karl Barth hat drei Formen einer sogenannten Toleranz, die sich faktisch als Intoleranz erweise, genannt:
a) „Gebotene Toleranz" kann nicht in der „Mäßigung" eines sich selbst Beherrschenden aufgehen, der realpolitisch argumentiert und dem es

um eine Frage des Umgangsstils geht. Wir sprechen nicht vom liberalen Zeitgeist, der Religion zur Privatangelegenheit erklärt hat.

b) „Gebotene Toleranz" meint nicht die Haltung des „aufklärerischen Besserwissers", der geduldig das Voranschreiten des Fortschritts in der Geschichte der Menschheit und der Religion gleich einem natürlichen Reifungsprozeß abwartet.

c) „Gebotene Toleranz" ist nicht zu verwechseln „mit dem Relativismus und der Unbeteiligtheit einer historischen Skepsis, die nach Wahrheit und Unwahrheit auf dem Feld der religiösen Erscheinungen darum nicht fragt, weil sie Wahrheit nur noch in der Gestalt ihres eigenen Zweifels an aller Wahrheit erkennen zu sollen meint".[1]

Diese drei Bestimmungen der Toleranz – die Mäßigung, die Besserwisserei und die relativistisch bestimmte Skepsis – bedeuten faktisch eine Aufhebung der Andersheit des Anderen, mithin eine „Lösung", die das Problem, das sie zu lösen vorgeben, von vornherein beseitigen, indem es als nicht existent erklärt wird. Das heißt: Derjenige, der hier Toleranz übt, hat jede Situation, die ihm tatsächlich „Toleranz" abverlangen könnte, von vornherein ausgeschlossen und entwertet. Es kann sich in der Folge nicht mehr um Toleranz in einem starken Sinn handeln.

*Tolero*

Dieser starke Sinn soll zunächst durch eine Erinnerung an die ursprüngliche Wortbedeutung erschlossen werden:

Das lat. tolero bedeutet zunächst halten, ertragen; einmal i.S.v. aushalten, erdulden, erträglich machen, lindern; sodann i.S.v. unterhalten, erhalten, ernähren, unterstützen, einer Sache genügen; und schließlich i.S.v. etwas halten, beobachten.[2]

Demnach ginge es bei der Toleranz um dreierlei:

Erstens geht es bei Toleranz um ein Tragen dessen, der auszuhalten ist, d. h. dessen, der die Geduld auf eine Zerreiß-Probe stellt, dessen, der meine Ruhe, meine Einheit stört;

Zweitens bedeutet dies Tragen seine Unterhaltung bis hin zur Ernährung – ihm ist seine Situation in einem noch das Vergnügliche umfassenden Sinn erträglich zu gestalten! Er ist gewissermaßen „hoch-zu-halten", zu ehren!

Und schließlich geht es dabei drittens möglicherweise auch um das „Ein-Halten" von etwas. Hier wird, meine ich, eine der Toleranz bereits innewohnende Beziehung auf das Gebot erkennbar, so als wäre die Rede von der „gebotenen Toleranz" eine überflüssige Doppelung. Wir können auch sagen: Die tolerante Beziehung zwischen zweien bedarf des Bezugs auf eine dritte Größe, der die Beteiligten zugeordnet sind.

So entspricht es übrigens auch dem hebräischen Sprachgebrauch: das Verb *nasa'* meint sowohl heben, erheben, aufheben, tragen, wie auch: ertragen, leiden. Interessanterweise übrigens auch: heiraten! Solche „Toleranz" begründet das Verhältnis irreduzibel Differenter, wie z. B. dasjenige zwischen den verschiedenen Geschlechtern.

### Das sechste Gebot oder: Von der Ebenbildlichkeit des Menschen

Die eben entwickelte Struktur der Toleranz entspricht auch der Auslegung des nach biblischer Zählung sechsten Gebots durch die Reformatoren Martin Luther und Jean Calvin. Das „Du wirst nicht morden" verbietet nach Luthers Interpretation nicht allein die Beseitigung des schwer erträglichen Anderen, sondern es gebietet: „ihm helfen und fördern in allen Leibesnöten".[3] Interessant ist für unseren Zusammenhang die „Rechtsursache", in der Calvin dieses Gebot begründet sieht:

> „Der Herr hat das Menschengeschlecht gewissermaßen zu einer *Einheit* verbunden, und deshalb muß jedem *einzelnen* die Erhaltung und das Wohl *aller* angelegen sein ... Nach der Schrift ist nun dieses Gebot auf *zwei* Rechtsursachen begründet. Der Mensch ist *einerseits Gottes* Ebenbild, *andererseits unser* Fleisch und Blut. Soll also *Gottes Bild* unverletzt bleiben, so muß uns *der andere Mensch* heilig und unverletzlich sein."[4]

Die Ebenbildlichkeit des Menschen, von der der Schöpfungsbericht (Gen 1,26) spricht, wird hier entfaltet zur Heiligkeit und Unverletzlichkeit des anderen Menschen. Damit wird hier gewissermaßen die Bedingung der Möglichkeit des Anderen angesprochen. Sie wird als konstitutiv für die Menschlichkeit des Menschen coram Deo begriffen. Die Ebenbildlichkeit des Menschen hängt an der Einheit des Menschengeschlechts, die in dem Maße hergestellt wird, in dem der einzelne sich für das Wohl aller verantwortlich erkennt. Die verantwortliche Beziehung des Einen zum Anderen oder auch: die Erfüllung des göttlichen Gebots, das mich derart für den Anderen verantwortlich macht, konstituiert demnach die Einheit der menschlichen Gattung, die von Gottes Heiligkeit zeugen kann.

Entsprechend reformatorischer Schriftinterpretation bedeutet Toleranz: Das göttliche Gebot wird gehalten, Gottes Bild bleibt unverletzt, indem der störende Andere meinem Beseitigungswunsch nicht unterliegt, indem ich ihn aushalte, ertrage, und indem ich ferner meine Verantwortung für ihn, seine Freiheit, sein Leben, sein Wohlergehen auf mich nehme, indem ich ihn hoch halte und trage.

Die biblisch orientierte Tradition nennt zwei Elemente, die der toleranten Beziehung inhärent sind: zum einen den Bezug auf jenen Dritten, auf den gebietenden Gott; zum anderen die wegen des Einschlusses Gottes „asymmetrische" Beziehung zwischen denen, die die Partner der toleranten Beziehung sind, insofern ihnen von Gott Verschiedenes geboten wird: Die Ebenbildlichkeit Gottes wird von mir angenommen, indem ich die Unverletzlichkeit des Anderen mir angelegen sein lasse.

### Getragen von der göttlichen Geduld

Dieser Begriff von Toleranz entspricht dem biblischen Bericht von der Beziehung zwischen Mose, dem Überbringer der Tora, und dem Volk Israel, dem er die Tora zu übermitteln hatte.

Eine Stelle, die für den Philosophen Emmanuel Lévinas eine große Bedeutung gewonnen hat, berichtet von der bitteren Klage des Mose, der mit seiner Geduld am Ende ist, weil Israel in der Wüste von einem Gelüste nach den in Ägypten zurückgelassenen Delikatessen überfallen wird. Mose klagt Gott sein Leid:

> „Warum tust du übel deinem Knecht, warum habe ich Gunst in deinen Augen nicht gefunden, daß du die *Tracht* all dieses Volks auf mich legst! Bin mit all diesem Volk ich selber *schwanger* gewesen, oder habe ich selber es gezeugt, daß du zu mir sprichst: *Trags* an deinem Busen, wie der Wärter den Säugling *trägt*, hin auf den Boden, den du seinen Vätern zuschwurst!"[5]

Das biblische Toleranz-Modell beinhaltet also ein Tragen dessen, den ich weder geboren noch gezeugt habe, wie der Wärter den Säugling, wie Mose Israel durch die Wüste, wie Gott selber, der Israel auf Adlersflügeln zum Sinai trägt.[6]

Wir kommen damit zu der Toleranz, von der theologisch zuallererst zu sprechen ist. Die von Calvin angegebene doppelte „Rechtsursache" des 6. Gebots und das biblische Modell der Toleranz haben bei Karl Barth eine besondere Aufnahme gefunden: Die Toleranz, die Geduld, von der

Barth spricht, meint vor allem anderen die Toleranz Gottes, welche er dem Menschen widerfahren läßt, wobei übrigens auch Barth den Menschen „wie ein widerspenstiges Kind auf Mutterarmen, getragen"[7] gesehen hat. Es gilt, uns der göttlichen Geduld zu erinnern, mit der er uns erträgt, aushält, unterhält und hochhält, als „Voraussetzung" jeder theologisch begründeten Rede von Toleranz.

Diese Voraussetzung, die sich freilich nicht einfach von uns voraussetzen läßt, zieht die Erkenntnis einer Gemeinsamkeit nach sich, die Einsicht in die allen Menschen gemeinsame Not, in welcher wir dieser göttlichen tragenden Geduld bedürftig sind. Mit den Worten Barths:

„Zu der so zu übenden Geduld ... wird selbstverständlich nur der willig und fähig sein, der sich samt seiner eigenen Religion mit dem Menschen, und zwar mit jedem Menschen zu beugen bereit ist in der Erkenntnis, daß er mit seiner eigenen Religion zuerst und vor allem Geduld, diese kräftige, tragende Geduld nötig hat."[8]

Eine notwendige Voraussetzung der zu übenden Geduld, der zu praktizierenden Toleranz ist damit gegeben: Selbstkritik im Sinne der Einsicht in die eigene Unerträglichkeit, die gewissermaßen schon vor ihrer jeweiligen Aktualisierung (in unerträglichen Haltungen oder Handlungen), im Voraus, geduldige Aufnahme bei Gott gefunden hat.

## 2. Religion im Widerspruch gegen Gott: Von der Notwendigkeit der Religionskritik

Wohlgemerkt, die Erkenntnis, daß gerade der Gläubige der göttlichen Geduld bedarf, ist nicht neu. Die Einsicht in die Notwendigkeit der Umkehr – der Umkehr des Gläubigen – gehört vielmehr zum Grundbestand jeder an der Bibel orientierten Tradition und religiösen Erfahrung. Nicht neu ist demgemäß auch die Erkenntnis, daß wir uns gerade auch mit unserer Religion im Widerspruch gegen Gott befinden können.

Karl Barth hat in den dreißiger Jahren von „Gottes Offenbarung als Aufhebung der Religion"[9] gesprochen:

„Religion ist *Unglaube*; Religion ist eine Angelegenheit, man muß geradezu sagen: *die* Angelegenheit des *gottlosen* Menschen."[10]

Damit ist meines Erachtens eine wesentliche Entdeckung der Moderne für die Theologie zum Ausdruck gebracht: Menschliche Religion und göttliche Offenbarung entsprechen einander nicht. Die Figur, in der ihr Verhältnis beschreibbar ist, könnte vielmehr der psychoanalytischen Theorie und Begrifflichkeit entstammen. Barth interpretiert die Religion als eine Leistung des „Widerstands"[11], der Abwehr. Fast könnte man sagen, Barth stimme mit Freud in der Analyse des Symptomcharakters der Religion insoweit überein, als auch er in ihr einen geschaffenen „Ersatz" für etwas anderes erkennt:

> „Um einen ausschließenden Widerspruch geht es hier: in der Religion wehrt und verschließt sich der Mensch gegen die Offenbarung dadurch, daß er sich einen *Ersatz* für sie beschafft, daß er sich vorwegnimmt, was ihm von Gott gegeben werden soll."[12]

Zum einen beschreibt Barth damit die Abwendung des religiösen Menschen von Gott, der sich von Gott als Gegenüber unabhängig machen will; er wird zum „Selbstversorger", als wäre er „in seiner Welt und mit seiner Welt allein"[13]. Schon auf dem Weg durch die Wüste, getragen auf Adlersflügeln, gab es den Versuch, sich nicht auf das an den Arbeitstagen all Morgen frisch und neu zu erwartende *Manna* zu verlassen, sondern einen Vorrat in eigener Verfügungsgewalt für den Fall des Ausbleibens göttlicher Fürsorge anzulegen (Ex 16).

Die Propheten beschrieben den Unterschied zwischen lebendigem Gott und selbstgehauenem Götzenbild genau: An die Stelle der Beziehung zum lebendigen Gott, dessen wirkmächtige Rede nur erwartet werden kann, tritt das selbstverfertigte Bild, das „man fest macht, damit es nicht wackele" (Jer 10,4). Statt sich als den von Gott getragenen Menschen zu erkennen, heißt es: „tragen muß man sie [die Götzenbilder], denn sie können nicht gehen" (Jer 10,5).

Das eigene menschliche Werk wird zum Gegenstand der Anbetung, zur Quelle der Sättigung: An sich selber „wärmt er sich und spricht: Ha, mir ist schön warm" (Jes 44,16). Diese Schilderung des Propheten Jesaja, der dem derart, sagen wir es mit einem Wort unserer Zeit: libidinös auf sich selbst, statt auf einen anderen bezogenen Menschen eine „Verklebtheit" der Augen und „Verstocktheit" des Herzens attestiert, „daß sie nicht klug werden" (Jes 44,18), erinnert durchaus an die psychoanalytische Beschreibung der narzißtischen Abwendung vom Objekt, welche ebenfalls mit einem wahnhaften Moment einhergeht, nämlich dem Wahn von der eigenen Größe und Allmacht.[14]

Insofern Barth es unternommen hat, gerade nicht einen „pathologischen Sonderfall" – theologisch gesprochen: den Sündenfall als Ausnahme – zu beschreiben, sondern vielmehr die gewissermaßen unausweichliche Position des Religiösen zu analysieren, leistet er mit dieser „die Religion" in ihrem Wesen treffenden theologischen Kritik ein zweites: Die Rede vom „Ersatz" öffnet die ungleich weiterreichende Perspektive auf ein anderes Phänomen, welches als erster Sigmund Freud in seiner Arbeit über den Traum analysiert hat: das Phänomen der Entstellung. Freud nahm für seine Begriff der Entstellung den Doppelsinn des Wortes in Anspruch: die Veränderung in der Erscheinung und das „an eine andere Stelle bringen, anderswohin verschieben".[15]

In ganz ähnlicher Weise hat Barth die für sein Denken so zentrale Bedeutung des Verses des Apostels Paulus im 1. Korintherbrief interpretiert:

„Denn wir sehen jetzt [nur wie] *mittels eines Spiegels in rätselhafter Gestalt*, dann aber von Angesicht zu Angesicht."[16]

Im Anschluß an diesen Satz spricht Barth von einem Paradoxon, der Struktur einer doppelten Indirektheit:

„Er [der Zusatz: in rätselhafter Gestalt; DvT] macht darauf aufmerksam, daß es sich um ein doppelt indirektes Sehen handelt: Daß uns das Wort Gottes in einer von seinem Gehalt zu unterscheidenden Gestalt begegnet, ist das eine, daß diese Gestalt als solche ein ,Rätsel', eine Verhüllung des Wortes Gottes bedeutet, ist das zweite, was zu bedenken ist. – Es ist der Begriff des Paradoxons, auf den hier zu verweisen ist."[17]

Wie Freud von Veränderung der Erscheinung und Verschiebung spricht, so spricht Barth meines Erachtens in einem ähnlichen Sinne von der Differenz zwischen Gehalt und Gestalt und dem Rätsel, der Verhüllung. Die Konsequenzen dieses Verständnisses sind weitreichend:

Das Wort Gottes ist von daher nicht mehr in reiner Form zu „haben". Es läßt sich nicht identifizieren, nicht feststellen, nicht festhalten, nicht erinnern. Es wird nicht zum Bestandteil unseres Wissens. Es wird nicht zum Besitz, also auch nicht zum Erbe, um das möglicherweise zu streiten wäre. Denn das göttliche Wort begegnet uns, wenn es uns denn im Zeugnis von Verkündigung und Schrift begegnet, jeweils in menschlicher Gestalt, die immer schon Rätsel und Verhüllung ist, weil immer schon im Widerspruch gegen Gott begriffen. Bestenfalls vermag die menschliche Rede über sich hinaus auf jenes ihr gegenüber Andere der göttlichen Rede zu verweisen, ohne sie jedoch je angemessen zu repräsentieren. Immer wieder wird die menschliche Rede sich einzugestehen haben, daß sie ihrer Intention entgegen dem göttlichen Wort nicht ent-, sondern widersprochen hat. Das Moment der Nachträglichkeit, das solcher Einsicht anhaftet, ist dabei insofern wichtig, als es von einer Dynamik und einem Prozeß zeugt, die geeignet sind, jede Statik eines „gesicherten Bestands" ins Wanken zu bringen.

Das Wort Gottes muß demnach den Raum menschlicher Rede immer wieder überschreiten, „denn sie hatten sonst keinen Raum in der Herberge" (Lk 2,7). Es bleibt derart ein der menschlichen Bemühung gegenüber kritisches Außen, das sich, einem Riß oder Abgrund gleich, in der menschlichen Rede auftut, sie zerstört und verstört, und dem sie sich doch immer wieder anzunähern hat. Fast, wenn es nicht allzu existentialistisch nach Sartre klänge, wäre man versucht zu sagen: dem sich immer wieder anzunähern sie verurteilt ist. Noch dieser Annäherung an Gott haftet jedoch unausweichlich die Distanz einer Gottferne an, ein „nie nah genug", so wie es heißt: „Selig sind, die hungern und dürsten" (Mt 5,6) – und nicht die Gesättigten.[18]

Für das menschliche Subjekt, das sich in der beschriebenen Weise gegen Gott verschließt und sich Ersatz schafft, um den Mangel eigenhändig zu füllen, sind die Konsequenzen weitreichend. Noch in seiner Rede von Gott kann der Mensch nicht anders als in entstellter Form sprechen, wobei er das, was zu sagen wäre, verfehlt. Das menschliche Bewußtsein gerät in Not, auch und gerade das religiöse Selbstbewußtsein erfährt eine empfindliche Begrenzung. Nicht länger vermag es sich selber Mittelpunkt, Maß und Ziel zu sein. Es wird gewissermaßen über sich selbst hinausgetrieben, dahin, wo es nicht mehr herrscht, wo es sich die Kritik durch Gottes Einspruch gefallen läßt.

Wir begegnen erneut der notwendigen Voraussetzung der Toleranz: Der Toleranz übende Mensch bedarf einer Haltung der Erwartung gegenüber der Kritik von seiten eines Anderen.[19]

Karl Barth hat in Auslegung einer anderen paulinischen Textpassage[20] die eigentümliche Schwäche des Subjekts und seiner Position, jenseits von Kraft und Vermögen, herausgearbeitet:

„Starke menschliche Positionen sind immer nur die Gott gegenüber völlig preisgegebenen, d. h. die, gemessen an seinem Willen und Gericht, als völlig unhaltbar eingesehenen Positionen."[21]

Das Subjekt wird zu einem freigiebigen, weil notgedrungen preisgebenden Subjekt. Denn bei der Offenbarung handelt es sich nicht um ein dem Menschen mitgeteiltes, wie ein Schatz zu hortendes, zu vermehrendes, bereicherndes Wissen, sondern um den sprechenden Gott, der sich dem Menschen offenbart, indem er ihn anspricht und so ihm sein Wesentliches mitteilt: Er sei Träger seines Wortes, also ein sprechendes, sich einem anderen mitteilendes, ihm großzügig gebendes, um es noch einmal mit Emmanuel Lévinas Worten zu sagen: ein „zum Geben, mit vollen Händen"[22] verpflichtetes Wesen.

### 3. Umkehr nach dem Scheitern am Gebot der Toleranz – Wohin?

Wir hätten es also immer schon wissen können: Die Gottebenbildlichkeit des Menschen ist aufs engste verknüpft mit der Frage nach dem Tora-gemäßen Verhalten des Menschen dem anderen Menschen gegenüber. Von der Heiligkeit und Unverletzlichkeit des Anderen – d. h. von unserer toleranten Haltung dem Anderen gegenüber, angesichts dessen unser Wunsch nach seiner Beseitigung schon auf dem Plan ist – hat Gott seine eigene Unverletztheit abhängig gemacht.

Und nun, da wir im 20. Jahrhundert stehen, in einem Europa, dem die Christianisierung in keiner Weise zu einem entscheidenden Widerstand gegen den Beseitigungswunsch verholfen hat, welcher sich in seiner entschiedensten Form gegen die Juden unter uns und damit gegen jenes Israel gerichtet hat, dem diese Lehre und Anweisung der Toleranz gegeben wurde und dem wir diese Lehre hätten verdanken können, wenn wir sie denn gelernt hätten – was bleibt uns angesichts dieser Katastrophe von Gott zu erwarten? Wird er noch etwas von uns erwarten?

Wir befinden uns möglicherweise nach diesem Scheitern der alten Aufforderung zur Umkehr gegenüber, zu der bislang ein geduldiger Gott den von ihm ertragenen Menschen eingeladen hat, auf daß er lebe[23], nach diesem Scheitern in einer veränderten Lage. Die Frage lautet: Können wir noch umkehren? Und: Wohin?

Die sich an den Glauben richtende Forderung gilt nach wie vor der Öffnung seiner selbst auf die Gottesfrage hin. Doch gerade diese gefor-

derte Öffnung riskiert von nun an das bisher Ungeahnte: Gerade von
Gott her sieht sich unser Glaube aufs Spiel gesetzt, gefährdet, erschüttert,
womöglich zerstört. Denn wir stehen vor einer doppelten Unmöglichkeit:
Es ist uns unmöglich, von Gottes Unverletztheit zu reden – im Angesicht
von Auschwitz. Und: Es ist uns unmöglich, nach Auschwitz von Gott zu
schweigen.[24]

Diese doppelte Unmöglichkeit markiert einen unwiderbringlichen
Bruch in der theologischen Tradition. Dabei gilt es festzuhalten, daß die
„Unmöglichkeit" jeder Rede von Auschwitz anhaftet. Maurice Blanchot
hat sich auf Gershom Scholems Rede von dem zwischen Juden und Deutschen aufgerissenen Abgrund[25] bezogen und geschrieben:

„Unmöglich also, ihn zu vergessen, unmöglich sich seiner zu erinnern. Unmöglich auch, wenn man davon spricht, davon zu sprechen –
und schließlich, da es nichts zu sagen gibt als dieses unverständliche
Ereignis, ist es das Wort allein, das es tragen muß, ohne es zu sagen."[26]

Die Unmöglichkeit, das Unfaßbare zu vergessen und die Unmöglichkeit,
das Unfaßbare zu erinnern, bedeuten eine Grenze des Verstehens und der
Sprache, wie sie von vielen Überlebenden beschrieben, aber auch eingeklagt worden ist. Primo Levi[27] und Elie Wiesel[28] seien hier stellvertretend
für viele genannt. Von diesen Unmöglichkeiten findet sich demnach die
Sprache des Menschen sowie der sprechende Mensch, der Mensch in seinem Wesen, bestimmt. Die Sprache ist, Blanchot zufolge, fortan jenem
„Muß" unterlegt, „zu tragen, ohne zu sagen". Nicht-Verstehen und
Schweigen legt E. Wiesel nahe als „die einzige Möglichkeit", die Toten
„um Vergebung zu bitten".

Die französische Analytikerin Anne-Lise Stern hat in einem Vortrag
mit dem Titel: „‚Panser' Auschwitz, par la psychanalyse?" die Konsequenzen hieraus für die Psychoanalyse, die ja bekanntlich im Medium
des Sprechens und der Sprache arbeitet, benannt:

„Kann man, nachdem man nach Auschwitz deportiert worden ist,
Psychoanalytiker(in) sein? Die Antwort ist nein. Kann man heute
ohne das Psychoanalytiker sein? Die Antwort ist wiederum nein. Auf-
zuklären, wie diese beiden Unmöglichkeiten sich zueinander verhalten, worauf ihre Beziehung beruht, scheint mir eine gute Art und Weise, die Frage anzugehen: Welche Psychoanalyse nach der Schoa?"[29]

Eines wird aus dem Wortspiel: panser – penser[30] deutlich: Auch für die Psychoanalyse bedeutet das Ereignis, das den Namen Auschwitz trägt, einen Bruch. Seither bedürfen das an der Menschlichkeit des Menschen interessierte und der menschlichen Sprache verpflichtete analytische Denken und die analytische Praxis der Reflexion der von ihr beschriebenen doppelten Unmöglichkeit.

Eine der vermutlich bedeutsamsten Folgen für das theologische Denken sei hier angedeutet, insofern sie für das Thema der Toleranz, wie es hier verstanden werden soll, von Wichtigkeit ist: Es gibt kein Zurück hinter die Erkenntnis, daß zu den Bedingungen der Möglichkeit weiterer Rede von Gott fortan die Verletzlichkeit oder das Berührt-Werden als ein Modus der Beziehung zum Anderen gehört.

Friedrich-Wilhelm Marquardt hat darauf hingewiesen, daß für Christen, die geglaubt hatten, in Jesus der Menschlichkeit Gottes zu begegnen, seit Auschwitz die Frage nicht nach der Gerechtigkeit, sondern die nach der Menschlichkeit Gottes die „ins Herz treffende Frage" sei.[31] Genauer:

> „Die jüdischen Zeugen Gottes sind unersetzbar für die christologische Integrität seines Wesens, dafür, daß wir ihn in seiner Einheit als wahren Gott und wahren Menschen und über alles Fleisch ausgegossen ... erkennen können. Verlieren wir unsere Menschlichkeit Israel gegenüber, verliert er die Zeugen seines Menschseins uns gegenüber."[32]

Vermutlich geschieht damit etwas in dieser Form gänzlich Neues: Die menschlichen Beziehungen zwischen Christen und Juden werden konstitutiv für den christlichen Glauben und die ihn reflektierende Theologie, insofern Gott der Pluralität seiner Zeugen, der Menschlichkeit seiner Zeugen, bedarf.

Wieder fänden wir jene enge Bezogenheit von Gottes Heiligkeit und der Unverletzlichkeit des anderen Menschen, nun im Blick auf die Bedingung der Möglichkeit seiner Offenbarung und ihrer Bezeugung.

In gleichem Sinn hat Emmanuel Lévinas argumentiert:

> „Alles geschieht, als ob die Vielfältigkeit der Personen ... die Bedingung der Fülle der ‚absoluten Wahrheit' wäre, als ob jede Person aufgrund ihrer Einzigartigkeit die Offenbarung eines einzigartigen Aspekts dieser Wahrheit versicherte und gewisse Seiten von ihr sich niemals offenbart hätten, wenn gewisse Personen in der Menschheit gefehlt hätten."[33]

Dies alles – Erschütterung und Gefährdung des Glaubens von Gott her, an den der Glaube sich doch suchend und fragend wendet; Berührtwerden vom anderen Menschen, an erster Stelle und beispielhaft von Juden, deren Unverletzlichkeit für Gottes Unverletztheit und so für unsere Rede von Gott konstitutiv ist; das Gebot, nie wieder jener maß- und grenzenlosen Intoleranz, jenem ungehindert sich realisierenden Tötungs- und Beseitigungswunsch zu erliegen, freilich, nachdem es denn geschehen ist und wir zu spät kommen: ohne die Verheißung, es werde gelingen – dies alles bedeutet einen Bruch der theologischen Tradition, der auf den seit 1940–1945 klaffenden Abgrund verweist.

## 4. Das Gebot der Nächstenliebe: Auslegung des unaussprechlichen Namens Gottes

Was bedeutet dieses ungeheure Scheitern an der biblischen Lehre von der Toleranz Gottes und der gebotenen Toleranz des Menschen gegen seinen Nächsten – was ja immer schon einschließt: gegen seinen Fernsten! – für unsere Rede von göttlicher Geduld und gebotener Toleranz?

Es gibt einen weiteren biblischen Text, dessen Relevanz für die Beantwortung dieser Frage unabweisbar ist, genauer: ein anderes Gebot, das gewissermaßen die Kehrseite des oben behandelten sechsten Gebots bildet. Ich meine das Gebot der Nächstenliebe, wie es zuerst im 3. Buch Mose bezeugt wird.

Dort heißt es im 19. Kapitel, Vers 18, bezogen auf den anderen Sohn des Volkes Israel, den Nächsten, den Bruder und Volksgenossen:

„Heimzahle nicht und grolle nicht den Söhnen deines Volkes. *Halte lieb deinen Genossen, dir gleich. ICH bins.*"

Und im selben Kapitel einige Verse weiter[34], bezogen auf den Fremden, den Nicht-Juden in Israel:

„Wenn ein Gastsasse bei dir in eurem Lande gastet, plackt ihn nicht, wie ein Sproß von euch sei euch der Gastsasse, der bei euch gastet, *halte lieb ihn, dir gleich*, denn Gastsassen wart ihr im Land Ägypten. *ICH bin euer Gott.*"

Der Satz, nahezu gleichlautend auf den Bruder und Volksgenossen wie auf den Fremden, den Nicht-Juden, der in Israel wohnt, bezogen, ist ein Satz, der offenbar immer wieder auslegungsbedürftig war.

Das gleichlautende Gebot, denjenigen, mit dem mich ein gemeinsames Vaterland, eine gemeinsame Sprache, eine gemeinsame Tradition verbindet, bzw. den fremden Gast „zu lieben", steht unmittelbar neben dem unaussprechlichen Namen Gottes, gebildet aus den vier Buchstaben *jhwh*.

Jüdischer Tradition zufolge ist das der Name, der Gott in seiner Eigenschaft als Barmherziger bezeichnet, im Gegensatz zu dem Gattungsbegriff „Gott", welcher ihm wie anderen Göttern beigegeben werden kann und der Gott in seiner Eigenschaft als gerechten Gott kennzeichnet.[35] Der nicht auszusprechende Name des barmherzigen Gottes wird demnach von der Liebe zum Anderen, zum familiär vertrauten wie zum fremden, unheimlichen Anderen ausgelegt.

Liegt hier eine Struktur vor, die der von Blanchot beschriebenen ähnlich wäre? Könnte es sein, daß auch hier der Sprache auferlegt wird, etwas zu tragen, was sie nicht zu sagen vermag? Die Frage ist gewagt, denn Blanchot spricht damit von der Sprachverstörung, die aus dem traumatischen Abgrund der Schoa kommt, während hier die Grenze der Sprache – der unaussprechliche Name Gottes – möglicherweise für die Bedingung ihrer Möglichkeit steht: Die Unaussprechlichkeit des göttlichen Namens könnte den Ort bezeichnen, von dem aus der der Sprache inhärente Prozeß der Entstellung und Verschiebung seinen Ausgang nimmt.

Für unseren Zusammenhang sind zwei Beobachtungen von Emmanuel Lévinas bedeutsam: Zum einen erinnert die hebräische Bezeichnung der Barmherzigkeit *rakhamim* an das Wort *rekhem*, das den Uterus bezeichnet. Der barmherzige Gott ist Lévinas zufolge „Gott, definiert durch die Mutterschaft"[36]. An anderer Stelle hat Lévinas von der Mutterschaft als dem „Tragen schlechthin"[37] gesprochen. Das heißt, der barmherzige Gott ist der den Menschen geduldig (er-)tragende, hochhaltende Gott, den ein „feminines Element" kennzeichnet. Die Behauptung eines femininen Elements am Grund des göttlichen Erbarmens ist zweifellos glücklicher als die Wendungen, in denen die Mutterschaft evoziert wird. Dies ist der „tolerante Gott", der für sich und den Menschen ein Bundesverhältnis gewählt hat, dessen Einhaltung auf Seiten seiner Bundespartner geboten ist.

Sein Name legt sich vornehmlich aus im Gebot der Nächstenliebe. Diese Struktur gilt, und damit komme ich zur zweiten Bemerkung von

Lévinas, möglicherweise ebenso auch für das sechste Gebot, das Verbot zu morden, wie wir es oben auslegten. Lévinas hat an eine Diskussion unter den jüdischen Gelehrten erinnert, wie die Zehn Gebote eigentlich auf den Tafeln angeordnet waren. Einem Kommentar zufolge[38] hätten auf jeder Tafel fünf Gebote gestanden, so daß man sie auch horizontal hätte lesen können, mit dem Ergebnis, daß das erste und das sechste in eine Zeile zu stehen kommen:

> „ICH bin der Herr – der Ewige – dein Gott …" und: „Du wirst nicht morden."[39]

Wir finden hier wieder dieselbe Struktur. Der unaussprechliche Name Gottes wird interpretiert vom Verhalten des Menschen zum nahen wie fernen anderen Menschen her. Auf diese Weise vollzieht sich die Anerkennung Gottes als „unseres Gottes".

Genau dieser Struktur entspricht es, wenn in der späteren christlichen Tradition Jesus die Frage nach dem höchsten Gebot beantwortet, indem er den Anfang des Schema Israel (Dtn 6,5) und das Gebot der Nächstenliebe nach Lev 19,18 als gleichbedeutend zitiert.[40]

*Von der Gefahr des mißverstandenen Gebots oder:*
*Von der Nächstenliebe zur Feindseligkeit*

Wie konnte es dazu kommen, daß der Anspruch göttlicher Toleranz, d. h. ihr Zuspruch und das daraus fließende und an uns gerichtete göttliche Gebot der Toleranz, trotz der eindeutigen biblischen Bezeugung bei uns derart wirkungslos verhallt ist und verhallt?

Eine erhellende Antwort auf diese Frage findet sich auch hier wieder im Werk Sigmund Freuds. Sie zielt auf unser Gottesverhältnis.

In seiner Schrift *Das Unbehagen in der Kultur*[41] hat sich Freud ausführlich über dieses Gebot der Nächstenliebe als einer entscheidenden Idealforderung unserer Kulturgesellschaft geäußert. Er diskutiert dieses Gebot im Zusammenhang seiner Erläuterung dessen, was er als „Narzißmus der kleinen Differenz" bezeichnet hat. Die gegen denjenigen anderen gerichtete Feindseligkeit, den nur eine minimale Differenz kennzeichnet, sieht Freud darin begründet, daß gerade der nahestehende Fremde die Selbstliebe kränkt, insofern von ihm Kritik und ein Appell zur Veränderung ausgehen.[42]

Demnach bestünde der „Vorteil eines kleineren Kulturkreises" darin, „daß er dem Trieb [der Aggressionsneigung, DvT] einen Ausweg an der Befeindung der Außenstehenden gestattet".[43] Freud fährt fort:

> „Es ist immer möglich, eine größere Menge von Menschen in Liebe aneinander zu binden, *wenn nur andere für die Äußerung der Ag-gression übrigbleiben* ... Nachdem der Apostel Paulus die allgemeine Menschenliebe zum Fundament seiner christlichen Gemeinde ge-macht hatte, war *die äußerste Intoleranz des Christentums gegen die draußen Verbliebenen* eine unvermeidliche Folge geworden."[44]

Zum Verständnis der Bedeutung dieser Analyse ist es notwendig, zu-nächst an den Stellenwert zu erinnern, der dem Narzißmus in der Psycho-analyse zukommt. Das kann hier nur andeutungsweise geschehen: Wich-tig ist für unseren Zusammenhang, sich vor Augen zu halten, daß nach Freud die narzißtisch geprägte Objektbeziehung eine frühe Beziehungs-form darstellt, in der das Liebesobjekt nach dem Vorbild dessen gewählt wird, was man selber ist oder war oder sein möchte oder aber nach dem Vorbild einer Person, die ein Teil des eigenen Selbst war.[45] Aufmerksam-keit verdient die Tatsache, daß der narzißtische Beziehungsmodus von ei-ner mangelnden Differenzierung zwischen Subjekt und Objekt, innen und außen gekennzeichnet ist. Diese Form der Beziehung bedeutet gewis-sermaßen eine verinnerlichte Beziehung, eine Inkorporation, in der wie in einem kannibalischen Akt Identifizierung mit dem Objekt und Vernich-tung des Objekts jederzeit zusammenzufallen drohen. Der außerordentli-chen Ambivalenz von Liebe und Haß, zärtlichen und feindseligen Stre-bungen wird spaltend und projektiv begegnet, während die Phantasien von eigener Allmacht und Größe bewahrt werden. Insofern es dazu einer Realitäts-Verleugnung bedarf, bzw. insofern Realitätsprüfung und Ur-teilsfunktion nicht oder nur mangelhaft in Kraft gesetzt sind, nimmt diese narzißtische Bewahrung wahnhafte Züge an.

Der Psychoanalytiker Mortimer Ostow hat in seinen Arbeiten zum Antisemitismus auf die Funktionsweise von Mythen und insbesondere „apokalyptischem Denken" hingewiesen:

> „The unconscious ideas that lie behind myths and dreams, do not re-cognize reality. The myth tries to reconcile them with reality. How-ever apocalyptic myths explicitly reject reality. The readiness of so many individuals to accept them tells us just how much of a burden

reality is to most, and how hard we try to ignore it and reject it if and when our efforts can not overcome it."[46]

Das apokalyptische Syndrom, der phantasierte Weltuntergang als Ersatz suizidaler Wünsche, bedeutet demnach eine Abwehr der Depression und insbesondere der ihr zugrundeliegenden Schuldgefühle. Erlösung kann hier nur durch die Vernichtung hindurch gedacht werden.

Doch Freud leistet mehr als einen Beitrag zur Psychologie der Gruppen, insofern er in dem oben zitierten (vgl. Fn. 44) Satz eine Verbindung zu einem Aspekt christlicher Lehre herstellt. Es ist hier nicht der Ort, die Frage en détail zu behandeln, ob und inwiefern das Christentum als eine narzißtisch strukturierte Religion zu analysieren wäre, deren paranoid destruktiver Anteil im Antijudaismus und zuletzt im Antisemitismus und dem Versuch der Vernichtung des Judentums zum Vorschein gekommen wäre.

Diese Arbeit liegt noch vor uns. Allerdings hat Freud in seinen Analysen zum unterschiedlichen Umgang mit der Schuld in Judentum und Christentum einen entscheidenden Hinweis gegeben. Demnach hätte im Judentum eine Verleugnung der Vatertötung stattgefunden, welche in der von Freud angenommenen Tötung des Mose durch das Volk ausgesagt statt erinnert worden wäre, mit der Folge: Sie „blieben bei der Anerkennung des großen Vaters stehen und sperrten sich so den Zugang zu der Stelle, an der später Paulus die Fortsetzung der Urgeschichte anknüpfen sollte".[47]

Das Christentum stünde gewissermaßen auf demselben Boden: Die Frage nach der Erinnerung des vergessenen Tötungswunsches und nach Anerkennung des dazugehörigen Schuldgefühls bliebe ebenso gestellt wie die Frage nach der Ambivalenz der Gefühle gegenüber dem „Vaterersatz", d. h. nach dem, was an der leeren Stelle des getöteten Urvaters geschieht. Die Sprache mag in dieser kurzen Form unklar werden, sie bezeichnet nicht etwa die Wiedergabe historischer Verhältnisse, sondern ist metaphorisch im strengen Sinn, insofern Freud von einer „Verdichtung" in einer paradigmatischen Erzählung spricht.

Doch Paulus reagierte auf die mit der Tötung des Jesus von Nazareth aktualisierte Schuldthematik, die „Wiederkehr des Verdrängten", in der Weise, daß er in seine Sündenlehre eine Spur des urzeitlichen Verbrechens aufnimmt, allerdings in entstellter Form: Der Sohn Gottes sühnt die Mordtat durch seinen Tod, er selber gilt dabei als „unschuldig". Die Haltung gegenüber dem Tötungswunsch wird dabei grundsätzlich verändert.

Die Tötung oder der Wunsch werden gewissermaßen erinnert und nicht erinnert. Die Tötung wird zwar zum Gegenstand der biblischen Tradition, aber sie wird zur fremden Tat – nämlich zur „jüdischen Tat" –, und das Schuldgefühl wird nicht anerkannt, sondern die Schuld als durch den stellvertretenden Tod des Unschuldigen gesühnte gewissermaßen doppelt geleugnet: Unter der Hand wird mit der Unschuld des Stellvertreters die Unschuld derjenigen, für die er stellvertretend steht, suggeriert und zugleich mit seinem stellvertretenden Sühnetod die eigene Schuld getilgt. Der eigene mörderische Wunsch und die eigene Schuld werden nicht erinnert und nicht anerkannt. Freud schreibt:

> „Aber es wurde nicht die Mordtat erinnert, sondern statt dessen ihre Sühnung phantasiert, und darum konnte diese Phantasie als Erlösungsbotschaft (Evangelium) begrüßt werden."[48]

Die Phantasie einer Sühnung, die über die Frage nach Schuld und Tod hinweggeglitten ist, birgt eine besondere Gefahr, insofern sie sich der Realitätsprüfung schon entzogen hat. Vielleicht ließe sich hier eine Erklärung für die notorische christliche Behauptung eigener Unschuld erahnen, die sich weder von der Tatsache, daß die Märtyrerzeit der Kirche im christlich gewordenen Abendland jahrhundertelang zurücklag, beirren ließ noch von der eigenen Verstrickung in gesellschaftliche und staatliche Machtausübung und Gewaltanwendung.

Schließlich behandelte Freud im Jahre 1938 die Frage der Ambivalenz, die im Christentum eine veränderte Position zum „Vater" nach sich zog:

> „Die Ambivalenz, die das Vaterverhältnis beherrscht, zeigte sich aber deutlich im Endergebnis der religiösen Neuerung. Angeblich zur Versöhnung des Vatergottes bestimmt, ging sie in dessen *Entthronung und Beseitigung* aus. Das Judentum war eine Vaterreligion gewesen, das Christentum wurde eine Sohnesreligion. Der alte Gottvater trat hinter Christus zurück, Christus, der Sohn, kam an seine Stelle, ganz so, wie es in jener Urzeit jeder Sohn ersehnt hatte. Paulus, der Fortsetzer des Judentums wurde auch sein Zerstörer."[49]

Freud spricht von einer „Ver-söhnung des Vaters" – es ist angemessen, schon diese Wendung das Gewicht der These des überaus sprachbewußten Freud tragen zu lassen. Die Figur beschreibt eine Identifizierung, die

mit der Beseitigung endet. In den vergangenen Jahren hat der in Frankreich lebende Psychoanalytiker Béla Grunberger die Spur aufgenommen
und Arbeiten vorgelegt zum narzißtisch strukturierten Christentum im
Gegensatz zum Judentum, einer „im wesentlichen ödipalen Religion"[50].

Eine theologische Formulierung der These, der narzißtisch gekränkte
Christ trüge als Antisemit mit „dem Juden" seinen ödipalen Konflikt aus,
d. h. er übertrüge die Ambivalenz seiner Gefühle auf „den Juden", sein
Haß gälte dem „jüdischen Gesetz" als dem unerträglichen „Gesetz des
Vaters", könnte in einer Analyse Karl Barths vorliegen, der in seiner
Kirchlichen Dogmatik die unauflösliche Gemeinsamkeit von Gott und
Juden behauptete:

> „Und Christus, den Messias Israels, müßte er [der Christ] wieder-
> erkennen im Judentum ... Er verwirft Gott, indem er den Juden ver-
> wirft."[51]

Ähnliches, wenn auch anders akzentuiert, hatte 1938 Freud von den „Völker[n], die sich heute im Judenhaß hervortun", behauptet:

> „Sie sind alle ‚schlecht getauft' ... Sie haben ihren Groll gegen die
> neue, ihnen aufgedrängte Religion nicht überwunden, aber sie haben
> ihn auf die Quelle verschoben, von der das Christentum zu ihnen
> kam ... Ihr Judenhaß ist im Grunde Christenhaß."[52]

Damit sind verschiedene Momente genannt, die zum Verständnis des Gebots der Nächstenliebe und des Scheiterns des christlichen Abendlands
nötig sind: Die narzißtische Haltung der Christen, die die ihnen religiös
wie gesellschaftlich-sozial nahestehenden Juden als eine kritische, sie selber in Frage stellende Gruppe begreifen, gegen die sie feindselige Emotio-
nen, insbesondere zur Abwehr ihrer Schuldgefühle, entwickeln. Die
„Überforderung" durch ein mißverstandenes Liebesgebot, die den christlichen Gemeinschaften keinen Raum für ihre ambivalenten Gefühle einschließlich ihrer Aggressionsneigungen innerhalb der Gruppe läßt, so
daß es Außenstehender bedarf, um die Feindseligkeit projektiv gegen sie
zu wenden.

Die Kritik Freuds an dem „Kulturideal" der Nächstenliebe trifft insofern ins Zentrum der Theologie, als dieses Gebot offensichtlich wie
kein zweites den Namen Gottes selber berührt.

Gerade die biblische Form verdeutlicht, was das Gebot „Frieden, Frieden dem Fernen und dem Nahen!"[53] im Sinn hat. Darin ist die Anerkennung enthalten, daß der nahestehende, familiär vertraute Andere nicht weniger fremd und feindlich erscheinen mag als der fremde, unheimliche Andere, daß der Friede mit dem Einen nicht leichter zu haben ist als mit dem Anderen – ja, möglicherweise sogar, daß der eine Friede nicht ohne den anderen denkbar und machbar ist.

Biblisch sind weder der „Nächste" noch „der Bruder" einfach verwandtschaftlich, biologisch oder geographisch bestimmte Größen. Wenn die Religion irgendeinen Sinn hat, dann gewiß den, vor Augen zu führen, daß weder das Biologische noch das Physikalische, weder Raum noch Zeit Letztgültigkeit beanspruchen können.

Die plurale Wendung, mit der das Gebot der „Fremden-Liebe" endet: *ICH bin euer Gott.*" wurde von dem mittelalterlichen Kommentator Raschi so ausgelegt: „Ich bin dein Gott und sein Gott." Ist er vielleicht nur dann auch „mein Gott", wenn ich ihn nicht allein als den Gott des mir Vertrauten, sondern vor allem als den Gott des mir Fremden erkenne und anerkenne? Wird er vielleicht gerade dann „mein Gott", wenn ich hinter dem mir Fremden Gottes ansichtig werde, der mir nun gerade den Frieden dieses Fremden zu fördern auferlegt hat?

Von hier aus stimmte die Kritik Freuds am Gebot der Nächstenliebe als einer Ursache für den liebevollen Umgang der einander Vertrauten untereinander, der die Ambivalenz nicht erträgt und deswegen die Intoleranz gegen die draußen Verbliebenen nach sich ziehen muß, in die Kritik ein, die von der biblischen Form des Gebots ausgeht und unsere Beziehungen trifft, und zwar sowohl die zu den fremden Anderen wie die zu den uns „Vertrauten" – ganz zu schweigen von unserer Gottesbeziehung, die durch Tora-gemäße Beziehungen zum Fernen wie zum Nahen ausgelegt und gelebt werden will.

*„Ich" ist die Nächstenliebe versus Nächstenliebe als Selbstliebe*

Im biblischen Gebot der Nächstenliebe in Lev 19,18.33f. wird nun, zumindest einer weitverbreiteten Auslegung gemäß, die Liebe zum Nächsten wie zum Fremden aufgrund eines Vergleichs bestimmt oder bemessen: „wie dich selbst", „dir gleich", „wie du", hebr. *kamokha*. Es besteht die Möglichkeit, den Vergleich auf das Objekt der Liebe zu beziehen: Liebe den Nächsten und Fremden wie dich selbst. Die Nächstenliebe wird als Fortsetzung der Selbstliebe begriffen. Das Problem mag darin bestehen, den Nächsten als den zu erkennen, der so ist wie wir, unserer Selbstliebe würdig, oder auch: Die erste Aufgabe besteht in unserem liebevollen Verhältnis zu uns selber.[54]

Emmanuel Lévinas hat in einem Gespräch von der „Priorität des Anderen im Verhältnis zu mir" gesprochen. Um diesen Vorrang des Anderen zu erläutern, hat er eine andere Interpretation des Ausdrucks, der uns hier beschäftigt, vorgeschlagen:

> „Im Ganzen des Buches [der Schrift, DvT] aber gibt es immer eine Priorität des Anderen im Verhältnis zu mir. Darin liegt der biblische Beitrag insgesamt. So also würde ich auf Ihre Frage antworten: ‚Liebe deinen Nächsten; dies alles bist du selbst; dieses Werk bist du selbst; diese Liebe bist du selbst.' Kamokha bezieht sich nicht auf ‚deinen Nächsten', sondern auf alle Worte, die dem vorangehen. *Die Bibel, das ist die Priorität des Anderen im Verhältnis zu mir ...* Dies genau habe ich, griechisch gesprochen, die Asymmetrie der interpersonalen Beziehung genannt. Keine Zeile von dem, was ich schreibe, hat mehr Bestand, wenn es das nicht gibt. Und ebendas ist die Verletzlichkeit. Einzig ein verletzliches Ich kann seinen Nächsten lieben."[55]

Darin sind die weitreichenden Konsequenzen eines anderen Verständnisses des biblischen Verses deutlich zum Ausdruck gebracht. Verstehen wir jenes *kamokha* mit Lévinas als eine Bestimmung unserer selbst, eine Bestimmung des Subjekts, dessen „Wesen" in seiner Beziehung zum Anderen, Fremden besteht, für den ich im Gebot verantwortlich gemacht werde, dann bedeutet diese Bestimmung zugleich: Dieses Subjekt ist verletzlich.[56] Es ist nicht länger das narzißtische Subjekt, das die Kritik und In-Frage-Stellung, die vom Anderen her auf es zukommt, nicht aushält und darum feindselig wird, sondern es ist das Subjekt, das sich dem Anderen aussetzt und sich dem Gebot, welches es verpflichtet, unterwirft.

Gewiß bedeutet die Priorität des Anderen, von der Lévinas hier spricht, eine Kränkung des Subjekts, das eben die Vorrangstellung eines Anderen nicht erträgt. Davon handeln die biblischen Geschichten um die Brüderpaare, in denen es eben um diese Vorrangstellung – im Widerspruch zu den biologischen Gegebenheiten – eines Nachgeborenen geht: mit tödlichem Ausgang bei Kain und Abel, und mit nicht-tödlichen, gleichwohl ebenfalls dramatischen Lösungen bei Ismael und Isaak, Esau und Jakob, den Brüdern und Joseph.

Lévinas folgend käme es aber zu der Vorrangstellung des Anderen mir gegenüber – und zwar des Anderen als des Fremden, der aufgrund der Tatsache, daß er meiner bedarf, zu meinem Nächsten wird – angesichts Gottes, der eben diesen Anderen in seiner Bedürftigkeit mir anvertraut hat. Die Priorität des Anderen beruht so auf unserer verschiedenen Stellung gegenüber Gott. Gott trägt mir den Anderen auf. Der Andere, der mir begegnet, bedeutet mir das göttliche Gebot, welches ihn zu dem mir Anvertrauten und mich zum Hüter-meines-Bruders macht.

*Ich und der Andere in der Spur des vorübergegangenen Gottes*

Im 1. Johannes-Brief wird der Zusammenhang von Gottesliebe und Nächstenliebe thematisiert, und zwar im Blick auf Gottes Unsichtbarkeit und des Bruders Sichtbarkeit:

> „Wenn jemand sagt: Ich liebe Gott, und doch seinen Bruder haßt, ist er ein Lügner. Denn wer seinen Bruder nicht liebt, den er von Angesicht kennt, kann nicht Gott lieben, den er von Angesicht nicht kennt."[57]

Nur der unsichtbare Gott vermag sich gewissermaßen der auf ihn gerichteten Liebe zu entziehen und dafür zu sorgen, daß diese ihm geltende Liebe sich unserem ungeliebten Nächsten zuwendet.

Lévinas hat die Interpretation dieser Unsichtbarkeit Gottes biblisch mit einer anderen Erzählung verknüpft: mit der Szene zwischen Gott und Mose, in der Mose Gott bittet, ihn sein Angesicht sehen zu lassen und die Antwort erhält: „Mein Antlitz kannst du nicht sehen, denn nicht sieht mich der Mensch und lebt." Gottes Weise, die Bitte abzuschlagen und doch zu erfüllen, besteht darin, ihm anzukündigen, er wolle sich vor Mose von hinten sehen lassen, nachdem seine Erscheinung bereits vorübergegangen sein wird.[58]

Der unsichtbare Gott ist demnach wie der Passant, der an uns vorübergegangen ist. Er ist uns nicht gegenwärtig. Die Not des Anderen besteht von nun an darin, daß er niemanden hat, an den er sich in seiner Not und seiner Verlassenheit wenden kann, niemanden außer mir, die ich mich ihm gegenüber angesichts seiner befinde.

Nur der vorübergegangene und in diesem Sinn transzendente Gott, ungegenwärtig und ungreifbar, vermag auf diese ethische Weise zu gebieten, nachdem er auf diese eigentümliche Weise seine Spur hinterlassen hat:

„Der Gott, der vorübergegangen ist, ist nicht das Urbild, von dem das Antlitz das Abbild wäre. Nach dem Bilde Gottes sein heißt nicht, Ikone Gottes sein, sondern sich in seiner Spur befinden. Der geoffenbarte Gott unserer jüdisch-christlichen Spiritualität bewahrt die ganze Unendlichkeit seiner Abwesenheit, die in der personalen Ordnung selbst ist. Er zeigt sich nur in seiner Spur, wie in Kapitel 33 des Exodus. Zu ihm hingehen, heißt nicht, dieser Spur, die kein Zeichen ist, folgen, sondern auf die Anderen zugehen, die sich in der Spur halten."[59]

Ich und der Andere, wir halten uns auf sehr verschiedene Weise in der Spur des vorübergegangenen, abwesenden Gottes: Der Andere, indem er mir gebietet, und Ich, indem ich der Spur des Begehrenswerten – des Gottes, dessen Angesicht der Mensch nicht sieht und lebt – nicht folge, sondern auf den Nicht-Begehrenswerten schlechthin, den Anderen[60], zugehe, dessen Antlitz sich – mir gebietend – in der Spur des Abwesenden hält.

Die Ebenbildlichkeit des Menschen mit dem unsichtbaren Gott wird bestimmt von diesem Verhältnis zum Anderen, indem ich den Anderen als mir auferlegten, den ich zu tragen habe, erkenne.

Lévinas hat immer wieder auf die Notwendigkeit der Fremdheit des Anderen verwiesen.

Gerade das Verhältnis zum Anderen, das davon gekennzeichnet ist, daß ich diese absolute Verantwortlichkeit im sozialen, gesellschaftlichen Umgang beschränke, indem ich ihn mit seinen bestimmten Qualitäten wahrnehme, vergleiche, beurteile und mich demgemäß verhalte, gerade dieses Alltags-Verhältnis bedeutet immer schon den Verrat am Anderen.

Das Gebot der Nächstenliebe zielt demnach gerade nicht auf den, der mir gleicht, sondern auf den Anderen, dessen Andersheit sich danach bemißt, daß er Gott gegenüber ganz anders gestellt ist als ich. Insofern allein Gott die Bezugsgröße der Andersheit des Anderen mir gegenüber ist, bleibt es bei einer Andersheit, die sich so unschätzbar wie uneinholbar behauptet.

Die Auslegung, welche die Selbstliebe zum Maßstab für die Nächstenliebe macht, führt dazu, daß die Liebe auf die narzißtische Liebe reduziert wird, die allein dem zukommt, der so ist wie ich bin oder war oder sein will. Sie suggeriert darüber hinaus möglicherweise ein symmetrisches Verhältnis, das meine Verantwortung für den Anderen schon getilgt hat. Sie hat den leeren Raum, den ein vorübergegangener Gott hinterlassen hat, nicht ausgehalten. Sie hat sich nichts sagen lassen. Und so steht sie wohl in der Gefahr, der Kritik des Nächsten feindselig zu begegnen.

## 5. Vom leeren Feindeslager

Die Bedeutung des von einem vorübergegangenen Gott verlassenen, leeren Raumes ist in ihrer für uns entscheidend notwendigen, uns zugute kommenden Dimension vielleicht nicht weniger schwer verständlich als in ihrer katastrophisch erschreckenden. Eine letzte Auslegung mag hilfreich sein, den zurückgelegten Weg noch einmal anders zu reflektieren.

Relativ bekannt sind die Geschichten vom „leeren Grab", die geradezu zum Ausgangspunkt christlicher Auferstehungshoffnung geworden sind. Ich möchte zum Schluß an eine andere, im allgemeinen weit weniger vertraute Geschichte erinnern.

Im 2. Buch der Könige, im 7. Kapitel, findet sich die Geschichte von der von den Syrern belagerten Stadt Samaria, in der die Hungersnot so katastrophale Ausmaße angenommen hat, daß wir von einem Streit unter zwei Frauen hören, der vor den König gebracht wird. Die Frauen hatten vereinbart, nacheinander ihre beiden Söhne zu kochen und zu essen. Aber nachdem sie den Sohn der einen so verzehrt haben, hat die andere ihren Sohn versteckt.

Dies ist die verzweifelte Lage in der Stadt.

Draußen vor den Toren jedoch sind vier aus der Stadt ausgeschlossene Aussätzige, verblieben, die sich fragen: „Was sitzen wir hier, bis wir sterben?" Und sie beschließen, zum Lager der Aramäer abzufallen, mit den Worten:

„Lassen sie uns leben, leben wir,
lassen sie uns sterben, sterben wir eben."

Den draußen Verbliebenen stellt sich die Frage der Loyalität bzw. des Verrats. Sie beschließen jedenfalls, zum feindlichen Lager zu gehen – und finden es leer. Kein Feind mehr darinnen, denn Gott hatte zuvor die Feinde auf wundersame Weise vertrieben. Die Aussätzigen essen und trinken, sie nehmen von den anstelle des Feindes im Lager vorgefundenen Reichtümern. Dann sprechen sie zueinander:

„Wir tun nicht richtig,
Dieser Tag ist ein Tag der Freudenmär und wir beschweigens!
Warteten wir bis zum Frühlicht, würden wir strafbar gefunden,
laßt uns fortgehn jetzt, heimkommen, im Königshaus es melden!

Sie kamen heran, riefen der Torwartschaft der Stadt zu und meldeten
ihnen, sprechend:
In das Lager der Aramäer sind wir gekommen,
da war kein Mann dort ..."[61]

Halten wir fest: Es gibt einige, nicht die Säulen der Gesellschaft, nicht ihre
Vertreter und nicht ihre Würdenträger, sondern einige, die wissen, daß sie
nichts zu verlieren haben, weil es nichts mehr zu verlieren gibt, und die
sich todesmutig auf den Weg machen: Nur noch das Leben ist zu verlieren. Und das heißt: Es geht nurmehr darum, das Leben zu gewinnen.
   Die Frage lautet: Was ist eigentlich los an der Stelle des feindlichen
Belagerers? Wer bewahrt genügend Interesse, hinzugehen und nach-
zuschauen, koste es auch das Leben, weil das Weiterleben mit der Annahme des ungeprüften Wissens über den Feind in jedem Fall den Tod
bringen wird? Gewinnen wir demnach das Leben, wenn wir zum „Feind"
hinübergehen, zu ihm sprechen?[62]

### Anmerkungen

1  Cf. Karl Barth, *Kirchliche Dogmatik*, vol. I,2, Zürich [6]1975, 326.

2  Cf. den Art. in *Ausführliches Lateinisch-Deutsches Wörterbuch*, ausgearbeitet
von Karl Ernst Georges, Nachdr. d. achten verbesserten und verm. Aufl. von Heinrich Georges, Hannover [14]1976.

3  So im *Kleinen Katechismus* (1529). Im *Großen Katechismus* (1529) heißt es ausführlicher: „Zweitens verschuldet sich gleichfalls diesem Gebot gegenüber nicht
bloß, wer Böses tut, sondern auch, wer seinem Nächsten Gutes tun ... [ihn] schüt-
zen und retten kann ... – und tut es nicht." Zit. n. *Die Bekenntnisschriften der evan-
gelisch-lutherischen Kirche*, i. Auftr. d. Kirchenleitung d. Vereinigten Evang.-Lu-
ther. Kirche Deutschlands, Gütersloh [3]1991, 641.

4  Zit. n. Jean Calvin, *Unterricht in der christlichen Religion. Institutio Christianae
religionis*, nach der letzten Ausgabe übers. u. bearb. v. Otto Weber, Neukirchen,
[4]1986, 242f. Hervorhebung DvT.

5  Num 11,11f. zit. n. der Übersetzung von M. Buber und F. Rosenzweig, *Die fünf
Bücher der Weisung*, Heidelberg [9]1976. Hervorhebungen DvT.

6  Ex 19,4; Dtn 32,11.

7  K. Barth, KD I,2, 326.

8  K. Barth, KD I,2, 326f.

9  K. Barth, KD I,2, 304ff.

10  K. Barth, KD I,2, 327.

11  K. Barth, KD I,2, 329.

12  K. Barth, KD I,2, 330f. Hervorhebung DvT.

13  K. Barth, KD, I,1, 65.

14  Cf. beispielsweise S. Freud, *Zur Einführung des Narzißmus* (I), in: Ders., Studienausgabe Bd. III, Frankfurt 1975, 43.

15  S. Freud, *Der Mann Moses und die monotheistische Religion: Drei Abhandlungen* (1939 [1934–38]), in: Ders., *Fragen der Gesellschaft. Ursprünge der Religion*, Studienausgabe, Bd. IX, Frankfurt/M [2]1974, 493.

16  1 Kor 13,12; Hervorhebung DvT.

17  K. Barth, KD I,1,172.

18  In dem sehr bekannt gewordenen, frühen Vortrag Karl Barths: *Der Christ in der Gesellschaft* (1919) sagte Barth, wobei er indirekt die Geschichte vom Gotteskampf des Jakob = Israel aufnahm: „Warum stehen wir immer nur in den Vorbereitungen zu einem Leben, das nie anfangen will? Warum können wir nicht triumphierend, im Sonnenschein des Humanismus, auf zwei Füßen, mit zwei Händen und zwei Augen ins Reich Gottes eingehen, sondern bestenfalls als Lahme, Krüppel und Einäugige, als die Erniedrigten, Gedemütigten und Zerknirschten?" zit. n. *Anfänge der dialektischen Theologie* Teil I, hrsg. von J. Moltmann, München 1977, 29f.

19  Interessanterweise hat der mittelalterliche Kommentator Raschi (Rabbenu Schlomo Jizchaki, 1040–1105) dieses kritische Verhältnis als von Anbeginn an zwischen den beiden Geschlechtern gegeben erkannt: Er kommentiert den göttlichen Satz zur Erschaffung der Frau, Gen 2,18, von Buber und Rosenzweig übersetzt: „Nicht gut ist, daß der Mensch allein sei, ich will ihm eine Hilfe machen, ihm Gegenpart": „Eine Gehilfin ihm gegenüber" (Jebam.63a) – „Hat er das Glück, so ist sie eine Gehilfin, hat er nicht das Glück, so steht sie ihm gegenüber, um zu kämpfen." *Raschi's Pentateuchkommentar*, Selig Bamberger, 3. Aufl. [repr.], Basel 1962. In der französischen Übersetzung ist statt vom „Glück" vom „Verdienst" des Menschen die Rede.
Im gleichen Sinn spricht Karl Barth vom kritischen Verhältnis zwischen Mann und Frau: „Der Mann ist durch die Frau, die Frau ist durch den Mann beunruhigt ... Das Gegenüber fragt eben einen Jeden und eine Jede: Warum, *quo iure*, bist du *de facto* so ganz anders als ich? ... Es ist so etwas wie eine stille, aber scharfe Kritik, die zwischen Mann und Frau unausgesprochen, aber dauernd und in allen denkbaren Formen ihrer wechselseitigen Beziehungen hin und her läuft. Die Frau ist dem Mann immer eine Anstrengung und so der Mann wahrhaftig auch der Frau. Dieser Beunruhigung, dieser Kritik, dieser Anstrengung sich zu entziehen ist niemandem erlaubt. Menschlich leben heißt: jene Frage hören und ihr standhalten: um den Preis, daß es mit der Selbstherrlichkeit oder auch nur mit dem Insichruhen beider Geschlechter nun eben nichts sein kann." KD, III,4,186.

20  2. Kor 12,1ff. wo es in V 9f. heißt: „Und er [der Herr] hat zu mir gesagt: Meine Gnade ist genug für dich, denn die Kraft erreicht ihre Vollendung in der Schwach-

heit. So will ich nun am liebsten mich vielmehr der Schwachheiten rühmen, damit die Kraft Christi bei mir Wohnung nehme. Daher habe ich Wohlgefallen an Schwachheiten, an Mißhandlungen, an Nöten, an Verfolgungen und Ängsten um Christi willen; denn wenn ich schwach bin, dann bin ich stark."

21 K. Barth, KD I,2, 363.

22 Cf. Emmanuel Lévinas, *Jenseits des Seins oder anders als Sein geschieht*, übers. v. Th. Wiemer, Freiburg/München 1992, 311, und Ex 23,15.

23 Wie es in den berühmten Versen des Propheten Ezechiel heißt: „Sprich zu ihnen: Sowahr ich lebe, Erlauten ists von meinem Herrn, IHM: Habe ich denn Gefallen am Sterben des Frevlers? Sondern daß ein Frevler umkehre von seinem Wege und lebe! Kehret um, kehret um von euren bösen Wegen, warum wollt ihr sterben Haus Jisrael?" Ez 33,11.

24 Cf. Friedrich-Wilhelm Marquardt, *Von Elend und Heimsuchung der Theologie. Prolegomena zur Dogmatik*, München 1988, 140f.

25 In seinem Vortrag *„Juden und Deutsche"*, gehalten am 2. August 1966 auf der dem Thema *„Juden und Deutsche"* gewidmeten Plenarsitzung des Jüdischen Weltkongresses in Brüssel, abgedr. in: G. Scholem, *Judaica 2*, Frankfurt 1987, 20–46, s.d. 45.

26 M. Blanchot, *Das Unzerstörbare*, in: Ders., *Das Unzerstörbare. Ein unendliches Gespräch über Sprache, Literatur und Existenz*, übers. von H.-J. Metzger u. B. Wilczek, München, Wien 1991, 204 (Übers. von DvT geringfügig geändert).

27 P. Levi analysierte die Unmöglichkeit des Zeugnisses in seinem Buch: *Die Untergegangenen und die Geretteten*, übers. v. M. Kahn, München, Wien, 1990: „Nicht wir, die Überlebenden, sind die wirklichen Zeugen ... wir sind die, die aufgrund von Pflichtverletzung, aufgrund ihrer Geschicklichkeit oder ihres Glücks den tiefsten Punkt des Abgrunds nicht berührt haben. Wer ihn berührt, wer das Haupt der Medusa erblickt hat, konnte nicht mehr zurückkehren, um zu berichten, oder er ist stumm geworden." (a.a.O., 83) „Im Konzentrationslager ...dagegen litten alle permanent an einem Unbehagen, das noch den Schlaf vergiftete ... Wahrscheinlich wäre es richtiger, darin eine atavistische Angst zu erkennen, deren Nachhall man im zweiten Vers der Genesis wahrnimmt: die in jedem eingeschriebene Angst vor dem „tòhu wawòhu", vor dem wüsten und leeren Universum, das unter dem Geist Gottes zerdrückt wurde und in dem der Geist des Menschen abwesend ist: weil er noch nicht geboren oder bereits erloschen ist." (a.a.O., 85)

28 E. Wiesel, in: *Plädoyer für die Toten*, in: Ders., *Gesang der Toten. Erinnerungen und Zeugnis*, Freiburg i. Br. 1997, 154–177: „Seit dem Ende des Alptraums wühle ich in der Vergangenheit ... Je mehr ich vordringe, desto weniger verstehe ich. Vielleicht gibt es nichts zu verstehen." (a.a.O., 171) „Bevor ich schließe, richte ich eine Bitte an Sie: Bemühen Sie sich nicht zu verstehen, blicken Sie zu Boden und bemühen Sie sich nicht zu verstehen ... Die Toten nicht zu verstehen ist eine Möglichkeit, ihnen eine alte Schuld zu zahlen, ist die einzige Möglichkeit, sie um Vergebung zu bitten." (a.a.O., 173) Und schließlich: „Sie wollen verstehen? Es gibt nichts mehr

zu verstehen. Sie wollen etwas erfahren? Es gibt nichts mehr zu erfahren ... Der Talmud lehrt den Menschen, niemals seinen Freund zu richten, wenn er sich nicht an seiner Stelle befunden hat. Doch für euch sind die Juden keine Freunde, sie sind es niemals gewesen; weil die Juden keine Freunde hatten, sind sie tot. Lernt also zu schweigen!" (a.a.O., 177).

29 Der Vortrag wurde im November 1988 anläßlich eines Colloquiums in Paris zum Thema „Penser Auschwitz. 50 ans après la nuit de cristal", organisiert von der Zeitschrift Pardès und der Alliance Israélite Universelle, gehalten und in einer Sondernummer der Zeitschrift Pardès (9–10/1989), hrsg. von Shmuel Trigano, veröffentlicht (239–247). Anne-Lise Stern wurde in Berlin geboren und ist Überlebende des Lagers Auschwitz. Cf. auch ihre beiden Beiträge auf der Tagung der Fondation Européenne pour la Psychanalyse in Berlin 1992, abgedruckt in: Lacan und das Deutsche. Rückkehr der Psychoanalyse über den Rhein, hrsg. von Jutta Prasse und Claus-Dieter Rath, Freiburg 1994, 197ff.

30 Panser, verbinden, eine Wunde versorgen. Penser, denken.

31 F.-W. Marquardt, a.a.O. (Fn. 24), 144.

32 F.-W. Marquardt, a.a.O., 145.

33 E. Lévinas, La Révélation dans la tradition juive, in: Ders: L'au-delà du verset. Lectures et discours talmudiques, Paris 1982, 163. Übers. von DvT.

34 Lev 19,33f.

35 Cf. den Kommentar von Raschi zu Gen 1,1: „Gott schuf. Elohim und nicht jhwh. Die erste Intention hatte darin bestanden, die Welt der Gesetze der Gerechtigkeit gemäß zu schaffen (Elohim, das ist der Name Gottes, der die Gerechtigkeit ausübt). Aber Gott berücksichtigte, daß demnach die Welt es nicht verdiente, weiterhin zu existieren. Also wird Gott in der Folge der Barmherzigkeit den Vorrang einräumen (jhwh, das ist der Name Gottes, der die Barmherzigkeit betätigt) und sie mit der Gerechtigkeit assoziieren. Tatsächlich heißt es (Kap 2,4): Der Tag, an dem jhwh elohim die Erde und den Himmel machte." Und zu Gen 2,5: „Der Ewige Gott. Jhwh das ist sein Name. Elohim bedeutet, daß er der Richter und Herrscher über das Universum ist. Das ist der Sinn, den man jedesmal, wenn die Tora diese Begriffe verwendet, gemäß dem buchstäblichen Sinn geben muß: jhwh, der elohim ist." (Hervorhebung DvT), Raschi, a.a.O. (Fn. 19)

36 Emmanuel Lévinas, Vom Sakralen zum Heiligen. Fünf neue Talmud-Lesungen, übers. von F. Miething, Frankfurt/M 1998, 157.

37 E. Lévinas, Jenseits des Seins oder anders als Sein geschieht (Fn. 22), 171.

38 E. Lévinas bezieht sich hier auf den tannaitischen Midrasch Mekhilta (d. h. Meßschnur, Kanon).

39 Cf. Florian Rötzer, Französische Philosophen im Gespräch, München 1986, 99f. Der Kommentar zu dem horizontal gelesenen 1. und 6. Gebot im Midrasch lautet: „Jeder, der Blut vergießt, hat des Königs (Gottes) Gestalt gemindert" (zit. n. Roland Gradwohl, Bibelauslegung aus jüdischen Quellen, Bd. 3, Stuttgart 1988). Da-

Dorothee von Tippelskirch

mit findet sich auch hier der Bezug zur Ebenbildlichkeit des Menschen, den Calvin später in gleichem Sinne bei der Auslegung des Gebots deutlich macht.

40 Mt 22,37ff. par. Ebenso hat Paulus im Römerbrief dieses Gebot der Nächstenliebe als Summe des Gesetzes interpretiert (Röm 13,8–10), während die Wiederholung aus Leviticus, die den Fremden in diese Liebe mit einbezieht, ihr Echo im Kontext der Bergpredigt, wenn auch in polemischer Entstellung, findet, in Gestalt des „Gebots der Feindesliebe" (Mt 5,43ff.).

41 Sigmund Freud, *Das Unbehagen in der Kultur* (1930 [1929]), in: Ders., *Fragen der Gesellschaft. Ursprünge der Religion.* Studienausgabe Bd. IX, Frankfurt/M ²1974, 191–270, zit.: *Das Unbehagen,* 238f. u. 243.

42 S. Freud, *Massenpsychologie und Ich-Analyse* (1921), in: Ders., *Fragen der Gesellschaft. Ursprünge der Religion.* Studienausgabe Bd. IX, Frankfurt/M ²1974, 61–134, 95f.

43 Ebenfalls in seiner Schrift *Massenpsychologie und Ich-Analyse* (1921) liefert Freud noch eine konkretere und die Bitterkeit der Erkenntnis weit unmißverständlicher zum Ausdruck bringende Beschreibung: „Das überallhin versprengte Volk der Juden hat sich in dieser Weise anerkennenswerte Verdienste um die Kulturen seiner Wirtsvölker erworben; leider haben alle Judengemetzel des Mittelalters nicht ausgereicht, dieses Zeitalter friedlicher und sicherer für seine christlichen Genossen zu gestalten … Es war auch kein unverständlicher Zufall, daß der Traum einer germanischen Weltherrschaft zu seiner Ergänzung den Antisemitismus aufrief." A.a.O., 96.

44 S. Freud, *Das Unbehagen,* a.a.O. (Fn. 41), 242f. (Hervorhebung DvT).

45 S. Freud, *Zur Einführung des Narzißmus* (1914), in: Ders., *Psychologie des Unbewußten.* Studienausgabe Bd. III, Frankfurt/M 1975, 56. Zur narzißtischen Identifizierung und dem Ambivalenzkonflikt cf. ders., *Trauer und Melancholie* (1917[1915]), a.a.O., 193–212.

46 M. Ostow, *Myth and Madness. The Psychodynamics of Antisemitism,* New Brunswick (USA) and London (UK) 1996, 88.

47 S. Freud, *Der Mann Moses und die monotheistische Religion: Drei Abhandlungen* (1939 [1934–1938]), in: Ders., *Fragen der Gesellschaft. Ursprünge der Religion.* Studienausgabe Bd. IX, Frankfurt/M ²1974, 529.

48 S. Freud, a.a.O., 534.

49 S. Freud, a.a.O., 535f.

50 So in B. Grunberger, *Kurzer Beitrag über Narzißmus, Aggressivität und Antisemitismus* (1984), in: Ders., *Narziss und Anubis. Die Psychoanalyse jenseits der Triebtheorie* Bd. 2, übers. v. E. Moldenhauer, München/Wien 1988, 133. Siehe auch sein gemeinsam mit Pierre Dessuant veröffentlichtes Buch, *Narzißmus, Christentum, Antisemitismus. Eine psychoanalytische Untersuchung,* übers. v. M. Looser, Stuttgart 2000.

51 K. Barth, KD I,2, 567.

52 S. Freud, a.a.O., 539.

53 Jes 57,19.

54 Dieser Aspekt ist sicher nicht zu vernachlässigen. In der deuterokanonischen Schrift des Buches Jesus Sirach, finden sich in diesem Sinne die folgenden Verse: „Wer sich selbst nichts gönnt, wem kann der Gutes tun? ...Versag dir nicht das Glück des heutigen Tages; an der Lust, die dir zusteht, geh nicht vorbei!" (Jes Sir 14,5.14). Stimmt es nicht, daß man die Wirkung dieser Lektion im weithin so lustfeindlichen Protestantismus allemal kräftiger gewünscht hätte?

55 E. Lévinas, *Fragen und Antworten*, in: Ders., *Wenn Gott ins Denken einfällt. Diskurse über die Betroffenheit von Transzendenz*, übers. von Th. Wiemer, Freiburg/München 1985, 96–131, 116 (Hervorhebung DvT).

56 Das ist die Umkehrung: Das Bild Gottes bleibt *unverletzt*, sofern einem *verletzlichen* Subjekt der andere Mensch, wie J. Calvin es formuliert hat, „heilig und *unverletzlich*" ist. Cf. o. Fn. 4.

57 1 Joh 4,20.

58 Ex 33,18ff. „es wird geschehn: wann meine Erscheinung vorüberfährt, setze ich dich in die Kluft des Felsens und schirme meine Hand über dich, bis ich vorüberfuhr. Hebe ich dann meine Hand weg, siehst du meinen Rücken, aber mein Antlitz wird nicht gesehn." Ex 33,22f. Der große mittelalterliche jüdische Kommentator Raschi hat dieses Sehen von hinten als Unterweisung des Mose im Gebet interpretiert, Gott habe ihn seine Tefillin sehen lassen.

59 E. Lévinas, *Die Spur des Anderen. Untersuchungen zur Phänomenologie und Sozialphilosophie*, übers., hrsg. u. eingel. von W. N. Krewani, Freiburg/München 1983, 235.

60 Cf. E. Lévinas, *Gott und die Philosophie*, in: *Gott Nennen. Phänomenologische Zugänge*, hrsg. von B. Casper, Freiburg/München 1981, 81–123, 105.

61 2 Kön 7,9f.

62 Unter diesem Titel, *Zum Feind sprechen*, hat Emmanuel Lévinas diese Geschichte in einer seiner Talmudlektüren, zum Thema des Krieges, behandelt, cf. *Die Schäden, die das Feuer verursacht*, in: *Vom Sakralen zum Heiligen. Fünf neue Talmud-Lesungen*, Frankfurt/M. 1998, 170ff.

# Die Autorinnen und Autoren

**Ernst Ludwig Ehrlich** ist emeritierter Professor für Judaistik an der Universität Bern und Ehrenvizepräsident des europäischen B'nai B'rith. Seine Veröffentlichungen umfassen vor allem den Bereich des jüdisch-christlichen Dialogs, u. a. *Der Umgang mit der Shoah. Wie leben Juden der zweiten Generation mit dem Schicksal der Eltern?* (Gerlingen 1993), *Reden über das Judentum* (Stuttgart 2001).

**Menachem Fisch** ist Professor für History and Philosophy of Science an der Tel Aviv University und Miglied des *Shalom Hartman Institute for Advanced Judaic Studies,* Jerusalem. Außerdem ist er Präsident der *Israel Society for History and Philosophy of Science.* Seine Veröffentlichungen umfassen Themenbereiche von der Logik und Physik des 19. Jahrhunderts, Mathematik und Philosophie bis zu Gestalt und Relevanz des Talmudischen Diskurses. Besonders zu erwähnen sind: *William Whewell Philosopher of Science* (Oxford 1991), *Lada'at Hokhma* (Erkennen der Weisheit) (Tel Aviv 1994) und *Rational Rabbis: Science and Talmudic Culture* (Indiana 1997).

**Shlomo Fischer** ist Direktor von YESODOT, Institute for the Study of Tora and Democracy, Jerusalem. Er war Vorsitzender der Lehrplan-Kommission des Bildungsministeriums für das allgemeine staatliche Schulwesen. Mitglied des International Program on Religion and Tolerance der Boston University und des Forum für the Study of Culture and Society in Israel, das vom Van Leer Jerusalem Institute organisiert wird. Buchveröffentlichungen: *Jewish Society in the Second Temple Period,* Jerusalem 1985; *Collective Exile and Individual Redemption: Hasidism and the Jewish Enlightenment,* Jerusalem 1988; sowie die Herausgeberschaft und Mitarbeit an dem Werk *History of the Jews in Islamic Lands in the Modern Period,* Jerusalem1990.

**Nilüfer Göle** ist Professorin für Soziologie an der Bogazici-Universität von Istanbul und Studienleiterin an der École des Hautes Études en Sciences Sociales in Paris. Ihre Forschung widmet sich schwerpunktmäßig dem Islam in der modernen Welt unter besonderer Berücksichtigung der Problematik von Feminismus und Islam. Neben den Veröffentlichungen in türkischer Sprache sind zu nennen: *Musulmanes et modernes: voile et civilisaton en Turquie* (Paris 1993), *Schleier und Republik. Die muslimische Frau in der modernen Türkei* (München 1995), *The forbidden modern: civilization and veiling* (University of Michigan Press 1996).

**Wilfried Härle** ist Professor für Systematische Theologie mit Schwerpunkt Ethik an der Theologischen Fakultät der Ruprecht-Karls-Universität in Heidelberg. Unter seinen Veröffentlichungen ist besonders zu verweisen auf seine *Systematische Philosophie* (München 1987) und die *Dogmatik* (Berlin/New York 2000). Seit 1987 ist Härle Mitherausgeber der Marburger Theologischen Studien. Er ist Vorsitzender des Evangelisch-Theologischen Fakultätentages.

**Rainer Kampling** ist Professor für Biblische Theologie am Seminar für Katholische Theologie an der Fakultät der Geschichts- und Kulturwissenschaften der Freien Universität Berlin. Seine Forschungsschwerpunkte liegen im Bereich der Geschichte der christlichen Judenfeindschaft, Sozialformen des Frühchristentums und Neutestamentliche Anthropologie; neueste Buchveröffentlichungen: *Deus semper major* (Berlin 2001), *Im Angesicht Israels* (Stuttgart 2002).

**Rusmir Mahmutćehajić** ist Professor für angewandte Physik. Von 1991 bis 1993 war er sowohl Präsident von Bosnien und Herzegowina wie auch Energie- und Industrieminister. 1993 gründete er das internationale Forum *Bosnia*. Er ist Mitherausgeber von *Forum Bosnae*. Neben seinen zahlreichen Veröffentlichungen zur politischen und gesellschaftlichen Situation in Bosnien ist besonders auf sein Buch *Bosnia the Good: Tolerance and Tradition* (Budapest 2000) zu verweisen.

**Regina Polak** ist Assistentin am Institut für Pastoraltheologie in der Katholisch-Theologischen Fakultät in Wien. Neben ihren theologischen wie psychologischen und philosophischen Studien ist sie auch im journalistischen Bereich tätig. Ihre neueste Buchveröffentlichung ist (gem. mit H. Denz, C. Friesl, R. Zuba und P. M. Zulehner) *Die Konfliktgesellschaft. Wertewandel in Österreich 1990–2000* (Wien 2001).

**Christoph Schwöbel** ist Professor für Dogmatik und Ökumenische Theologie an der Ruprecht-Karls-Universität in Heidelberg und Direktor des Ökumenischen Instituts der Universität. Schwöbel ist Fachberater für Dogmatik, Fundamentaltheologie und Religionsphilosophie des Standardwerkes *Religion in Geschichte und Gegenwart.* Seine neueste Buchveröffentlichung ist *Gott in Beziehung* (Tübingen 2002).

**Adam B. Seligman** ist Professor für Religionswissenschaft an der Boston University und Research Associate am dortigen Institute for the Study of Economic Culture. Seine neuesten Buchveröffentlichungen sind *The Problem of Trust* (Princeton University Press 1997) *Modernity's Wager: Authority, the Self and Transcendence* (Princeton University Press 2000) und schließlich sein letztes Buch *Modest Claims, Dialogues and Essays on Tolerance and Tradition* (Notre Dame University Press 2002, im Druck).

**Dorothee von Tippelskirch** ist evangelische Theologin und Psychoanalytikerin. Sie ist in freier Praxis in Berlin tätig. Veröffentlichungen: *Fundamentalismus in der Moderne* (Tübingen 1999), *„Liebe von fremd zu fremd ..."* *Menschlichkeit des Menschen und Göttlichkeit Gottes bei Emmanuel Lévinas und Karl Barth* (Freiburg 2002).

**Paul M. Zulehner** ist Professor für Pastoraltheologie und Kerygmatik an der Katholisch-Theologischen Fakultät der Universität Wien und Leiter des Ludwig-Boltzmann-Institutes für Werte-Forschung; zahlreiche Publikationen zu religions- und kirchensoziologischen und zu pastoraltheologischen Themen, u. a. *Solidarität. Option für die Modernisierungsverlierer* (gem. mit H. Denz, A. Pelinka, E. Tálos), (Innsbruck 1996), *Kirchenent-täuschungen. Ein Plädoyer für Freiheit, Solidarität und einen offenen Himmel* (Wien 1997).

# Die Alfred Herrhausen Gesellschaft
## für internationalen Dialog

Die Deutsche Bank ist Teil der Gesellschaft und stellt sich dieser Verantwortung. Ein Ausdruck dessen ist die Alfred Herrhausen Gesellschaft für internationalen Dialog. Sie wurde 1992 von der Deutschen Bank gegründet. Unser Ziel ist es, ein Forum für die gesellschaftlichen Fragen unserer Zeit zu bilden: Probleme zu benennen und Lösungen zu diskutieren. Dem Wirken Alfred Herrhausens sind wir dabei verpflichtet.

Die Suche nach Wegen in die Zukunft macht vor nationalen Grenzen nicht Halt. Unser Engagement ist so global, wie die Geschäftsfelder der Deutschen Bank es sind.

# Kuratoriumsmitglieder